Мы живём в сложное время: война, экономический кризис, массовая миграция, климатические катаклизмы…И неважно, где ты живёшь — тебя охватывает внутреннее беспокойство и страх. Ты можешь попробовать заглушить его привычными способами (интернет, работа, транквилизаторы и т.п.), но они не спасут тебя… Чем быстрее ты бежишь от страха, тем сильнее и навязчивее он становится. Что делать? Лучшее решение — остановиться и посмотреть страху в глаза. Но как это сделать, чтобы страх испугался и больше вас не тревожил? Ответ на этот вопрос и даёт Вадим Дехтярь в своей книге «Путь внутренней силы». Это особенная книга, не похожая ни на одну из книг, написанных на эту тему. Эта книга — три в одном. Это и автобиографический роман с лихо закрученным сюжетом, раскрывающий все перипетии становления Мастера. Это и настоящая энциклопедия тщательно отобранных, самых эффективных техник экстренной психологической помощи себе и близким — как книга кулинарных рецептов: просто бери, делай и наслаждайся результатами. Но самое главное — чтение этой книги равносильно курсу психотерапии с погружением в гипнотический транс. Вы просто читаете, а в это время ваше подсознание решает самые актуальные проблемы, и в результате куда-то пропадают страх и волнение. Вадим делится с вами самым лучшим из того, что узнал, осознал и изобрёл сам. Это очень глубокая книга для вдумчивого читателя. Читайте, наслаждайтесь и применяйте! Жизнь слишком коротка, чтобы быть плохой…

Альгирдас Каралюс,
эксперт в области Ускоренного Формирования Навыков,
Майами, США

ВАДИМ ДЕХТЯРЬ

Побеждая
СТРАХ

Путь внутренней силы

Книга вторая

Chicago • 2023 • Чикаго

Vadim Dekhtyar
Conquering Fear:
The Path of Inner Strength
Book 2

Вадим Дехтярь
Побеждая страх:
Путь внутренней силы
Книга 2

Copyright © 2023 by Vadim Dekhtyar

All rights reserved. No part of this book may be reproduced or transmitted in any form or by any means, electronic or mechanical, including photocopying, recording, or by an information storage and retrieval system without permission in writing from the copyright holder.

ISBN 979–8–9862820–7–7

Edited by Vladimir Goldshteyn
Proofreading by Julia Grushko
Book design and layout by Yulia Tymoshenko
Book cover design & original illustrations by Larisa Studinskaya

Additional illustrations — *Wikimedia.org*

Литературный редактор: Владимир Гольдштейн
Корректор: Юлия Грушко
Компьютерная вёрстка, макет: Юлия Тимошенко
Обложка и иллюстрации: Лариса Студинская

Дополнительные иллюстрации в тексте — *Wikimedia.org*

Bagriy & Company
Chicago, Illinois, USA
www.bagriycompany.com

Printed in the United States of America

Содержание

Практические инструменты — продолжаем изменения

Глава 1. Панические атаки 13

Глава 2. Лингвистика страха 27

Глава 3. Гипноз — окно в подсознание 40

Глава 4. Страх и Традиционная китайская медицина (ТКМ) . 57

Глава 5. Ре-паттеринг, или Как разорвать «порочный круг» . . 69

Маски страха

Глава 1. «Тёмная триада» 83

Глава 2. Детские страхи 99

Глава 3. Сексуальное насилие. 119

Глава 4. PTSD — когда травма не уходит 139

Глава 5. Массовый страх 151

Глава 6. Страх экзаменов 169

Глава 7. Глава о счастье. 186

Приложение. Техники и упражнения
из глав книги 1 и книги 2 204

Литература. 240

Во второй книге «Побеждая страх» мы поговорим о «языковых» составляющих наших страхов, погрузимся в гипноз слов, освоим быстрые техники изменения состояний, а также рассмотрим, под какими «масками» скрывается порой страх в повседневной жизни. И, самое главное, прикоснёмся к настоящему источнику нашей внутренней силы.

Практические инструменты — продолжаем изменения

Глава 1
Панические атаки

> *Страх и паника — две разные эмоции. Страх помогает выжить, паника — верная смерть.*
> *Кинофильм «Покорители волн (Chasing Mavericks)»,*
> *реж. Майкл Аптед*

> Паническая атака — это краткий эпизод сильного беспокойства, который вызывает физические ощущения страха. При этом возможно учащённое сердцебиение, одышка, головокружение, дрожь и мышечное напряжение. Панические атаки возникают неожиданно и часто не связаны с какой-либо внешней угрозой, продолжаясь от нескольких минут до получаса. Физические и эмоциональные последствия атаки могут длиться несколько часов.

Что такое паническая атака, и чем она вызвана

Пиком фобических реакций является паническое состояние, называемое панической атакой (ПА), при котором происходит резкий выброс адреналина, провоцирующий тело приготовиться к опасности — через ускоренное сердцебиение и интенсивное дыхание. Механизм происходящего, описываемый формулой «сражаться или убегать», мы подробно рассматривали в начале первой книги. Это нормальный ответ организма на опасность, но во время приступа «аварийный режим» включается и при ложной тревоге… Реальной опасности нет, но адреналин уже находится в крови, возбуждая неприятные симптомы. Мозг делает вывод: что-то не так, вы теряете контроль, «сходите с ума», а это провоцирует следующий выброс адреналина, доводя приступ до пикового состояния. Получается, что человек сам заключает себя в круг интенсивных тревожных ощущений, потому что не сумел вовремя осознать и «доказать» самому себе, что реальной опасности не существует. Те, кто регулярно страдает от таких приступов, со страхом ожидают новой атаки, не позволяя себе избавиться от постоянной тревоги. Такое тревожное ожидание часто становится причиной нового приступа.

Согласно международной статистической классификации болезней и проблем, связанных со здоровьем, разработанной Всемирной организацией здравоохранения, паническая атака (ПА) — это внезапный период сильного страха или дискомфорта, сопровождаемый мучительными ощущениями (например сердцебиение, чувство удушья, боль в груди, головокружение, диарея, тошнота). ПА характеризуются быстрым нарастанием страха и в большинстве случаев кратковременностью.

Чаще всего, когда это происходит в первый раз, паническая атака воспринимается как сердечный приступ. Подобная реакция ярко изображена в криминальной комедии «Анализируй это», когда у одного крупного гангстера (его играет Роберт де Ниро) после очередной разборки случается «сердечный приступ», и подчинённые доставляют его в больницу, где после обследования доктор радостно сообщает ему «хорошую новость» — это была всего лишь паническая атака. Пол Витти (имя гангстера) возмущён таким диагнозом, потому что настоящий мачо не может страдать от какой-то паники, и требует, чтобы доктор его лучше обследовал. Ничего не понимающий доктор настаивает на правильности поставленного диагноза, за что мафиозные дружки Витти «наказывают» его.

Последовательность происходящего в теле очень хорошо не только описала, но и изобразила одна моя молодая пациентка, которая пережила вместе со своими родителями серьёзную автомобильную аварию. Кстати, у родителей это был долгожданный отпуск, и они направлялись отдыхать на море. Однако вместо отдыха семья оказалась в больнице, радуясь, что все остались живы… После случившегося она не могла не просто сесть в машину — одна лишь мысль об этом приводила к панической атаке! Она описала это так: «Как только я начинаю об этом думать, я снова оказываюсь в перевёрнутой машине… Я начинаю нервничать, у меня начинают потеть руки, ускоряется дыхание, начинает колотиться сердце и… я полностью теряю контроль над происходящим!» То, как она это изобразила, думаю, может стать универсальной иконографией панической атаки.

ГЛАВА 1 ✦ ПАНИЧЕСКИЕ АТАКИ

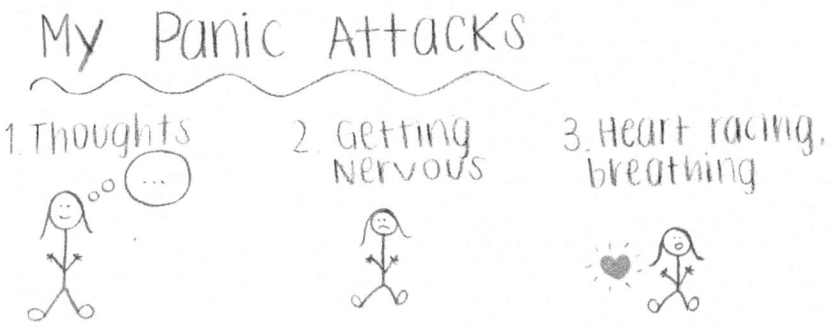

Как моя пациентка изобразила этапы панической атаки

Мне несколько раз довелось присутствовать при таких приступах, которые развивались в моём кабинете, и я могу засвидетельствовать, что это является интенсивным переживанием даже для наблюдателя. Видеть, как человек теряет контроль над своим состоянием, мечется, начинает задыхаться, покрывается крупными каплями пота… Ну а переживать такое изнутри тем более драматично.

И всё же с этим состоянием вполне реально справиться даже в момент самого панического приступа (правда, оговорюсь — это касается повторяющихся приступов, подготовиться к самой первой атаке, возможно, помогут общие знания об этом состоянии и приёмах самопомощи). Причём самым главным для восстановления контроля над происходящим является, как это ни парадоксально прозвучит, именно… не поддаться панике! Тогда есть возможность начать достаточно быстро выходить из «закручивающейся спирали», на каждом витке которой происходит очередной выброс адреналина.

Самое первое, с чего следует начинать в таких ситуациях, это вернуть контроль над своим дыханием. Очень важно понимать, что при развивающейся панической атаке развивается то, что называется гипервентиляцией. Более 60% людей, страдающих паническим расстройством, испытывают этот синдром. Именно гипервентиляция отвечает за многие неприятные ощущения во время панической атаки, делая её ещё более непереносимой. Это связано с очень интересным феноменом, возникающим при гипервентиляции: люди уверены, что страдают от недостатка кислорода, у них развивается ощущение, что они не могут вдохнуть полной грудью — но в реальности… всё совершенно наоборот!

Гипервентиляция — это передозировка кислорода в организме. Вот почему страдающим паническими атаками следует запомнить: у вас не недостаток, а переизбыток кислорода!

Именно ПОЭТОМУ все ваши попытки вздохнуть глубже приводят к ещё большему переизбытку кислорода и усилению симптомов: головокружению, помутнению в глазах, тахикардии, онемению конечностей…

Ещё раз: гипервентиляция — одновременно и симптом панической атаки, и триггер, её запускающий, и то, что её подпитывает, если вовремя не принять меры.

Что же делать с гипервентиляцией? Давайте будем рассуждать логически. Если в крови переизбыток кислорода (O_2), и это вызывает усиление панической атаки, значит, чтобы её погасить, нужно сбалансировать количество кислорода. И сделать это можно за счёт повышения уровня углекислого газа (CO_2) в крови. Для этого нужно задержать дыхание. Итак, если вы сможете задержать дыхание на 10–15 секунд и проделаете так несколько раз, этого будет достаточно, чтобы справиться с гипервентиляцией!

В фильмах часто показывают, как человек, испытывающий паническую атаку, начинает дышать в бумажный пакет (brown bag). Это именно об ЭТОМ! В момент развития панической атаки начните дышать в подобный пакет. Вы будете вдыхать воздух с повышенным содержанием углекислого газа. Это способствует уравновешиванию баланса O_2 и CO_2 в крови и прекращению панической атаки. Если

> Гипервентиляция — это одновременно и симптом панической атаки, и триггер, её запускающий, и то, что её подпитывает, если вовремя не принять меры.

у вас нет бумажного пакета или вы в людном месте, то можете вместо него использовать ладони. Сложите их лодочкой, поднесите к носу и дышите таким образом. На следующем этапе вы можете воспользоваться любым из дыхательных упражнений (например «квадратное» дыхание), которые мы разбирали в главе «Наше внутреннее состояние».

Также при развивающейся ПА помогают дозированные физические упражнения, так как они дают возможность быстрее «утилизировать» адреналин, и упражнения на релаксацию, тёплый душ — всё то, что активирует парасимпатическую нервную систему.

Если же мы говорим о повторяющихся панических атаках, то, конечно, очень важно разобраться в причинах их возникновения, «усвоить урок», который наше тело таким экстремальным способом пытается до нас донести, и уже затем полностью избавится от этих проявлений. Как это сделать? Помните о модели, созданной на основе опроса людей, избавившихся самостоятельно от своих страхов, включая панические атаки? Так вот, созданная модель «Быстрое избавление от фобии» легла в основу техники, которая называется «Тройная диссоциация», или более простое название — «Кинотеатр». Но сначала история о пациенте, который, придя ко мне первый раз, принёс огромный увесистый том под названием «Агорафобия»…

Начитанный пациент, ставший… зрителем

Я прекрасно помню, как этот человек, войдя в мой кабинет, бросил увесистую книгу на стол, а потом с размаху плюхнулся в кресло и спросил с вызовом, могу ли я ему чем-то помочь. Я посмотрел на него внимательно и спокойно сказал: «Да». Это его очень смутило, и он начал сбивчиво рассказывать, что вот уже более шести лет он боится открытых пространств. Вначале он испытывал смутное беспокойство, проходя через мосты над рекой или выбираясь за город, затем это переросло в постоянные панические атаки, как только он выходил из дома. Сейчас он буквально заперт в квартире своим страхом! Он вынужден выходить из дома для того, чтобы добраться до работы, но все перемещения происходят небольшими перебежками от подъезда к подъезду. Таким образом он добирается до остановки автобуса, дожидается его (также находясь в подъезде ближайшего дома), доезжает до университета, в котором преподаёт философию, и вечером совершает аналогичный марш-бросок домой… Они с женой полностью прекратили ходить в гости, его дочери исполнилось уже четыре года, а он не может даже выйти погулять с ней.

В общем, у него было много времени, чтобы прочитать всё, что было написано о его проблеме. Он выписывал журналы, находил материалы в интернете, получал бюллетени проходящих конференций. Он знал об агорафобии всё! Какие нейротрансмиттеры выделяются и в каких отделах головного мозга, какие фармацевтические новинки появились на рынке и на какое звено процесса они воздействуют. Он перепробовал все доступные медикаменты, знал, как они воздействуют на организм и какие побочные явления вызывают... Очень скоро он разочаровался во всех ведущих психиатрах — «Они не знают предмет обсуждения настолько глубоко, как я!» В итоге, не получив результата от «научных» подходов, он решил поинтересоваться возможностями психотерапии. Он посетил нескольких психотерапевтов, но то, что они предлагали — посещать групповые занятия, начать поиски истинных причин его страха, — не показалось ему достаточно убедительным. Затем кто-то посоветовал ему обратиться ко мне.

— Я, конечно, понимаю, — сказал он, — что этому нет никакого рационального объяснения, но как только я оказываюсь на каком-нибудь открытом пространстве, меня охватывает жуткий страх, такое ощущение, что вот-вот сердце выскочит из грудной клетки, ноги становятся «ватными», и кажется, что я прямо сейчас умру!

— Как быстро вы хотели бы решить свою проблему? — спросил я его.

— Месяц-два, если это реально.

Я понял, что мне необходимо сначала подготовить его к предстоящим изменениям, потому что стандартная процедура быстрого лечения фобий в НЛП занимает 40 минут. Поэтому первые две встречи мы посвятили планированию его будущего: что он начнёт делать, когда сможет выходить на улицу, куда он пойдёт или поедет, когда захочет. Когда план стал достаточно детальным, как, например, «смогу начать ходить в гости к друзьям, приму предложение другого университета на преподавание, поведу жену в ресторан, поеду с дочкой к морю» и т. д., я спросил, готов ли он расстаться со своим страхом (со времени его первого прихода прошло две недели).

Он не сразу, но достаточно твёрдо сказал:

— Да.

— Хорошо, тогда сейчас мы сделаем одно упражнение, — предложил я. — Но перед этим я хочу уточнить — помните ли вы, когда и как этот страх возник впервые?

— Нет, — последовал ответ. — Это начиналось как-то постепенно. Я помню точно, когда первый раз случилась паническая атака, и как мне вызвали скорую помощь, и отвезли в больницу и, ничего не найдя, отпустили... После этого дня мне становилось всё хуже и хуже, но, анализируя, я вспомнил, что похожие симптомы у меня начались намного раньше, а когда точно — я не помню...

— Для того чтобы обнаружить, когда это началось, нам будет нужно немножко вашего страха — прямо сейчас. Вспомните, когда вы испытывали это чувство в последний раз.

Его реакция была мгновенной! Он весь покрылся испариной, побелел, дыхание стало поверхностным и быстрым. Я дотронулся до его правого колена, зафиксировав на нём чувство страха (см. главу, где шла речь о якорях). Затем я отвлёк его, спросив, какие новости сейчас есть в мире науки. Он начал успокаиваться и сказал, что, к его большому удивлению, ему всё больше и больше начали попадаться статьи, в которых причинами панических страхов указывались как биохимические изменения в головном мозге, так и психологические причины — более того, «авторы даже не знали, что является первопричиной».

— А теперь устройтесь поудобнее, помня, что сейчас вы находитесь в безопасности, и «взяв» это чувство с собой (тут я вновь дотронулся до его правого колена), начните путешествие во времени назад к моменту, когда это чувство появилось в первый раз.

Он вновь стал достаточно напряжённым, но, тем не менее, через некоторое время закрыл глаза. Он оставался неподвижным несколько минут, только глазные яблоки двигались под закрытыми веками, просматривая какие-то внутренние образы, которые его подсознание предлагало ему. Затем он внезапно открыл глаза и сказал:

— Я вспомнил! Лет шесть назад, возвращаясь с работы, я, чтобы сократить расстояние, решил перейти дорогу не на переходе. Я обычно следую правилам, но в этот раз что-то дёрнуло меня. Это было открытое пространство, которое хорошо просматривалось. Ни машин, ни людей. И когда я дошёл до половины шоссе, вдруг откуда-то выскочила машина и промчалась в сантиметре от меня. Она проехала, а я остался один в этой волне ужаса — и никого вокруг... Как же я мог забыть это! Я помню, что после этого я изменил свой маршрут, потому что мне было неприятно проходить это место.

— Хорошо. Нам понадобится это ваше воспоминание сейчас, когда мы будем делать упражнение. Представьте, что вы пришли в кинотеатр. Можете выбрать ряд и место, на которое вы бы хотели сесть. Обратите внимание, какого размера экран и на каком он расстоянии от вас. И когда вы сделаете это, скажите мне об этом.

— Это один из старых кинотеатров, куда я любил ходить в детстве. Экран достаточно большой. Я сижу где-то в центре. Я один в зале...

— Сейчас я хочу, чтобы на экране возникли первые кадры фильма, который вы будете смотреть. И это будут события того дня шесть лет назад, о которых вы только что вспоминали. Но только я хочу, чтобы на экране появились кадры из того дня до того, как это случилось, — то есть тогда, когда всё ещё шло как всегда и ничего не предвещало, что что-то может случиться.

— Да, вот я вижу себя, выходящим с работы в хорошем настроении.

— Очень хорошо. Сделайте стоп-кадр. Сейчас на экране главный герой, похожий на вас, который выходит с работы в хорошем настроении. И сейчас вы сделаете этот фильм чёрно-белым, похожим на старую хронику. А потом перенесётесь наверх — в будку киномеханика, без которого показ фильма просто невозможен. Вы станете на время этим самым киномехаником, который транслирует этот чёрно-белый фильм для вас — сидящего в зале. И вы остановите фильм тогда, когда всё уже закончилось, и вы почувствовали себя, наконец, в безопасности. Если вам понятно, что нужно делать, вы можете начинать.

— Значит, я должен находиться в комнате киномеханика и крутить этот чёрно-белый фильм с того момента, когда ещё ничего не случилось, до момента, когда это закончилось?

— Да. Более того, вам даже не обязательно смотреть всё время на экран. Там наверху, в будке, может играть ваша любимая музыка, вы можете пить кофе — в общем, чувствовать себя достаточно комфортно.

— Хорошо.

Пока он это делал, я внимательно наблюдал за его реакциями. Всё это время он оставался достаточно спокойным. Когда он закончил, он кивнул головой и повернулся ко мне.

— Ну, как это выглядело оттуда, сверху? — спросил я.

— Да никак... Этим — в машине — «горе-пешеход» был хорошо виден, поэтому они просто объехали его.

— А как же наш «главный герой»?

— Он был так погружён в себя, что заметил машину в последнюю минуту.

— Хорошо, давайте двигаться дальше. У нас сейчас на экране кадр, когда наш главный герой уже в безопасности?

— Да. Он ужинает дома и рассказывает жене, как прошёл день.

— Отлично. А сейчас вы сделаете фильм цветным и просмотрите его задом-наперёд от конца к началу. Для этого вы «вдавите» кнопку на аппарате в будке киномеханика и «перенесётесь» в зал, и будете смотреть этот эпизод со своего места в зале. Если понятно, можете начинать.

Он на несколько минут откинулся на спинку кресла, несколько раз хмыкнул удивлённо и сказал, что закончил.

— Как это выглядело? — спросил я.

— Забавно... Я никогда не думал, что я могу выглядеть так глупо и смешно!

— По крайней мере, не страшно.

— Нет, не страшно.

— Сейчас вам предстоит самая ответственная часть. Пойти в экран и побыть консультантом, проводником или просто другом самому себе. Вы можете взять с собой все ваши сегодняшние знания, мудрость, всё, чему вы научились, и побыть рядом с более молодым собой. Может быть, что-то объяснить ему, может быть, поддержать, а может, просто взять за руку. И обратите внимание на то, как всё могло бы быть по-другому, если бы в то время с вами действительно был кто-то, на кого вы могли бы положиться. Когда вы почувствуете себя готовым, можете начинать.

Эта часть работы заняла больше времени, но результат был наиболее заметным. Он начал расслабляться всё больше и больше, а затем стал улыбаться.

— Что с вами произошло?

— Это просто всё изменило... Я был рядом, и я сказал «ему»: нельзя быть таким рассеянным... А потом мы шли и разговаривали, и обращали внимание на то, что происходит. Потом из-за угла выехала машина... Мы остановились и пропустили её. И... пошли дальше.

— Очень хорошо. Теперь я хочу, чтобы вы сделали то же самое ещё три-четыре раза с теми ситуациями, о которых вы мне рассказывали: когда в первый раз вам вызывали скорую помощь, и ещё несколько на ваш выбор таких же драматических моментов.

Итак, шаг первый: вы запускаете просмотр задолго до того, как это началось, делаете фильм чёрно-белым и просматриваете до того момента, когда вы вновь почувствовали себя в безопасности.

Шаг второй: вы делаете фильм цветным и прокручиваете с конца к началу.

И третий шаг: вы берёте все необходимые ресурсы себя сегодняшнего, вносите их в свои воспоминания и наблюдаете за тем, как это изменяет события. Когда вы закончите, мы сможем сделать последнюю часть этого упражнения.

После окончания он поделился своими наблюдениями:

— Все последующие события были связаны с тем первым испугом. Я как бы был в постоянном напряжении и ожидании, когда же это начнётся. И это, естественно, начиналось.

— А сейчас я хочу, чтобы вы представили себе несколько ситуаций в будущем: завтра, через неделю, через месяц, через полгода, год. Ситуации, в которых раньше у вас возникал страх. Я хочу, чтобы вы пережили эти ситуации вашего будущего прямо сейчас, обращая внимание на свои ощущения.

Пока он делал это, я калибровал его состояние — от былого страха не осталось и следа.

— Я могу идти, куда я хочу! Никакого страха! Только любопытство. Я хочу пройтись по улицам, по которым так долго не ходил. Так много нужно наверстать…

Позвольте дать вам эту важную технику по шагам.

Упражнение «Кинотеатр»

Шаг 1. Представьте, что вы сидите в кинотеатре в удобном кресле и на экране видите то событие, которое в дальнейшем привело к фобии. Например, если вы боитесь собак — постарайтесь вспомнить о самой первой встрече с той собакой, которая вас напугала, что в дальнейшем и привело к боязни собак. Представьте это событие в чёрно-белом варианте. Если вы тщательно делали все предыдущие упражнения, то уже знаете, что если вы смотрите на себя со стороны, да ещё и в чёрно-белом изображении, то таких уж сильных эмоций такая картинка не вызывает.

Шаг 2. Теперь представьте себя в будке киномеханика, из которой вы видите себя, сидящего в зале и смотрящего на экран, где разворачивается этот эпизод с той самой собакой из детства. Согласитесь, со стороны это всё выглядит несколько по-другому! Фильм заканчивается, когда ситуация разрешилась, например, когда пришёл папа, прогнал собаку и взял вас на руки и унёс домой — и вы, ребёнок, почувствовали себя спокойно.

Шаг 3. Очень важный! Прокручиваем этот эпизод в обратную сторону — от конца к началу. Сделайте его цветным, можете прокрутить в ускоренном режиме. Можно добавить какую-нибудь бодрую музыку — например, цирковой марш.

В этот момент происходит разрушение паттерна, потому что для того, чтобы нам испугаться и повторять это ощущение снова и снова, нейроны нашего мозга соединяются определённым образом, и информация передаётся только в одном направлении — от первого ко второму, от второго к третьему, от третьего к четвёртому и так далее. Когда мы прокручиваем наш фильм наоборот, мы как бы «взрываем мосты», и после этого вернуться к тем ощущениям, которые были, практически невозможно!

Шаг 4. Внесение ресурсов. Сейчас на экране вновь начало того эпизода в цветном изображении. Глядя на экран, вы решаете, какие внутренние ресурсы — внимательность, спокойствие, уверенность в себе — могли бы помочь «более молодому вам» справиться с той ситуацией. Определив и «обнаружив» эти состояния в себе сегодняшнем, вы «входите» в экран, внося необходимые ресурсы, и затем представляете, как эти ресурсы могли бы изменить ход событий.

Шаг 5. Проверка. Представляем ситуацию в будущем. Воображаем, что встречаемся с собакой, и замечаем, что привычных эмоций у нас не возникает. Того страха, который был раньше, просто не воспроизводится.

Можно также воспользоваться нашим термометром эмоций для того, чтобы замерить уровень страха, когда вы думаете об этой пугающей вас ситуации до и после упражнения.

Давайте разберём эту технику более детально. Первый шаг в ней — это отстраниться, диссоциироваться от своей проблемы, взглянуть на себя как бы со стороны. В технике быстрого лечения фобий используется тройная диссоциация — один Я на экране, второй Я в зале, третий Я — в будке киномеханика. Такой подход работает надёжнее, чем просто посмотреть на себя со стороны, т. к. в этом случае «проскользнуть» в травматическую ситуацию гораздо сложнее. Это необходимо, чтобы вас вновь не захлестнули эмоции, связанные с травматическим опытом. Именно для этого на первом этапе используется ещё один мощный приём, а именно субмодальное изменение — сделать просматриваемый болезненный эпизод чёрно-белым. Я также часто добавляю (вне зависимости от того, как давно это случилось): «Сделайте этот фильм таким, как будто это старое архивное кино не очень хорошего качества». Несколько раз в случаях особо болезненных воспоминаний подсознание «показывало» события в форме мультипликации.

На втором этапе, когда человек просматривает это воспоминание задом-наперёд, прерываются нейросинаптические связи, соединяющие данное воспоминание с теми эмоциями, которые они раньше вызывали (страх, боль и т. д.). Я остановлюсь на этом элементе подробнее в главе о ре-паттеринге. По сути, этот приём помогает, не изменяя содержания, изменить отношение к нему — без чего невозможно перейти к третьему этапу, когда человек может чему-то научиться на своём собственном опыте, сделать необходимые выводы. Пока воспоминание вызывает только всплеск эмоций, ни о каком «усвоении урока» не может быть и речи! А это значит, что во всех схожих ситуациях в будущем человек будет продолжать вести себя точно так же. Для того чтобы прервать эту цепочку, человек должен изменить своё отношение к происходящему и позволить себе иметь выбор в тех ситуациях, где раньше его действия были запрограммированы.

> Пока воспоминание вызывает только всплеск эмоций, ни о каком «усвоении урока» не может быть и речи. Чтобы прервать эту цепочку, человек должен изменить своё отношение к происходящему и позволить себе иметь выбор в тех ситуациях, где раньше его действия были запрограммированы.

Мой путь. «Лекарство» от… страха

Не зря говорят, что наша жизнь циклична. Точнее, она во многом похожа на спираль. В идеале мы поднимаемся по спирали, замыкая определённый цикл развития, но находя себя не в точке отправления, а на другом уровне. Для меня определённые циклы (очевидные — наверное, есть менее очевидные, о которых я не думал) — это приход в отделение доктора Алексейчика волонтёром и проведение совместного с ним семинара в Чикаго в 2018 и 2020 годах. И то же самое с доктором Алиевым — изучение его работ по книгам в начале карьеры и совместный вебинар в 2020-м (об этом — в главе о массовом страхе). Но был в моей судьбе ещё один рубеж, который, несомненно, стал окончанием определённого цикла и одновременно началом следующего витка спирали развития…

Это касается «моих отношений» с МОИМ собственным Страхом…

Мы как-то сосуществовали вместе на протяжении длительного времени. Как я уже говорил, я считал, что надёжно «изолировал» и «запер» его где-то глубоко в себе, таким образом обезопасив себя. Наверное, он при этом снисходительно посмеивался — время от времени легко выбираясь наружу. В любом случае даже тогда, когда он вёл себя тихо, я знал, чувствовал, что он никуда не делся — лишь притаился, чтобы в какой-то неожиданный момент показать свой оскал…

Я никому об этом не говорил и, конечно, никакой помощи не искал. Не знаю, к чему бы всё это привело, но, к счастью, на одном из семинаров по эриксоновскому гипнозу, которые я посещал, я встретился с известным английским гипнотерапевтом — мастером гипнотической метафоры Норманом Воотоном. Он делал небольшую презентацию своего подхода — спокойного, неторопливого, вдумчивого — о том, как, применяя гипнотерапию, создавать индивидуальную метафору для конкретной клиентской ситуации. И, вероятно, это был один из тех моментов, когда неконтролируемый страх, в котором я жил, проявил себя настолько сильно, что я решился обратиться за помощью…

Ситуация в целом осложнялась ещё и тем, что в то время у меня было твёрдое убеждение: «настоящего гипнотерапевта загипнотизировать невозможно». Вот почему для меня это было двойным подвигом — не только признать свой страх и попросить помощи, но и «позволить» себя загипнотизировать! И всё же я решился. Как обычно бывает в таких случаях, помог… именно случай. Вечером, уже после семинара, я неожиданно встретил Нормана в коридоре гостиницы, где я остановился, и, решив, что это знак, подошёл к нему и попросил уделить мне время. Не знаю, что было «написано» на моём лице, но Норман взглянул не меня и, даже не уточнив, в чём дело, сразу согласился.

Мы вернулись в опустевший зал, где днём проходил семинар, и, придвинув кресла, сели друг напротив друга. Я вкратце рассказал свою ситуацию — о своём Страхе — и попросил помощи. Я отчётливо помню, как даже после этого мой внутренний голос нашёптывал мне, что «ничего из этого не получится», но в то же время почему-то «советовал» не забыть «проанализировать, какую именно метафору создаст для меня Норман»…

Я думаю, что Норман правильно оценил «клиента» и сначала заговорил о себе. Он неторопливо рассказал мне о том, как какое-то время назад у него был диагностирован рак простаты. Это его откровение было настолько неожиданно, доверительно и по-человечески просто, что я моментально забыл обо всех своих изначальных предубеждениях! Норман же продолжил свой рассказ, сказав, что с того момента, когда он узнал о своём диагнозе, время для него как будто остановилось... о том, как он ощутил, как будто внутри есть некое «взрывное устройство», которое в любой момент может сдетонировать, и что часовой механизм запущен, и если прислушаться, то можно слышать тихое тиканье (именно так я себя ощущал все эти годы после Чернобыля!). Что он говорил дальше — я не помню, потому что... я погрузился в глубокий транс! Я не знаю, сколько времени я провёл в этом состоянии и вообще сколько времени мы провели вместе... Расставаясь, я был настроен достаточно скептически, пытаясь оценить, изменилось ли что-нибудь в моём состоянии. Тем не менее я искренне поблагодарил Нормана за «попытку» и, вернувшись в свой номер, вскоре забылся беспокойным сном. С утра мой внутренний голос вернулся на своё привычное место, заключив, что, очевидно, никакого «чуда» не произошло, но «по крайней мере, я попытался...»

Только позже, со временем, я обнаружил: «тиканье» пропало! Парализующий страх ушёл. Я перестал переключать каналы телевизора, если случайно натыкался на упоминание о Чернобыльской катастрофе, перестал избегать этой темы в разговорах. Да, конечно, и сейчас, вспоминая о тех событиях, я чувствую волнение, но это чувство даже близко не похоже на чёрный всепоглощающий страх, который я испытывал раньше!

Норман Воотон «разминировал» меня.

Спасибо тебе, Норман...

Глава 2
Лингвистика страха

> Паника, охватывающая человека, когда он в толпе и разделяет общую участь, не так ужасна, как страх, переживаемый в одиночестве.
>
> Джек Лондон, «Морской волк»

> Язык не только отражает наше мышление, но и во многом формирует его. Если в нашем лексиконе отсутствуют слова, описывающие какие-то состояния или понятия, то практически это означает, что таких состояний и понятий не существует в «карте» данного человека или народа.

Слова, формирующие мышление и поведение

А теперь давайте поговорим о значении языка в описании наших эмоций. В своей книге «Структура магии» (1975) основатели НЛП Ричард Бендлер и Джон Гриндер попытались сформулировать функцию языка: «Все достоинства людей, как позитивные, так и негативные, подразумевают использование языка. Будучи людьми, мы используем язык двумя способами. Во-первых, с его помощью мы отражаем свой опыт,— этот вид деятельности мы называем рассуждением, мышлением, фантазированием, пересказом. Когда мы используем язык в качестве репрезентативной системы, мы создаём модель нашего опыта. Эта модель мира, созданная с помощью репрезентативной функции языка, основана на нашем восприятии мира. Наши впечатления также частично определяются нашей моделью репрезентации… Во-вторых, мы используем язык для того, чтобы передавать нашу модель (или репрезентацию мира) друг другу. Мы называем это беседой, обсуждением, написанием чего-либо, чтением лекции, пением».

Однако язык не только отражает наше мышление, но и во многом формирует его. Если в нашем лексиконе отсутствуют слова, описывающие какие-то состояния или понятия, то практически это означает, что таких состояний и понятий не существует в «карте» данного человека или народа. Например, антропологи описывают культуры, в которых женщины при родах не испытывают практически никаких страданий. Женщины там просто не знают, что при этом должно быть больно, причём в их языке даже нет слов, описывающих страдания при деторождении! Многие исследования наглядно демонстрируют, как дети, впервые встречаясь со словом «боль», открывают для себя это понятие и всё то, что с ним связано... Другими словами, дети во многом «научаются» чувствовать боль благодаря своим родителям, а также усваивают отношение к боли (от моментальной паники — до «это пустяки») на всю жизнь. Существует классическое исследование, проведённое Рональдом Мелзаком и Уорреном Торгерсоном в отношении восприятия боли. По их мнению, **боль — это неприятное СУБЪЕКТИВНОЕ сенсорное и эмоциональное ПЕРЕЖИВАНИЕ, связанное с реальным или потенциальным повреждением тканей.** Так вот, Мелзак с Торгерсоном собрали все часто употребляемые слова, которые используют пациенты при описании своего страдания, и проанализировали их. В результате лингвистической обработки учёные выделили три основных класса таких слов, которые описаны ниже.

> Когда мы используем язык в качестве репрезентативной системы, мы создаём модель нашего опыта. Эта модель мира, созданная с помощью репрезентативной функции языка, основана на нашем восприятии мира.

— **Сенсорные**, такие как «жар», «давление», «пульсация» или «биение».

— **Аффективные** (связанные с эмоциями): «изматывающая», «тошнотворная», «изнурительная» или «пугающая».

— **Оценочные** (связанные с опытом): от «раздражающей» и «надоедливой» до «ужасной», «невыносимой» и «мучительной».

Из этих трёх категорий только одна (сенсорная) может претендовать на «объективную» оценку боли. Две других категории — это индивидуальное восприятие факта наличия боли. И на это восприятие оказывают влияние личный опыт человека, традиции данной культуры, эмоциональное состояние, а также множество других факторов, на которые мы можем влиять. Это значит, что любую боль можно усилить или ослабить, добавляя или исключая определённые слова при описании боли!

Тот же самый принцип работает в отношении любой другой эмоции или состояния. В частности, работая с проблемой страха, я использую язык как очень мощный инструмент для достижения цели. Психолог Пол Экман создал шкалу слов, описывающую интенсивность переживания страха — от менее интенсивной (Trepidation — трепет, Nervousness — нервозность), до максимально интенсивной (Desperation — отчаяние, Panic — паника, Horror — ужас). В зависимости от цели, работая с конкретным человеком, я могу использовать язык на «понижение» переживаний — например: «Расскажите о своём беспокойстве» (вместо «…о своём страхе») или: «Что именно вас волнует?» Либо наоборот — на «повышение». Скажем, работая с проблемами зависимостей, я хочу, чтобы, к примеру, употребление алкоголя в будущем стало ассоциироваться у человека не просто со страхом, но с «ужасом от возможных последствий» или «паникой при одной мысли об алкоголе».

Используемые в языке слова во многом формируют стиль мышления и через мышление влияют на поведение. Это очень хорошо прослеживается при сравнении различных языков. Например, немецкий язык — это язык строгой дисциплины, строгой логики и правил. Значит, и внутренний монолог, мышление будут, скорее всего, такими же серьёзными, и в них вряд ли найдётся место легкомысленным, воздушным, иллюзорным мыслям. В немецком вы не найдёте таких слов, как «возможно» или «наверно». А в языке северных народов насчитывается до 40 слов, описывающих белый снег. Для них эти языковые тонкости очень важны, потому что от этого зависят возможность пропитания и самой жизни. Так же, как многочисленные слова в языке зулусов, описывающие оттенки зелёного цвета.

> Используемые в языке слова во многом формируют стиль мышления и через мышление влияют на поведение. Это очень хорошо прослеживается при сравнении различных языков. Например, немецкий язык — это язык строгой дисциплины, строгой логики и правил.

В своей практике я нередко встречаю людей с очень ограниченным проявлением эмоций. Как правило, когда я начинаю расспрашивать таких людей, как они себя чувствовали в той или иной проблемной ситуации, я получаю односложные ответы, типа: «меня это расстроило» или ещё более универсальное — «я испытал(а) стресс». Для таких случаев у меня припасён лист со списком и описанием различных эмоций. Я даю этот лист и прошу найти название и описание наиболее подходящей эмоции, которую человек испытывал в той или иной ситуации. И это становится домашним заданием на последующие несколько месяцев — расширять свой эмоциональный словарный запас, обращая внимание на ощущения в теле в той или иной ситуации и находить наиболее подходящее описание и название эмоции. И очень часто спустя несколько месяцев происходит «чудо» — люди как бы оживают, обнаруживая у себя новые состояния, которые они раньше не испытывали, а точнее, просто игнорировали их!

Вот в качестве иллюстрации достаточно известное «Колесо эмоций» от Роберта Плучика, где они расписаны весьма подробно в рамках единой структуры:

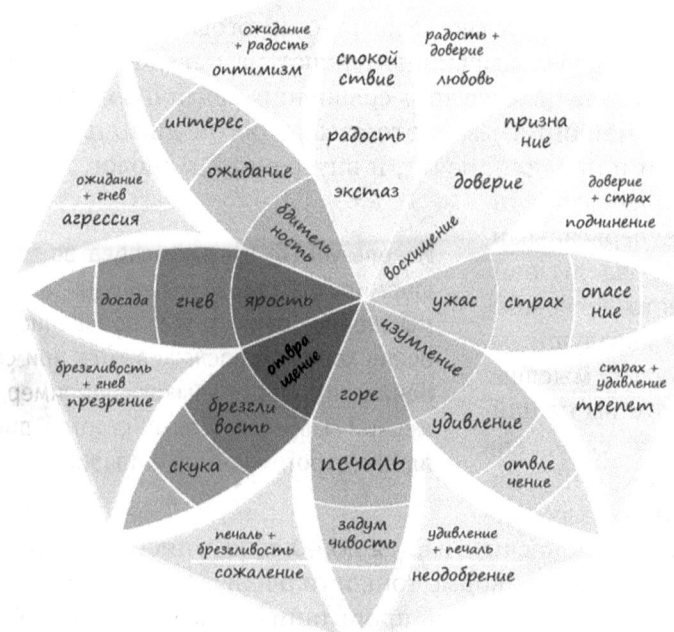

Колесо эмоций

Вместе с тем существует также утверждение, что у нас вообще всего лишь шесть базовых эмоций (не путать с чувствами) — радость, печаль, отвращение, страх, гнев и изумление, а все остальные — их оттенки или комбинации. Кстати, я думаю, стоит объяснить разницу между эмоциями и чувствами. Мы говорим об эмоциях как о кратковременных переживаниях, в то время как чувства — это более длительные, устойчивые внутренние состояния, которые базируются на процессе мышления, предыдущем опыте, оценке текущей ситуации. Безусловно, эти понятия взаимосвязаны, а одно из существующих определений говорит, что чувство — это сложная, многосоставная эмоция. Но они могут и не совпадать, а иногда быть противоположными. Например, можно в отношении человека, к которому мы испытываем чувство любви, время от времени также испытывать эмоции гнева, раздражения и даже ненависти.

Учитывая, что помимо чисто физиологических проявлений эмоций мы описываем, «кодируем» их с помощью слов и так же, услышав ключевое слово, обозначающее ту или иную эмоцию, распознаём («декодируем»), о какой именно эмоции идёт речь, — то здесь самое время мне вновь примерить «профессорскую шляпу» и рассказать, как работает наш мозг в процессе понимания и продуцирования речи.

Сразу же хочу уточнить, что это два различных процесса — понимание слов и генерирование внятной речи, — за которые отвечают две разные зоны нашего мозга. Ещё в Древней Греции доктора обратили внимание на то, что иногда при травмах головы люди теряли способность говорить. Они назвали это состояние афазией (от др.-греч. ἀ — отрицательная частица и φάσις — высказывание) и обозначили как расстройство уже сформировавшейся речи. Афазия — термин, которым мы пользуемся до сих пор. Первую зону, отвечающую за «производство» речи, описал в 1861 году Поль Брока (помните лимбическую систему, о которой мы уже говорили?). У него был пациент, который не мог выговорить ничего, кроме слова «тан», поэтому его так и прозвали — «месье Тан». Интеллектуальные способности мужчины не пострадали: Тан понимал окружающих, объяснялся жестами, мог посчитать секунды или показать, сколько лет провёл в больнице. Когда Тан умер (сейчас мы знаем, что настоящее имя этого пациента было Луи Виктор Леборн), доктор Брока произвёл вскрытие и обнаружил, что мозг пациента был разрушен в лобной (отвечающей за двигательную функцию) доле левого полушария. Поль

Брока предположил — и в дальнейшем это предположение подтвердилось, — что эта часть мозга отвечает за воспроизводство слов, после чего назвал эту зону своим именем. Итак, зона Брока — это двигательный центр речи или зона речедвигательных органов — зона моторики речи, ответственная за воспроизведение речи. Этот участок коры, управляющий мышцами лица, языка, глотки, челюстей, находится в нижней лобной доле головного мозга — в задней части нижней лобной извилины вблизи от лицевого представительства двигательной коры. В 1876 году немецкий невропатолог Карл Вернике описал пациента, который перенёс инсульт. Человек был в состоянии говорить, и его слух не был нарушен, но он с трудом понимал, что ему говорили, и вообще не понимал написанных слов. Хотя у пациента сохранилась способность произносить слова, но, тем не менее, его речь была абсолютно бессвязной. Дальше всё повторилось — после того как пациент умер, Вернике при вскрытии обнаружил поражение в височной области левого полушария мозга пациента. Он заключил, что эта область, которая близка к слуховой области мозга, участвует в понимании речи, и… назвал эту, вновь открытую им область мозга, своим именем. Позже другими исследователями был открыт так называемый дугообразный пучок, который соединяет зону Брока и зону Вернике, образуя систему, отвечающую за речь. Причём, что интересно, при наличии зоны Вернике в обоих полушариях их функции различаются! Если зона Вернике в доминантном (чаще всего в левом) полушарии отвечает за понимание смысла слов, то та же область в не доминантном (чаще правом) полушарии отвечает за интерпретацию тона голоса, которым это слово было произнесено. Мы все знаем, что одну и ту же фразу можно произнести очень по-разному, интонационно вкладывая различное значение. Да что там фразу, слово! Например, «да» может варьировать от «таки да…» — через «может быть» — до «да!». За понимание этих различий и отвечает зона Вернике в не доминантном полушарии — так же, как и за восприятие музыки. Кстати, это было одним из аргументов учёных, которые утверждали, что наше подсознание находится в не доминантном полушарии. Понимание смысла — функция сознания, а восприятие интонационных нюансов — функция подсознания. Я думаю, в этом есть своя логика…

Поражение этих двух центров речи приводит к различной симптоматике. В частности, повреждение центра Вернике вызывает сенсорную афазию, когда больной с трудом воспринимает услышанную речь или написанный текст, но способен говорить, хотя его фразы будут бессмысленны, как в случае пациента Карла Вернике. В то время как при афазии Брока, или моторной афазии, больной употребляет осмысленные слова, но не способен их нормально соединить и говорит в «телеграфной» манере или ограничен одним словом, как месье Тан.

Страх — значение понятия и «анатомия» слова

Со времён античности люди задавались вопросом — что такое страх? И не просто задавались, а стремились дать этому понятию вполне вербальное определение. Согласно древнегреческой мифологии, самим богам было присуще чувство страха. Считалось, что даже всемогущий Зевс боялся богини ночи Никс! Неудивительно — часто кажется, что именно в темноте пробуждается страх… Её дети — Морос, Танатос, Оизис и Момус — гибель, смерть, тревога и вина — преследуют нас во тьме… В Древней Греции страх являлся божеством по имени Фобос (др.-греч. Φόβος, «страх»). Он считался сыном бога войны Ареса и Афродиты, братом Гармонии и близнецом Деймоса (ужаса). Фобос сопровождал своего отца в битвах, его часто изображали с львиной головой.

В статье О. И. Опариной, вышедшей в 2004 году под названием «Страх как лингво-психологическая составляющая языковой картины мира», очень детально описана история происхождения страха как такового, а также семантическая история слова «страх»:

«Боязнь каких-то событий, явлений заставила задуматься людей о том мире, который окружал их, попробовать познать этот мир, понять истоки и закономерности этих пугающих событий. В дальнейшем человек стал всматриваться в самого себя. Что я такое? Кто я такой? Конечен я или не конечен в этом мире, и каково моё место в мироздании? В связи с этим появляется одна из вечных проблем в философии, психологии и вообще в жизни человека проблема смерти. Помимо понимания того, что любое существование конечно, в каждом обычном человеке живёт инстинкт самосохранения, который заставляет принимать те или иные решения, направленные на спасение, в ситуациях, когда возникает угроза жизни. Состояние страха заставляло человека задумываться о необходимости преодоления его, о нахождении каких-то условий, способов, действий, а также поступков и манеры поведения, чтобы избавиться от страха. Возможно, уместно считать, что именно страх побудил человека к осмыслению своего Я, своей роли и своих возможностей в этом мире».

Исходя из принципа, что язык служит для выражения значения, давайте обратимся к определению, что такое страх. Согласно философскому словарю, страх — это глубинное человеческое состояние, порождаемое способностью человека осознавать несовершенство мира, его коллизии и угрозу человеческому существованию [Философский словарь, 2001]. Исходя из этого определения, понятие страха и смерти, гибели тесно переплетены. Феномен страха стал осмысливаться учёными на раннем этапе зарождения науки. Аристотель в «Поэтике» различает страшное (terrible) и чудовищное (monstrous). Эпикура волновала проблема жизненных страхов, страданий человека. Он выделяет три типа страха: страх перед богами, смертью и будущим. Страх смерти появляется оттого, что человек никак не может примириться со своей смертностью. Ему трудно представить, что этот прекрасный, вечный мир будет, а он не будет существовать, исчезнет. Согласно Эпикуру, из представления о том, что мир может существовать вечно, а человек смертен, рождается иллюзорное представление, будто существует некая сила, которая, возможно, обеспечит какое-то иное существование после смерти. Эпикур отвергает такое представление. Он настаивает, что Смерть и Человек не имеют ничего общего. Он объясняет это тем, что когда мы существуем, смерть ещё не присутствует, а когда смерть присутствует, мы не существуем. Таким образом получается, что смерть не имеет отношения ни к живущим, ни к умершим. Счастье в понимании Эпикура — это жизнь без страданий, тревог и страха. Страдания могут быть и тогда, когда не имеешь того, что хочешь, и тогда, когда обладаешь этим. В первом случае человек страдает от отсутствия желаемого и стремится к нему, испытывая тревоги и терзания. Во втором случае, имея всё, человек понимает, что это не вечно и может быть потеряно, соответственно, появляется тревога и беспокойство. Преодолеть их можно, если прийти к осознанию места человека в этом мире и вести правильный образ жизни, с правильными устремлениями и представлениями о жизни. Именно это спасает человека от тревоги и состояния страха, т. е. состояния, когда мелочное беспокойство, волнение создают атмосферу постоянной боязни всего. Тит

Лукреций Кар, последователь Эпикура, полагал, что Страхи — это страх перед богами, смертью и загробными наказаниями. Исходя из своей теории смертности души, он считал, что познание смертности души исключает веру не только в загробную жизнь, но и в загробное наказание, тем самым освобождает человека от страха перед адом. Устраняется и страх смерти: пока мы живы — смерти нет; пришла смерть — и нас УЖЕ нет, мы не существуем, и бояться нет смысла. Страх перед богами рассеивается, как только мы узнаём, что боги обитают не в нашем мире, а в пустых промежутках между мирами. Ведя там блаженную жизнь, они не могут оказывать никакого влияния на судьбу человека, т. к. живут не в нашем мире. В произведении «О природе вещей» Лукреций широко употребляет слова, связанные с понятием страха: terror, horror, metus, timor, terror animi — страх, ужас, боязнь, опасение, страх души.

В русском языке слово «страх», согласно этимологическому словарю русского языка [Цыганенко, 1989], происходит от древнеславянского strachъ, который восходит к индоевропейскому корню (s)terg- (s)treg- строгий, суровый. Вероятно, и прилагательное в современном русском языке СТРАШНЫЙ образовалось от значения СТРОГИЙ, т. е. тот, кто может внушить страх.

В английском языке наиболее часто употребляемым словом, описывающим страх, является FEAR. FEAR имеет значение «страх, боязнь, в страхе». Пришло в английский язык из древнегерманского fara (современное Gefahr — опасность).

И в русском, и в английском языках слова страх и fear выражают сильное душевное состояние или чувство. Их важность для языка подтверждается большим количеством производных и фразеологических выражений. Страх является состоянием, формирующим определённое поведение и поступки людей. Состояние страха выражается по-разному в различных ситуациях. Разные аспекты страха и разная реакция на страх отражены в целом ряде слов, образующих лексикосемантическую группу. Слова, входящие в концептуальное поле страх, несут определённую информацию, это разные типы страха: от высшего страха, страха вообще перед непостижимым, неизведанным, вечной боязни, имеющей философское значение (боязнь, dread), до страха, возникающего в каких-то конкретных жизненных ситуациях. Этот конкретный страх конкретных жизненных ситуаций подразделяется на разные ощущения, что нашло отражение в словах: нервное поведение в какой-то ситуации (опасливый, emotive, dismay, apprehension, alarmed, трепет, робость, timid, trepidation). В концептуальном пространстве страха можно выделить разные области поведения. Это и поведенческая характеристика (трусость, cowardice), и характеристика эмоционального и психологического состояния (боязнь, dismay), и черта характера (слабость, weakness, spinelessness). Подобные аспекты страха есть и в русском, и в английском языках.

Однако, говоря о страхе, нельзя не упомянуть и о его противоположности, тоже имеющей выраженные исторические корни. Да ещё какие…

Многие думают, что существуют два главных полюса эмоциональных ощущений (не будем сейчас дифференцировать эмоции и чувства) — это любовь и ненависть. Но если взглянуть на них глубже, можно осознать интересную вещь: нередко люди любят и ненавидят одновременно, не зря есть известное выражение — «от любви до ненависти — один шаг». Выходит, любовь и ненависть совместимы… Но что же тогда является полной противоположностью любви, совершенно несовместимой с ней? Да, именно СТРАХ… По-настоящему любить кого-то или что-то и одновременно так же бояться этого не получится. Причина проста. Любой страх в конечном счёте — проявление базового инстинкта самосохранения, оберегающего жизнь физического тела. Поэтому невозможно жутко бояться и одновременно искренне любить нечто, где-то в глубине угрожающее самому базовому — жизни (даже если эта перспектива не всегда очевидна и не на поверхности)… В свете сказанного о страхе и любви закончить эту главу, где мы погружались и в исторические аспекты развития человечества, я хочу поучительной историей об известном учёном-антропологе Маргарет Мид.

Однажды на лекции студенты спросили Маргарет Мид: «Что было самым ранним признаком цивилизации?» Маргарет ненадолго задумалась, а потом сказала: «Срастающаяся бедренная кость!»

Однажды на лекции студенты спросили Маргарет: «Что было самым ранним признаком цивилизации?» Они ожидали, что Мид назовёт глиняный сосуд, точильный камень или, может быть, оружие… Маргарет Мид ненадолго задумалась, а потом сказала: «Срастающаяся бедренная кость!» Студенты, естественно, пришли в полное недоумение, пока не услышали убедительного объяснения. Бедренная кость — самая длинная кость в организме, соединяющая тазобедренный аппарат и колено. В обществах, лишённых достижений современной медицины, она срастается приблизительно за шесть месяцев покоя. Сросшаяся бедренная кость показывает, что кто-то заботился о пострадавшем — охотился и добывал пищу, был с ним рядом, охранял его до тех пор, пока перелом не зарос. Мид объяснила, что там, где действует закон джунглей — правило выживания сильнейшего, археологи не находили сросшихся бедренных костей. Таким образом первый признак цивилизации — сострадание (а значит и проявление ЛЮБВИ), выраженное как раз в сросшемся переломе бедренной кости! Любви, которая оказалась сильнее страха и дала затем развитие всей нашей цивилизации…

Мой Путь. Разговоры об истории языка

Самые глубокие и интересные дискуссии о значении речи в развитии человечества мне довелось вести в своё время с академиком Святославом Фёдоровым. Выходцам из Советского Союза имя академика Фёдорова хорошо знакомо. Офтальмолог, новатор в медицине, разработавший на тот момент революционный подход хирургической коррекции зрения, а также знаменитую «ромашку» — своеобразный «конвейер прозрения» — процесс, когда пациент перемещался от одного специалиста, отвечающего за определённый объём работы, к другому, получая «на выходе» значительное улучшение зрения. Создатель сети клиник «Микрохирургия глаза», Фёдоров намеревался «прорубить окно в Европу» и был заинтересован в открытии своего филиала в Литве. Министерство здравоохранения Литвы в лице тогдашнего министра, консультантом которого я являлся, благосклонно отнеслось к такой идее, и я был направлен в Москву на обсуждение перспективы сотрудничества.

В течение дня мы занимались делами, а по вечерам играли с Фёдоровым в шахматы

Святослав Фёдоров

и вели беседы на различные темы. Узнав, что я занимаюсь нейролингвистикой, он, с хитринкой прищурив глаза, спросил, известно ли мне, как и когда возникла человеческая речь? Я начал излагать то, что помнил — как в процессе эволюции развилась вторая сигнальная система. В какой-то момент Фёдоров нетерпеливо махнул рукой, останавливая меня, и рассказал, что последнее время его очень интересуют вопросы антропологии (за время нашего общения я не переставал удивляться разнообразию и глубине интересов академика). Он добавил, что даже поддерживает разработки отечественных антропологов, которые в результате исследований установили интересный факт: на заре становления человечеству пришлось пройти очень жёсткие этапы, включавшие в себя матриархат, поедание себе подобных, отвоевание новых территорий у соседних племён… «Так вот, — подвёл итог Фёдоров, — по данным антропологов, первобытные люди заговорили от страха! От страха быть не узнанными своими соплеменниками и всеми вытекающими из этого трагическими последствиями, среди которых, вероятно, мог быть и каннибализм… То есть первые произнесённые слова, по всей видимости, были „я свой!"», — заключил академик. И хотя Фёдоров со свойственной ему прямотой подразумевал под этим именно страх быть «по ошибке» убитым и съеденным своими вечно голодными соплеменниками, мне кажется, в том самом «я свой» мог присутствовать (во всяком случае, иногда) и другой смысл. Вполне возможно, что первобытные люди испытывали ещё и явный страх одиночества, отторжения, вызванный активацией одного из базовых инстинктов, который часто называют стадным. Ведь действительно — паника вместе с толпой для многих лучше, чем страх остаться в полном одиночестве…

Мы также обсуждали и то, что изначально функция речи заключалась в контроле других людей. Вместо того чтобы каждый раз бить соплеменника палкой, вожаки научились отдавать команды. Возможно, это были односложные приказы, типа «копай», «иди на охоту» и т. д. Скорее всего, первобытная речь состояла в основном из глаголов — т. е. слов, побуждающих к действию.

Вернувшись в Вильнюс, я вскоре получил неожиданный подарок — посылку от Святослава Фёдорова с набором книг, которых мы касались в наших беседах. К сожалению, моё общение с Фёдоровым происходило уже в конце 1999 года, незадолго до его неожиданной трагической гибели. Его планам не суждено было осуществиться... Но в моей памяти наши беседы остались очень ярким воспоминанием. Одна из полученных книг, которая до сих пор находится в моей библиотеке, называется «Цивилизация каннибалов», она написана Борисом Диденко. Многие из его рассуждений кажутся мне спорными, но какие-то мне запомнились, и я их разделяю. В частности, что «не слово — продукт мысли, а наоборот: мышление — плод речи». Или ещё более категоричное: «нет речи — значит нет человека!» Вполне возможно, что всё это именно так.

Глава 3
Гипноз — окно в подсознание

Слова и магия были вначале одним и тем же, и даже сегодня слова во многом сохраняют свою магическую силу. …Слова вызывают эмоции и вообще являются универсальным средством воздействия людей друг на друга.

Зигмунд Фрейд, австрийский психолог, психоаналитик, психиатр и невролог

> Уже более тридцати лет я использую гипноз в своей практике. За эти годы я стал опытным и надёжным проводником, помогающим людям открыть «двери» в другую часть себя и познакомиться со своим подсознанием. Науке ещё предстоит открыть и описать, где «географически» находится эта часть нашей психики, но для меня наличие данной части внутри нас совершенно очевидно.

Гипноз и я: от знакомства — к овладению техникой

Итак, пришла пора поговорить и о гипнозе.

«У врача есть три способа борьбы с болезнью — слово, растение и нож», — это выражение, принадлежащее Авиценне, я услышал ещё в начале моего обучения в медицинском институте, но какое-то время оно было для меня лишь красивой фразой, больше описывающей историю медицины. Однако где-то на третьем курсе института, глядя на моих однокурсников, которые активно пробивались в специализированные кружки — хирургические, фармакологические, неврологические и т. д., я стал задумываться о своём пути в медицине. Я точно помнил, что когда я поступал в медицинский, у меня было намерение вылечить всех страждущих! «Какой наивный подход…» — скажете вы. Согласен, но, тем не менее, я считаю это правильным намерением, необходимым для того, чтобы идти в медицину в принципе. Где-то к курсу четвёртому я осознал, что помочь всем не реально, и что мне надо определяться — и с проблематикой, и с инструментарием, который я хочу использовать в дальнейшем. Кстати, могу сказать, что сейчас, тридцать лет спустя, моё намерение более «приземлённое» и заключается в том, чтобы как можно лучше помочь непосредственно тем, кто обращается ко мне за помощью.

Задумываясь же в то время о том, какие методы и подходы лечения привлекают меня больше всего, я обнаружил, что именно СЛОВО вызывает у меня наибольший интерес. Мне всегда было интересно читать о клинических случаях, описывающих ситуации, когда все подходы к лечению не давали результата, пока не обращались к какому-то эксперту или профессору, который, появившись, одним своим видом или присутствием изменял динамику протекания заболевания! Или когда доктор, пристально посмотрев пациенту в глаза, говорил, что именно эта таблетка поможет. И она помогала, несмотря на то что все предыдущие назначения не работали! Причём было до конца не понятно, что именно сработало — наконец-то правильно подобранное лекарство (что, на первый взгляд, казалось очевидным) или сама фраза «это поможет». Или то и другое вместе?

Я для себя очень рано сделал вывод, что лучше всего работает именно эта комбинация правильного лекарства и... чего-то ещё. Оставалось только понять, из чего это «что-то ещё» состоит... Я думаю, именно с поиском ответа на этот вопрос и связан мой интерес к гипнозу. Кстати. Не стану скрывать, что на протяжении всей своей профессиональной жизни я ищу эти формулу. Многие ингредиенты мне уже стали доступны...

Несмотря на то что история гипноза совпадает с историей человечества, гипноз до

> Целебную силу внушения использовали шаманы и колдуны, проводившие ритуалы и церемонии, конечной целью которых было достижение состояния транса — когда человек становился «проницаемым» для внушений.

сих пор остаётся загадкой. Целебную силу внушения использовали шаманы и колдуны, проводившие ритуалы и церемонии, конечной целью которых было достижение состояния транса — когда человек становился «проницаемым» для внушений. Внушался ли в этом состоянии успех на охоте, исцеление от злых духов, предсказывалась ли судьба — в основе было изменённое состояние сознания.

Первое найденное археологами изображение человека относится к XVIII веку до нашей эры. Это рисунок, сделанный на стенке доисторического грота, и он передаёт состояние гипнотического транса. На нём нарисован убитый бизон, а рядом с ним — шаман-колдун, который осуществляет ритуал «гармонизации племени с враждебными элементами окружающей среды» (такие ритуалы есть до сих пор у шаманов Сибири и Америки). Шаман осуществляет особую работу по концентрации, направленную на изменение собственного состояния сознания, чтобы вызвать транс.

Начиная с древнейших времён, человек использует все способы, облегчающие его адаптацию в естественной среде и позволяющие улучшить состояние здоровья — или уменьшить физические (либо моральные) страдания. Один из способов — транс! Шаманы разных народностей используют разнообразные техники, приводящие к трансу, который обладает лечебным воздействием.

Когда же я пытался заговорить о гипнозе с моими преподавателями в институте, то самая частая реакция, которую я получал, была однозначной: гипноз — это плохо, и его не существует! Но всё это лишь разжигало мой интерес, хотя никак и не облегчало возможность получить мало-мальски достоверную информацию. Как я уже говорил раньше, литература практически отсутствовала. В библиотеке имелось всего несколько книг, и они всё время были «на руках», так что ждать приходилось месяцами... Тем не менее, набравшись терпения, я в конце концов прочитал всю доступную литературу и начал «эксперименты» на своих одногруппниках.

В то время в медицине использовалась только одна форма наведения транса — так называемый директивный гипноз, который заключался в том, что нужно было сделать серьёзное (ещё лучше страшное!) выражение лица, досчитать до пяти и громко сказать: «Спать!». Как ни странно, чаще всего это срабатывало, и человек погружался в особое состояние... Уже тогда я отлично понимал, что это никакой не сон, но всё же продолжал использовать эту формулировку — просто за неимением альтернатив. Далее следовало сказать: «Сейчас я досчитаю до десяти, и ваш симптом (боль, страх, беспокойство) уйдут!» Я, конечно, несколько утрирую, но в целом передаю принцип директивного гипноза достаточно точно. Когда это срабатывало, обе стороны — и гипнотизёр, и гипнотизируемый — оставались вполне довольные друг

другом. Гипнотизёр был доволен своей силой внушения, гипнотизируемый — избавлением от симптомов. Кстати, это ещё одно из обвинений, которые я часто слышал вначале в отношении гипноза: «Он лечит только симптомы». Именно в такой последовательности: «его не существует», «это плохо» и «он лечит только симптомы». Не вступая в полемику, я всё же думал про себя: «Вы уж как-то определитесь. Если его не существует, как он может убирать симптомы, и что же, в конце концов, в этом плохого?!»

Например, если у человека болит голова, думал я, есть ли у него время и желание докапываться до причины возникновения этой боли в этот момент? Или если человек курит и хочет бросить курить, нужно ли ему 20 лет ходить на психотерапию, чтобы выяснить причины того, почему он курит?

Основная проблема использования директивного подхода оставалась в том, что такой подход работал не всегда и не на всех пациентах. Что же делать с людьми, которые не реагируют на прямые внушения?

Ответ пришёл после нескольких лет моих экспериментов с директивным гипнозом, когда на одном из апрельских семинаров доктора Алексейчика я услышал об эриксоновском гипнозе. Более того, мне дали на одну ночь ксерокопию с описанием работ Милтона Эриксона. Я не спал практически всю ночь, вчитываясь в плохую ксерокопию и что-то пытаясь записать, чтобы не забыть. Это было настоящим открытием и про то, что транс — это естественное состояние нашего сознания, и про то, что не обязательно доминировать, чтобы помочь человеку достичь состояния релаксации, и про то, что для получения желаемых терапевтических изменений не нужно доводить человека до «потери сознания» (в директивном гипнозе была установка: «чем глубже погружение, тем лучше») — глубина транса на результат напрямую не влияет! Передо мной открывался не просто новый метод или новый подход — но целая новая Вселенная! Совсем другая философия, философия партнёрства, а не доминирования, сотрудничества, где гипнотерапевт является проводником на новую для человека территорию. Территорию, где можно найти ответы на важные вопросы и принять решения, которые положительно отразятся в реальной жизни...

Название книги, ксерокопию которой наутро я вернул с благодарностью, было довольно длинным: «Шаблоны гипнотических техник Милтона Эриксона с точки зрения НЛП». Авторы — Ричард Бендлер и Джон Гриндер. Так произошло моё первое знакомство с этой аббревиатурой НЛП. Именно благодаря описанию приёмов внушений Эриксона, а точнее выявления структуры использования им языка (то, что в НЛП называется моделированием), и появилось целое направление в современной психологии, которое называется психотерапией новой волны.

Уже более тридцати лет я использую гипноз в своей практике. За эти годы я стал опытным и надёжным проводником, помогающим людям открыть «дверь» в другую часть себя и познакомиться со своим подсознанием. Науке ещё предстоит открыть и описать, где «географически» находится эта часть нашей психики, но для меня наличие данной части внутри нас совершенно очевидно.

Какое-то время было популярно считать, что не доминантное полушарие нашего мозга и является «домом» подсознания, но это до сих пор не подтверждённая теория. Наличие подсознания можно обосновать, хотя бы рассмотрев принципы функционирования нашего тела. Подавляющее количество физиологических процессов происходят автоматически, без контроля нашего сознания. Значит, есть структуры, обеспечивающие это бессознательное функционирование. В своей книге «Языки мозга» Карл Прибрам пишет, что объём удерживаемой информации в нашем сознании ограничен цифрой 7±2 единицы информации. То есть в зависимости от тренированности мы способны удерживать в поле сознательного внимания от 5 до 9 единиц информации. Например, сейчас, когда я пишу этот текст, я ощущаю контакт моей спины со спинкой кресла, я чувствую подлокотники, я вижу клавиатуру и экран компьютера. Я осознаю контакт кончиков пальцев с клавиатурой и слышу свой голос в голове, который «диктует» мне этот текст. Также слышу звук работающего кондиционера. Всё! Моё сознательное пространство внимания не способно вместить больше информации. Все остальные процессы, происходящие в моём организме, сейчас регулируются моим «автопилотом». Но, говоря о подсознании, я не хочу упрощать и сводить его функцию только к контролю физиологических реакций. В моём понимании его значение гораздо шире. Это то «место», где хранятся наши воспоминания, наш опыт, убеждения, наши эмоции. Если Зигмунд Фрейд, который первым описал и ввёл в обиход этот термин — подсознание как часть нашей психики, — относился к нему как к «помойке сознания», куда мы сваливаем всё то, с чем мы не можем или не хотим иметь дело, то я подхожу к подсознанию как к месту, где хранятся наши внутренние ресурсы.

Кстати, моё подсознание напомнило мне забавную историю, связанную с упомянутой выше книгой «Языки мозга». Это было после прохождения моего первого курса по НЛП — «НЛП-Практик», на котором эта книга упоминалась. Вернувшись в Вильнюс, я решил разыскать и прочитать её. Очень быстро мой поиск привёл меня в Республиканскую библиотеку, где мне сказали, что на всю Литву есть только один экземпляр этой книги, которая находится именно у них. Поэтому они не могут дать мне её домой, но могут дать на несколько часов для изучения в читальном зале библиотеки. Меня такой ответ не удовлетворил, и я решил применить вновь приобретённые на курсе НЛП навыки убеждения. Сейчас я уже не помню, что именно я говорил, но это сработало, и мне выдали книгу на несколько дней для прочтения дома. Я с благоговением принёс книгу домой. Книга была написана Карлом Прибрамом — профессором Стэнфордского университета в конце 60-х годов и переведена на русский язык в 1975 году. Каково же было моё изумление, когда, дойдя до пятой страницы, я обнаружил, что дальше какое-то количество страниц склеены, как это иногда бывает, когда вы берёте совершенно новую книгу! Оказалось, что до меня никто эту книгу даже не открывал! Тогда меня это натолкнуло на мысль о том, сколько же вокруг нас ресурсов, которые дожидаются именно тебя...

> Если Зигмунд Фрейд относился к подсознанию, описанному им же, как к «помойке сознания», куда мы сваливаем всё то, с чем мы не можем или с чем не хотим иметь дело, то я подхожу к подсознанию как к месту, где хранятся наши внутренние ресурсы.

На протяжении всех этих лет мне неоднократно задавали вопрос: владение гипнозом — это дар или навык? С учётом моего опыта (не только использования гипноза в своей повседневной практике, но и обучения гипнозу), я могу с уверенностью сказать, что любой человек может, до определённой степени, овладеть навыками погружения в транс и наведения транса. Транс — это не какое-то исключительное состояние, которое можно достичь только с помощью неких значительных усилий. Состояние транса — это естественное состояние, в которое мы, сами того не замечая, входим многократно в течение дня.

Многим хорошо известно состояние автоматизма, когда мы едем на машине по давно знакомой дороге. Или когда, находясь в лифте с незнакомыми людьми, мы мгновенно уходим внутрь себя. Или скучная лекция, когда ваше тело «присутствует» в аудитории, в то время как воображение уносит вас далеко-далеко... А ещё — стояние в очереди или ожидание встречи. Я могу продолжать и продолжать. Это всё примеры повседневных, естественных трансов. Иногда мне кажется, что как раз большее количество времени в жизни мы НЕОСОЗНАННО проводим в нашем внутреннем трансе. Все наши страхи, переживания, раздумья, сомнения — всё, что погружает нас внутрь себя, в наше внутреннее пространство, — является трансом, гипнозом. Поэтому правильнее было бы задать себе вопрос даже не про то, как погружаться в транс, а... как научиться выбирать правильный транс! Что значит правильный? Это значит состояние, которое подходит лично для вас. Или различные состояния такого рода. Как ни крути, но, к счастью, полезных, приятных, ресурсных состояний больше одного. Какое состояние мне нужно для поддержания хорошего здоровья? Для хорошей, продуктивной работы, для замечательных, добрых, нежных отношений? Для достижения своих целей? Умение определить это состояние, входить в него, удерживать, менять в зависимости от ситуации — именно в этом и заключаются для меня такие понятия, как свобода, возможность выбора, принятие решений. В противном случае кто-то это сделает за вас! Это может быть кто угодно. Например, ваши родители (вне зависимости от вашего возраста, живёте вы с ними или нет, живы они или нет), ваши бывшие учителя, соседи, знакомые, незнакомые, общественное мнение, государство, политики... — только не вы сами! Как ни парадоксально это может прозвучать, но с моей точки зрения, именно умение выбирать своё внутреннее состояние даёт вам возможность контроля над происходящим. И тогда транс, гипноз — это именно тот ключ, который открывает дверь в царство нашего подсознания.

В этой главе я хочу дать вам простые инструкции, как самостоятельно воспользоваться этим ключом. Как стать своим

> Какое состояние мне нужно для поддержания хорошего здоровья, для продуктивной работы, замечательных отношений? Как определить это состояние, входить в него и удерживать его? В этом и заключаются для меня такие понятия, как свобода, возможность выбора, принятие решений. В противном случае кто-то это сделает за вас!

собственным Проводником и воспользоваться силой подсознания для преодоления страхов и волнений.

Возвращаясь к вопросу дара и технических навыков: конечно, для достижения определённых высот в любом деле необходимо сочетание неких личностных характеристик с повседневной практикой. Гипнозу, как и любой другой технике (например игре на пианино), можно научить почти каждого желающего. Однако и в том, и в другом случае «исполнитель» с талантом от природы окажется успешнее обученного человека без врождённых способностей.

Свои собственные результаты я отношу к принятому много лет назад решению учиться у лучших. И мне действительно посчастливилось видеть, как работают лучшие, и учиться у них! С некоторыми из моих учителей я уже познакомил вас на страницах этой книги. Хотя… Я вспоминаю один интересный случай из моего студенческого прошлого, когда, учась на четвёртом курсе института, я по ночам подрабатывал медбратом в больнице. В отделении лежал больной с переломом ноги. Ему сделали операцию, соединили кость и наложили гипс. Но то ли операция прошла не совсем хорошо, то ли ещё по каким-то причинам он испытывал сильные боли в загипсованной ноге. Во время одного моего ночного дежурства этот пациент просто кричал от боли, не давая спать другим пациентам отделения. Я очень быстро исчерпал все прописанные для него на ночь обезболивающие инъекции, которые хоть на какое-то время приносили облегчение, и уже собирался звонить дежурному врачу с вопросом, что делать дальше, — когда дверь процедурной открылась, и на костылях появился этот самый пациент с гримасой боли и отчаяния на лице. Я предложил ему присесть на стул, подумав — пока я выясню, что с ним делать дальше, лучше, если он побудет вдали от остальных пациентов, давая им возможность уснуть. И тут мне пришла в голову неожиданная мысль… В то время мой интерес к гипнозу был чисто теоретическим, другими словами, я с интересом читал любую литературу по гипнозу, которую мог достать. Но я был ещё «всеяден» — читал вообще всё, что попадалось в рубрике нетрадиционной медицины. В частности, в тот момент со мной была книжка по бесконтактному, энергетическому массажу. И я решил попробовать применить бесконтактный способ воздействия для уменьшения боли в ноге, о чём и сообщил пациенту. Моя логика была проста — хуже от этого точно не будет, скорее всего, ничего не произойдёт, но хотя бы я выиграю время, и тогда можно будет сделать следующий укол. Ну а если вдруг сработает... Значит, то, что описывают в этой сомнительной книжке, является правдой!

Итак, я склонился над его загипсованной ногой, продолжая слышать его стоны, и начал производить «пассы», проводя руками над гипсом. При этом я бормотал что-то типа «сейчас боль пройдёт, и всё будет хорошо...». Методика бесконтактного воздействия никакой текст произносить не предлагала, но происходящее было настолько непривычным для меня, что я говорил это вслух больше для собственного успокоения. Я не знаю, сколько прошло минут в моих «маханиях» над гипсом, но в какой-то момент я поймал себя на том, что стоны прекратились...

Когда я поднял голову и, как бы я сейчас сказал, вышел из своего собственного транса, я сделал несколько неожиданных открытий...

Первое — пациент был в полной отключке! Как я уже сказал, на тот момент знания о гипнозе у меня были теоретические, но даже их мне хватило, чтобы понять, что налицо (и на лице) все признаки глубокого транса! Я только не мог понять, как это произошло... И второе, ещё более невероятное открытие — его нога в гипсе «висела» в воздухе! В том смысле, что в какой-то момент, проводя свои пассы, я попросил его приподнять ногу и забыл сказать, чтобы он опустил её. И она так и осталась на весу! Опять же, я читал о гипнотическом феномене каталепсии, когда поднятая гипнотизёром рука застывает в таком положении на длительное время, но увидеть это первый раз самому, да ещё при таких обстоятельствах — «закованную» в гипс ногу, приподнятую над землёй, — это было сильным потрясением!

Я не очень знал, что мне делать с этим дальше, поэтому я решил просто оставить его в этом состоянии, продолжая выполнять свои рабочие обязанности, время от времени заглядывая в процедурную и проверяя, всё ли в порядке. За это время я заметил, что нога постепенно опустилась, и минут через 30–40 он полностью вышел из этого состояния. К моему огромному удивлению, он спокойно перебрался в палату и сразу уснул, и до конца моей смены ни разу не пожаловался на боль в ноге. Я никогда больше не пробовал использовать бесконтактный массаж, но то, что случилось, в чём-то всё же меня убедило в том, что написанное в книгах по гипнозу — правда... После чего я решил, что нахожусь на правильном пути. Но мы немного отвлеклись.

Давайте поговорим сейчас об использовании самогипноза.

Практика самогипноза — помоги себе сам!

В каждом из нас заложен огромный потенциал, который часто не используется, например, из-за ограничивающих убеждений, которые определяют для нас пределы возможного и невозможного. Так вот, при достаточно глубоком погружении в трансовое состояние все убеждения, включая ограничивающие, остаются как бы «на поверхности», и мы можем пересмотреть и выработать новые убеждения и другое восприятие себя. А ещё можем в гипнотическом трансе намного быстрее и эффективнее решать проблемы, справляться со страхами и волнениями. При глубокой релаксации начинает «работать» наша внутренняя аптека: увеличивается выработка «гормона удовольствия» — серотонина, а также эндорфинов, улучшается кровоснабжение, доставка кислорода к органам и тканям. Для того чтобы воспользоваться этими возможностями, нужно знать некоторые принципы самогипноза. Я их все сейчас назову и на некоторых из них мы остановимся подробнее. А затем я проведу вас по шагам, дав приблизительные примеры формулировок, которые вы сможете использовать в этом процессе.

Итак, принципы самогипноза:

1. Для начала вы должны дать себе «установку» на погружение в транс. Другими словами, просто проговорить про себя, что вы собираетесь погрузиться в транс или в приятное расслабленное состояние, или в состояние внутреннего покоя, или в привычное медитативное состояние. Любая понравившаяся вам формулировка подойдёт для обозначения своему бортовому автопилоту направления движения на ближайшее время. Желательно придерживаться одной и той же выбранной формулировки при дальнейших погружениях. Также я рекомендую погружаться в транс, сидя и с закрытыми глазами, хотя это и не обязательно. Но обычно это облегчает процесс вхождения в транс, уменьшая влияние отвлекающих факторов.

2. Перед тем как войти в это состояние, следует установить для себя временную рамку — другими словами, решить, на какое время вы собираетесь погрузиться. Из моего опыта оптимальное время составляет 20 минут. Кому-то нравится оставаться в приятном расслабленном состоянии дольше, 30–40 минут, кто-то предпочитает сделать это за 10–15. Это выбор каждого человека. Ещё раз, моя рекомендация — минимум 20 минут! В любом случае

вы должны наметить, через какое время вашему подсознанию следует завершить отсчёт и вернуть вас в привычное сознательное состояние. Многие, наверно, слышали о наличии внутренних биологических часов, так вот они действительно существуют и очень точно отсчитывают наше внутреннее время. Простой пример работы наших собственных биологических часов — это возможность проснуться утром без будильника точно в то время, которое вы «загадали» накануне.

3. Выбрать способ погружения. Ниже я дам несколько простых техник погружения себя в транс. Вы можете попробовать каждую из них. Когда вы выберете наиболее подходящую именно для вас, вы сможете в дальнейшем использовать именно её.

4. Выберите ситуацию или проблему, в решении которой вы хотите продвинуться, используя самогипноз.

5. Выберите для себя приятный «сюжет» — что будет происходить с вами в вашем внутреннем пространстве на протяжении того времени, когда вы будете в трансе? Например, прогулка по парку или лесу. Или можно мысленно отправиться в ваше любимое место отдыха, например на берег моря.

6. Перед началом погружения в транс вы можете решить и проговорить про себя, какое состояние вы хотите ощутить при выходе из транса. Например, состояние лёгкости, свежести, покоя, прилива энергии или наоборот — состояние сонливости. Это должно зависеть от того, что вы планируете делать дальше и какое состояние было бы наиболее подходящим для этих планов.

Вот несколько способов погружения себя в транс.

Погружение с использованием большого и указательного пальцев

Устройтесь удобнее. Я предлагаю делать упражнения по расслаблению сидя в комфортном кресле. Закройте глаза, сделайте глубокий вдох и, выдыхая, соедините большой и указательный пальцы выбранной вами руки (можно обеих). Сделайте ещё один глубокий вдох. Задержите дыхание, считая от одного до пяти: 1, 2, 3, 4, 5. Медленно выдохните. Сделайте ещё три глубоких вдоха с задержкой и, выдыхая, полностью сконцентрируйтесь на ощущениях своего тела. Заметьте нарастающий комфорт и расслабление. Это похоже на то состояние, которое бывает, когда мы засыпаем. Но сейчас это ещё не сам сон, а промежуточное состояние погружения. Достигнув этого состояния, вы можете сказать себе: «По мере моего расслабления и концентрации моего внимания я буду очень внимателен к тому, что я скажу себе сейчас». И далее начинайте формулировать свои цели (см. главу о НЛП в первой книге). Представляйте, как это будет выглядеть, как вы будете чувствовать себя при этом. Ваша первая установка — это установка о том, что в следующий раз, когда вы так же уютно устроитесь в безопасном месте, чтобы расслабиться, вы сможете сделать глубокий вдох, соединить большой и указательный пальцы той же руки и на выдохе погрузиться в расслабленное состояние ещё быстрее и ещё глубже. Когда же вы решите полностью вернуться из транса, то сможете начать считать в обратном порядке от пяти до одного: 5, 4, 3, 2, 1. И при счёте «один» откроете глаза.

Погружение с «каталепсией» руки

Сядьте удобно. Поставьте стопы на пол, положите руки на подлокотники. Сделайте глубокий вдох, закройте глаза и, выдыхая, приподнимите одну из ваших рук так, чтобы кисть оказалась на уровне плеча. Локоть должен быть приподнят над подлокотником. Сделайте ещё один глубокий вдох, задержите дыхание и, выдыхая, полностью сконцентрируйтесь на ощущениях своего тела. Проверьте, насколько ваше тело расслабленно. Мысленно обратитесь к своей руке, предложив ей начать опускаться со скоростью, с которой вы будете погружаться в приятное расслабленное состояние. Начните наслаждаться ощущением расслабления. С каждым движением руки вниз вы можете погрузиться глубже и глубже. И в тот момент, когда ваша рука полностью опустится, вы сделаете ещё один глубокий вдох. Выдыхая, расслабьтесь ещё больше. После нескольких повторов этого комплекса вы заметите, насколько легко будет вашему телу воспринимать поднятие руки как сигнал к погружению в расслабленное состояние.

Фиксация взгляда

Сядьте удобно. Приготовьтесь к приятному расслаблению. Поднимите свой взгляд и выберите точку на линии соединения стены с потолком. Зафиксируйте свой взгляд в этой точке, стараясь не моргать. Сфокусируйтесь и начните изучать детали выбранного вами участка. Почувствуйте, как ваши глаза становятся усталыми, и вам всё сложнее удерживать их открытыми. Ваши веки становятся тяжелее и тяжелее. Вам захочется моргнуть… С каждым мгновением будет всё сложнее открывать глаза… Постарайтесь продержаться с открытыми глазами подольше. Когда вы почувствуете, что ваши глаза закрываются, сделайте глубокий вдох и, выдыхая, позвольте им крепко закрыться. Начинайте погружаться в приятное, расслабленное состояние глубже и глубже.

Ниже — пошаговое описание техники самогипноза и использование этой техники на примере острой реакции на критику:

Шаг 1. Сформулируйте проблему или задачу, с которой вы будете работать в трансе.
«Я испытываю сильное напряжение, когда переживаю стресс. Особенно, когда кто-то критикует меня».

Шаг 2. Устраивайтесь удобнее. Я предлагаю делать эти упражнения, уютно устроившись в кресле или сидя на комфортном стуле. Ваша одежда не должна сдавливать и затруднять дыхание. Лучше всего, если вы поставите ваши стопы плотно на пол. По возможности освободитесь от давящей обуви и туфлей на высоких каблуках. Руки свободно положите на колени. Ещё раз проверьте, удобно ли вашей спине, вашим ногам, рукам. Прислушайтесь к звукам, которые, возможно, до вас доносятся. Сделайте глубокий вдох и, выдыхая, почувствуйте себя ещё спокойнее. Решите, на какое время вы собираетесь погрузиться в расслабленное состояние. Я рекомендую, чтобы оно длилось не менее 20 минут. Выберите способ вхождения в транс из вариантов, предложенных выше.

Шаг 3. Решите, какого результата вы хотите достичь? (Для этого воспользуйтесь главой «Формулирование результата».) Представьте, как вы теперь будете думать, чувствовать и действовать иначе, чем прежде?

Новое мышление: *«Критика — это только мнение другого человека. Это не обязательно правда. Я могу научиться относиться к этому, как к любой другой полезной для меня информации».*

Новые чувства: *«Я учусь эмоционально не вовлекаться, когда меня критикуют. Это помогает мне более объективно реагировать на критику».*

Новые действия: *«Я реагирую более спокойно»*.

Шаг 4. Начните представлять себя думающим, чувствующим и действующим по-новому в тех ситуациях, в которых раньше у вас возникали проблемы. Обратите внимание на то, к каким достижениям это будет приводить. После того как вы сделаете это упражнение, запишите полученный результат.

«Я представляю себе, как кто-то критикует меня, говоря вещи, которые я считаю несправедливыми. Я делаю глубокий вдох, выдыхаю, начинаю расслабляться. Я говорю себе, что это только его мнение, это только информация, которую я сам должен оценить. Я чувствую себя расслабленно и спокойно. Я спрашиваю, есть ли у критикующего конкретные рекомендации для того, чтобы сделать лучше то, что подвергается критике».

Шаг 5. Сформулируйте постгипнотическую установку. Например: *«Я буду более спокойно реагировать на различные высказывания обо мне. Я знаю, что я сам отвечаю за свои чувства. Я напомню себе, что критика — это только информация, иногда полезная. Я буду реагировать спокойно и взвешенно».*

Шаг 6. После того как установленное время закончится, полностью вернитесь из транса и откройте глаза.

Мой путь. Как «смоделировать» успех

На моём пути применения полученных мною психологических знаний и практик было немало значимых ситуаций, когда эти методы меня просили использовать и в консультировании различных бизнесов, и в большой политике — для влияния на широкий круг людей. К счастью, мне всегда удавалось избегать тех «заданий», которые шли бы вразрез с моими убеждениями, голосом совести или моральными стандартами. Как мне пришлось в начале двухтысячных «помочь» многим литовским избирателям определиться в необходимости и преимуществах евроинтеграции — я расскажу в следующих главах. Ну а сейчас — несколько слов о том, как я и сотрудники моей небольшой команды специалистов успешно применяли некоторые принципы психологического моделирования в банковском секторе Литвы, ставшей незадолго до этого независимым государством.

Дело было в 90-х годах прошлого века, когда мои друзья, в отличие от меня активно занимавшиеся «большим бизнесом», открыли один из первых в Литве коммерческих банков. Банк через некоторое время стал достаточно крупным и быстро вошёл в число лидеров этого сегмента зарождающегося свободного рынка. Этот банк многие помнят в Литве до сих пор, поэтому я не буду озвучивать здесь его название. Да дело и не в названии. Дело в том, что те самые мои друзья не без труда уговорили меня к ним присоединиться и, так сказать, «попробовать себя в банковском деле». Это, конечно, шутка — на самом деле мне предложили создать при банке отдел психологического тестирования и помощи сотрудникам столь серьёзной структуры. По сути, как сказали бы теперь, это было подразделение HR (Human Resources), однако в то постсоветское время такой термин ещё не был распространён. Мы занимались и отбором кандидатов на работу, и обучением сотрудников принципам профессионального общения с клиентами, и прочими направлениями деятельности, связанными с персоналом банка — например, разрешением конфликтных ситуаций, которые неизбежны время от времени в большом коллективе. Подходы, которые мы использовали, давали результаты, поэтому чуть позднее по моей инициативе функции отдела расширились, и он превратился в самостоятельный экспертный департамент. Для меня было очевидным, что в условиях нарастающей бизнес-конкуренции наш банк должен поддерживать самые высокие стандарты по всем показателям. Исходя из этого, я предложил руководителям банка использовать методы НЛП-моделирования с целью системного анализа опыта самых успешных сотрудников и его дальнейшего распространения внутри банка. Если говорить очень упрощённо, мы по определённым алгоритмам отбирали и структурировали опыт, достижения и наработки тех специалистов, которые показывали наилучшие результаты в своей деятельности, а затем создавали на основе этого анализа модели поведения для всех остальных сотрудников, работающих на аналогичных должностях. Внедрение такого подхода оказалось очень эффективным, и постепенно на основе этих «моделей» начали создаваться описания служебных обязанностей. Это было очень интересное и творческое время. Что-то мы пытались перенять и у лучших мировых финансовых структур. Для этого я даже ездил в командировку в Израиль, в крупнейший банк «Апоалим». Но очень многое пришлось создавать с нуля. Тогда это действительно казалось неким прорывом — хотя в наше время подобная деятельность подразделения HR достаточно широко распространена во многих крупных компаниях самых разных отраслевых направлений.

Вместе с тем хочу сразу оговориться — несмотря на все эти достижения и успехи, уже тогда я очень хорошо понимал, что главная заслуга в этом не моя личная, а тех гениальных создателей-разработчиков методик НЛП, учеником которых мне посчастливилось быть (сначала заочно, затем очно) и о которых я подробно рассказывал в предыдущих главах книги. В дальнейшем опыт, приобретённый в те годы, помог мне в осуществлении других крупных консультационных бизнес-проектов. И, что ещё важнее, я приобрёл настоящих друзей на всю жизнь!

Глава 4

Страх и Традиционная китайская медицина (ТКМ)
Страх и ТКМ

Каждый день делай одну вещь, которая пугает тебя.
Элеонора Рузвельт,
американская общественная деятельница,
супруга президента США Франклина Рузвельта

> В основе Традиционной китайской медицины лежит идея протекания нашей жизненной энергии по особым энергетическим каналам, которые также называются меридианами. Упрощая, можно сказать, что отдельные участки всей энергетической системы, связанные с определённым органом, называются по имени органа.

Мой «восточный» ответ на «американский» подход

Приехав в Америку, я, безусловно, планировал подтвердить свой медицинский диплом и продолжить работу доктором. Я знал, что это сложный и длительный процесс, состоящий из трёх экзаменов, охватывающих информацию за весь курс обучения в американской медицинской школе. Подготовка к каждому из этих экзаменов обычно занимает больше года. При успешной сдаче всех ступеней следует процесс подачи документов и поиск резидентуры, который также может занять несколько лет. Затем начинается прохождение резидентуры, которое длится ещё два-три года — то есть в лучшем случае этот путь мог занять ещё шесть-восемь лет… Я считал (и продолжаю считать), что это достаточно дискриминационный подход к приезжающим дипломированным докторам, но это, увы, единственно существующий способ подтверждения своего права практиковать медицину в США, так что подавляющее большинство приезжающих специалистов его вынуждены проходить. Кстати, иногда этот процесс может занять гораздо больше времени.

Я помню, как, услышав моё выступление на радио о гипнозе, ко мне пришёл познакомиться психиатр из Винницы, у которого описанный процесс занял 10 или 12 лет. Если я правильно помню, сложность возникла даже не столько с самой пересдачей экзаменов (хотя и с этим тоже), но именно с нахождением резидентуры. Он приехал в Америку уже в солидном возрасте, и ни одна резидентура не хотела его принимать. И всё-таки он добился своего! Самое интересное, что он был заведующим отделением в психиатрической больнице, где начинал работать тот самый Анатолий Кашпировский. То есть он и был первым начальником будущей звезды телесеансов. Разговорившись, конечно, мы не обошли тему «феномена» Кашпировского стороной. Мой собеседник подробно рассказал, как всё начиналось. Оказывается, Кашпировский, будучи молодым психиатром, «подписался» читать лекции о возможностях гипноза в популярном в ту пору советском просветительском обществе «Знание». Это было время начинающихся перемен, время перестройки, и говорить на такие, ранее запрещаемые, темы стало возможным, а затем очень быстро востребованным и вообще модным. Анатолий начал активно ездить по разным городам (к неудовольствию, кстати, коллег и руководства), ну а когда дело дошло до того, что на эти лекции стали собирать стадионы, — всё перешло на другой уровень, и кому-то пришла в голову идея выпустить его на телевидение… Дальше вы знаете. Но давайте вернёмся к моему процессу принятия решения.

Итак, один фактор, который меня «смущал», — это срок достижения результата. К слову, всё, что мне нужно было для работы врачом не в Америке, а в странах Европейского Союза — это только знание языка данной страны! Помимо длительности и сложности прохождения всех этапов на пути к лайсенсу доктора в США и сопутствующих этому вопросов (на что жить всё это время, как поддерживать семью…), был ещё один немаловажный для меня фактор — я считал, что к этому времени сложился как специалист с уникальным интегративным подходом. И потому мне казалась очень мрачной вполне предсказуемая перспектива прохождения всей этой «мясорубки» по переделыванию себя лишь для того, чтобы в итоге опять оказаться «винтиком» на конвейере по выписыванию рецептов для приходящих на пять минут приёма пациентов… Поэтому когда я узнал, что восточная медицина в Америке является отдельной специальностью, я принял непростое для себя решение и стал студентом Колледжа восточной медицины. Это позволило мне через три года получить лицензию на использование акупунктуры и открыть свою клинику, а через четыре — закончить «мастерскую» программу в восточной медицине. Наконец, спустя ещё какое-то время, окончив докторантуру, я стал доктором акупунктуры и китайской медицины. Но самое главное — приобрёл глубокие знания в принципах и подходах восточной медицины.

Несмотря на то что я на протяжении долгого времени использовал акупунктуру в своей медицинской практике, моё понимание фундаментальных основ и философии традиционной китайской медицины (ТКМ) было минимальным. И это понятно — нас обучали медицинской акупунктуре, которая принципиально не отличалась от всей медицинской модели — соединить название (диагноз) с назначением (рецептом). Только в данном случае вместо прописываемой пилюли при обучении мы получали комбинацию точек для иглоукалывания. Вообще же акупунктура — это энергетическая медицина, регулирующая нашу внутреннюю энергию Чи (или Ци). Но об этом нам упоминали вскользь, объясняя эффекты исключительно с механической точки зрения — рефлекторной реакцией. Нажали в этом месте — получили рефлекторный ответ в другом. Вот и всё! Между тем, в отличие от западной медицины, которая идёт путём узкой специализации, готовя экспертов, фокусирующихся на отдельных органах и системах организма, традиционная китайская медицина смотрит на организм как на сложную систему — где каждая часть влияет на соседние элементы и на систему в целом. Поэтому и каждая эмоция стройно вписана в это системное описание. В частности, по тому, какая эмоция доминирует, можно с уверенностью сказать, какой орган и какая система в нашем теле активированы. Каждая эмоция влияет (положительно или отрицательно) на конкретный орган и систему. Как я уже сказал, в основе ТКМ лежит идея протекания нашей жизненной энергии по особым энергетическим каналам,

> Акупунктура — это энергетическая медицина, регулирующая нашу внутреннюю энергию Чи (или Ци). Но об этом нам упоминали вскользь, объясняя эффекты с механической точки зрения — рефлекторной реакцией. Нажали в этом месте — получили рефлекторный ответ в другом.

которые также называются меридианами. Упрощая, можно сказать — отдельные участки всей энергетической системы, связанные с определённым органом, называются по имени органа, что часто приводит к недопониманию. Когда мы говорим о слабости Почек или о возбуждении Сердца, речь не идёт о слабости почек как органа или о возбудившемся сердце. Речь идёт о проблемах в функциональных системах, связанных с этими органами. Например, чувство страха воздействует на канал Почек. Причём речь идёт о продолжительном воздействии страха — не об испуге, который можно охарактеризовать как острый страх. Испуг, который учащает пульс, связан с каналом Сердца. Хронический страх или хронический стресс, как говорили китайские доктора древности, «глубоко входит в тело» и воздействует через ослабление системы Почек на весь организм. Остаётся только удивляться, насколько эти описания, найденные в древнекитайских трактатах, сходны с общим адаптационным синдромом — термином, предложенным Гансом Селье в 1936 году.

Общий адаптационный синдром и техника Эмоциональной Свободы

Общий адаптационный синдром — это совокупность адаптационных реакций человека и животных, возникающих на значительные по силе и продолжительности неблагоприятные воздействия. При хроническом стрессе происходит истощение гормонов стресса адреналина и норадреналина, вырабатываемых надпочечниками. Надпочечники, или адреналовые железы, — это железы внутренней секреции, как «шапочки» сидящие на вершине каждой из наших почек. Количество адреналина и норадреналина, которые продуцируются клетками мозгового слоя надпочечников, обычно увеличивается в ситуации стресса. Повышение уровня адреналина в крови помогает запустить процессы, которые мобилизуют организм и делают его способным к выживанию в неблагоприятных условиях. При этом учащается дыхание, ускоряется поступление кислорода к тканям, повышается уровень сахара в крови, тонус кровеносных сосудов и давление. За счёт стимулирующего воздействия этих гормонов увеличивается мышечная сила, скорость реакции, выносливость и повышается болевой порог. Это позволяет реагировать на угрозу одним из вариантов — «бей» или «беги». Длительное же нахождение в состоянии страха приводит к истощению коры надпочечников — состоянию, которое характеризуется слабостью, депрессией, тревожностью, раздражительностью, снижению иммунитета. В китайской медицине используются термины ослабления Янь Почек, или Огня Почек, и также эти показатели рассматриваются как очень серьёзные состояния ослабления организма. Концепция энергий Янь и Инь — одна из базовых в китайской медицине,

> Общий адаптационный синдром — это совокупность адаптационных реакций человека и животных, возникающих на значительные по силе и продолжительности неблагоприятные воздействия.

описывающая две ведущие энергии нашего тела: активную энергию (огня) — Янь, позволяющую нам действовать, стремиться, преодолевать препятствия, и пассивную энергию (воды) — Инь, которая даёт возможность восстанавливаться, накапливать внутренние ресурсы. Кстати, эта концепция противоположных энергий Инь и Янь, которые в то же время поддерживают друга и не могут существовать друг без друга, описанная по разным источникам в V–III веках до нашей эры в древнем Китае, очень похожа на современное представление функционирования нашей нервной системы, в частности на функционирование двух частей автономной нервной системы — симпатической и парасимпатической, о которых шла речь в первой книге в главе «Автономия — внутри нас». Так вот, при долгом нахождении в состоянии страха происходит «перерасход» и вследствие этого истощение активной энергии Янь. В дальнейшем это приводит к тому, что организм не получает энергии — огня, необходимого для нормального функционирования. Отсюда слабость, ощущение внутреннего холода, отсутствие аппетита, подавленное настроение. Также канал Почек связан с энергией, получаемой от родителей при рождении, а ослабление этой энергии приводит к уменьшению сопротивляемости внешним болезням. Стратегия восстановления энергии почек, кроме использования акупунктуры и специальных травяных сборов, сводится к «согреванию» организма за счёт использования продуктов, обладающих «тёплой» энергией и/или употребления тёплой пищи. Энергия пищи определяется по её способности генерировать ощущения в теле — от горячих до холодных. Так, употребление «горячей» пищи вызовет ощущение тепла в теле, в то время как употребление «холодной пищи» вызывает ощущение холода. Из нашего опыта мы все знаем, что проглоченный кусочек льда или съеденное мороженное заставит нас ощутить холод внутри, в то время как выпитая кружка горячего чая позволит ощутить тепло. Но лёд или горячая вода вызовут только временные ощущения холода или жара. Каждый из употребляемых нами продуктов имеет способность вызывать более долгосрочный энергетический эффект — в зависимости от его энергетических свойств. Это особенно явно проявляется при назначении лечебных трав. Каждая из них обладает своим энергетическим спектром — от вызывающих жар до погружающих в холод.

К продуктам с «тёплой» энергией относятся цельнозерновые продукты, бобовые (особенно фасоль адуки), мясо (особенно баранина, говядина и свинина), вишня, укроп, лук-порей, приготовленные овощи. Из напитков — какао, кофе, красное вино. Спаржа, сок чёрной вишни, малина и просо помогают Ци Почек. Следует избегать употребления холодных и сырых продуктов и напитков, замороженного йогурта, мороженого, фруктового мороженого, замороженных и охлаждённых напитков, соков, газированных и содержащих кофеин напитков, сахара, крепкого алкоголя, соевого молока и тофу. Лучшая форма пищи — это супы, блюда, приготовленные в духовке или на медленном огне. Полезны релаксационные и дыхательные упражнения.

Ну а теперь — о практическом и достаточно быстром применении подходов восточной медицины, способном избавить вас от неконтролируемого страха. Для этого я хочу предложить вам метод, который родился на стыке акупунктуры и психологии. Речь идёт о так называемой ТЭС (технике эмоциональной свободы), разработанной доктором психологии Роджером Каллаганом и усовершенствованной мастером НЛП Гари Крегом. Эта методика основывается на стимуляции определённой комбинации акупунктурных точек путём постукивания по ним кончиками пальцев (tapping) наряду с проговариванием определённых положительных установок-аффирмаций. Для того чтобы получить необходимый эффект, нужно сосредоточиться на существующей проблеме и постукивать по акупунктурным точкам в определённой последовательности. Что это даёт? Стимуляция определённого алгоритма активных точек прерывает старые «наработанные» нейронные связи — те самые устойчивые связи, которые отвечали за наличие и поддержание проблемного состояния или зависимости. В следующий раз, когда вы начнёте думать о своём страхе, вы обнаружите, что он полностью исчез или значительно уменьшился!

Именно в этом заключается главное преимущество данной методики: она даёт очень быстрый ощутимый эффект — идёт ли речь о сильном беспокойстве, приступе злости, апатии или пищевой зависимости. ТЭС в состоянии помочь уменьшить интенсивность травматических воспоминаний уже после одного сеанса, что может быть первым шагом для начала более глубокой проработки травмирующего опыта. Исследование, опубликованное Американской психологической ассоциацией, показало, что у испытуемых, которые использовали ТЭС на протяжении часа, содержание гормона стресса кортизола в крови уменьшилось на 43 %! На сегодняшний день существует 125 научных исследований, демонстрирующих эффективность «постукивания» при таких состояниях, как тревога, хронический стресс, депрессия, мышечные боли и т.д.

Основной «рецепт» метода

Итак, сам метод состоит из двух этапов.
Первый этап. Установка.
Это важная часть всего процесса, так как она подготавливает энергетическую систему к тому, чтобы работа всех остальных систем могла быть успешно выполнена. Другими словами, цель «Установки» заключается в необходимости убедиться, что ваша энергетическая система должным образом ориентирована перед тем, как пытаться устранить в ней неполадки.

Установка состоит из троекратного повторения фразы:
«Хоть у меня и _____, я глубоко и полностью принимаю себя».

Вместо пропуска ставится краткое описание проблемы, над которой вы собираетесь работать.

Например:
«Хоть при мысли о предстоящем полёте у меня возникает сильное волнение, я глубоко и полностью принимаю себя».

Или:
«Хоть у меня есть страх закрытых пространств, я глубоко и полностью принимаю себя».

Этап второй. Последовательность.
По сути, последовательность очень проста. Она заключается в постукивании по конечным точкам основных энергетических меридианов. В результате её осуществления устраняются «помехи» в вашей энергетической системе. Перед тем как узнать, где

находятся эти точки, вам понадобятся несколько полезных советов относительно того, как на них воздействовать.

Вот эти советы:

Вы можете стимулировать точки любой рукой, но обычно это более удобно делать доминирующей рукой (правой, если вы правша). Постукивайте по каждой точке подушечками указательного и среднего пальцев. Это позволяет охватить большую поверхность, чем если бы вы это делали одним пальцем, и таким образом вам будет легче попасть в точку. Постукивайте достаточно сильно, но не до боли и синяков.

Воздействуйте примерно по семь раз на каждую точку. Если у вас насчитается немного менее или немного более семи постукиваний (допустим, от пяти до девяти), то этого будет достаточно.

Большинство точек расположено на теле симметрично с двух сторон. С какой именно стороны вы стимулируете точку — неважно. Точно так же не имеет значения, меняете ли вы стороны в процессе выполнения правил. Пример — вы можете постукивать по точке под правым глазом, а затем в последовательности стимулировать точку под левой рукой.

В дальнейшем, делая успехи, вы можете формулировать для себя установку следующим образом: «*Хоть у меня всё ещё немного _____ (краткое описание проблемы), я глубоко и полностью принимаю себя*».

Вот расположение необходимых вам точек:

1. Верхушка головы (ВГ) — точка, расположенная на макушке головы на пересечении средней линии головы и соединения двух верхушек ушей.

2. В начале каждой из бровей — с одной из сторон над переносицей. Это точка называется «над бровью», сокращённо — НБ.

3. Наружная сторона глаза (НГ) — на кости, граничащей с внешним углом глаза.

4. На кости под глазом, примерно в 2 см под зрачком. Это точка — «под глазом», сокращено — ПГ.

5. Под носом (ПН) — на небольшом участке между нижней частью носа и верхней частью верхней губы.

6. Подбородок (По) — на полпути между точкой подбородка и нижней частью нижней губы. Несмотря на то что По не находится непосредственно на точке подбородка, мы называем её точкой подбородка, потому что она достаточно описательная, чтобы люди могли её легко понять.

7. Ключица (КЛ). Точка — на соединении грудины (грудной кости), ключицы и первого ребра. Чтобы найти эту точку, поместите указательный палец в U-образную выемку вверху грудины (там, где обычно находится узел галстука у мужчин), сместитесь на 2 см от нижнего края этой выемки вниз, а затем на 2 см влево (или вправо). Это и есть точка КЛ — несмотря на то что она не расположена на самой ключице. Точка находится в начале ключицы, и мы будем называть её «ключица», потому что это удобней, чем говорить «соединение грудины (грудной кости), ключицы и первого ребра».

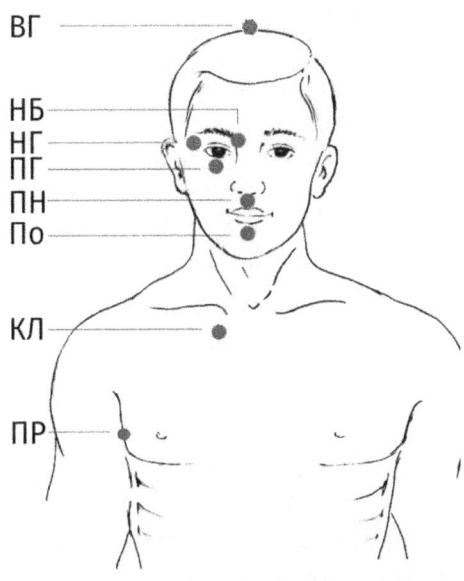

Конечные точки основных энергетических меридианов

8. Сбоку, в точке на уровне соска (у мужчин) или в середине полоски бюстгальтера (у женщин). Примерно в 9 см вниз от подмышечной впадины. Это точка «под рукой», сокращённо — ПР.

9. Запястье (За) — это последняя точка, она находится на ребре ладони.

Технику ТЭС вы можете использовать и как средство «скорой помощи» — чтобы быстро справляться с нежелательной эмоцией, и на более регулярной основе — для проработки устойчивых негативных состояний.

До сих пор мы больше говорили в книге о причинах возникновения страха и способах с ним справляться с помощью психологических практик. Ну а в этой главе я хотел показать вам, как, используя подходы китайской медицины, нивелировать долгосрочные разрушительные последствия этого состояния не только для психологического здоровья, но и для всего организма с точки зрения его энергетики, а значит и физиологии.

Мой путь. Секреты «евроинтеграции»

Понимание принципов и механизмов эффективной коммуникации, безусловно, помогло мне в моей психотерапевтической практике. Прежде всего — лучше слышать и понимать ситуации тех людей, которые обращались ко мне за помощью, а также более качественно и понятнее доносить ту информацию, которая могла им помочь. Иногда нужно было просто объяснить и успокоить, иногда поддержать, иногда мотивировать бороться за себя и инициировать изменения. И, конечно, когда такая важная информация доносится на понятном конкретному человеку языке, она встречает меньше сопротивления и воспринимается гораздо лучше.

Понимание законов коммуникации помогло мне не только начать свою семинарскую деятельность и стать, как сказали бы теперь, мотивационным спикером, но и заняться бизнес-консультированием — как вы уже поняли из прошлой главы. Я очень быстро открыл для себя простую аксиому: проблемы возникают не у бизнеса (фирмы, предприятия, организации), а у конкретных людей, принимающих решения. И помочь им разобраться во всём этом я могу даже лучше тех, кто прочитал какие-то книги по менеджменту.

Однако по-настоящему убедиться в том, насколько законы эффективной коммуникации универсальны (касается ли это разговора один на один, управления компанией или того, что называется «массовой коммуникацией»), я смог, когда мне представилась возможность разработки стратегии политических кампаний во время выборов на различных уровнях — от местных (мэры городов) до общенародного — в литовский Сейм.

Это было непростое время, когда литовская демократия только зарождалась и укреплялась, что напрямую влияло на настроение избирателей. Причём проявлялось это всегда в крайних формах — от попыток цепляться за прошлое с выбором «левых» (в прошлом активистов коммунистической партии, ставших неожиданно «социалистами») и до поддержки идей не до конца понятного будущего, представленных вновь образовавшимися консервативными (правыми) партиями. В тот период, о котором я пишу, у власти как раз находилась правая партия во главе с председателем Сейма Витаутасом Ландсбергисом. К концу 90-х годов их правление, на которое жители Литвы возлагали большие надежды, успело очень многих разочаровать, и было очевидно, что «маятник» избирательских предпочтений вновь качнётся влево... Именно на таком фоне консультационную компанию, которую я возглавлял, пригласили на первое заседание группы, отвечающей за организацию и координацию предстоящей выборной кампании. Атмосфера на этой встрече была достаточно подавленной, практически никто из этой группы не верил в возможный успех, видимо, именно поэтому эта встреча несколько раз переносилась. Другие партии давно начали свои избирательные кампании.

После недолгого обсуждения было, наконец, принято решение, что пора начинать, и перед нами поставили задачу выработать стратегию предстоящей политической кампании, а затем и заняться её осуществлением. Мы ушли «думать». Было ясно, что путь «оправдываться и объяснять логику принятия возможно необходимых, но непопулярных в народе решений» — гарантировано проигрышный путь. В то время Литва ещё стояла «на распутье» — продолжать ли ориентироваться на того самого «Старшего Брата», из «объятий» которого удалось вырваться в начале 90-х, или взять путь на евроинтеграцию и вступить в Евросоюз. Сейчас многим это, наверное, покажется удивительным, но в то время второй путь едва ли не для большинства населения бывшей республики СССР, недавно вернувшей свою независимость, представлялся неведомым, опасным, да и просто нежеланным!

После обдумывания и обсуждения с моими сотрудниками идея будущей кампании стала очевидна. Я знал, что именно эта партия является основным проводником идеи евроинтеграции. Что было ещё более важным — те же опросы, которые демонстрировали низкий энтузиазм жителей перед такой перспективой, указывали, что большинство населения также знали о программе этой политической силы и связывали вступление в Евросоюз именно с ней. Поэтому мы сделали ставку не на «раскручивание» самой партии (что, скорее всего, дало бы лишь обратный результат по целому ряду при-

Витаутас Ландсбергис

чин, которые я уже упомянул), а на максимальной популяризации идеи вступления в Евросоюз, в единую и благополучную европейскую экономическую зону с потенциалом роста и развития независимой Литвы во всех сферах жизни.

Эта модель требовала ориентации на молодое поколение, более мотивированное к переменам, но обычно менее активное при любых голосованиях. Поэтому нам пришлось пойти на некоторые шаги, вызвавшие сначала шок у «заказчиков», но затем полностью оправдавшие себя. Например, на рекламных плакатах мы сознательно макетировали изображения лиц наших немолодых лидеров, обрезая их по краям и в формате, не имевшем ничего общего с принятым чопорным видом в костюмах и галстуках. Это действительно (среди многих других шагов) позволило резко увеличить лояльность молодёжи.

Иногда на наших обсуждениях хода кампании с представителями партии появлялся и сам Витаутас Ландсбергис. При его появлении «партийцы» всегда напрягались, пытаясь наперебой отчитаться об «успехах». Я помню один забавный эпизод, как раз связанный с одним из таких появлений Ландсбергиса. Когда мы только начинали обсуждать визуальные элементы (цвета, которые мы будем использовать, то, как должны выглядеть плакаты и брошюры), он неожиданно спросил: «Не можем ли мы во всём этом использовать солнышко из сериала про телепузиков?» (Этот детский телесериал был тогда очень популярен.) Видимо, помимо управления страной, председатель Сейма всё же находил время и для своих внуков... Повисла пауза, и я понял, что однопартийцы отнеслись к предложению серьёзно. Пришлось взять инициативу в свои руки. Я твёрдо сказал: «Нет», — и мы двинулись дальше. Как я уже упоминал, рекламные плакаты были вызовом сами по себе, так что ещё и солнышко из «Телепузиков» в них явно не вписывалось.

Итоги нашей работы оказались впечатляющими — в новом парламенте переизбранные представители этой партии хоть и оказались в меньшинстве, всё же смогли сформировать свою фракцию, а самое главное — в головах людей начало меняться отношение к выбору будущего страны. Процесс, который мы запустили в 2000 году, потребовал сначала тщательной подготовки правовой базы, но позднее, на референдуме 2003-го, в котором приняло участие более 60 % зарегистрированных избирателей, более 90 % из них высказались за вступление Литвы в Евросоюз.

Глава 5

Ре-паттеринг, или Как разорвать «порочный круг»

> — Моё сердце боится страдания, — сказал он Алхимику, глядя на тёмное, безлунное небо.
> — А ты скажи ему, что страх страдания хуже самого страдания. И ни одно сердце не страдает, когда отправляется на поиски своих мечтаний, ибо каждое мгновение этих поисков — это встреча с Богом и с Вечностью.
>
> *Паоло Коэльо, бестселлер «Алхимик»*

> Ре-паттеринг — это открытие, сделанное Ричардом Бендлером, которое основывается на принципе функционирования и передачи информации в головном мозге. Этот принцип заключается в том, что одна нервная клетка передаёт информацию другой в определённом направлении.

Что такое «папка Страха», и можно ли стереть в ней «страшные» файлы?

Одним из эффективных методов не только изменения своего состояния, но и способа управления своими чувствами является работа с ощущениями в теле — так называемый ре-паттеринг, что в переводе могло бы означать «изменение привычного цикла ощущений».

Ре-паттеринг — это открытие, сделанное Ричардом Бендлером, которое основывается на принципе функционирования и передачи информации в головном мозге. Этот принцип заключается в том, что одна нервная клетка передаёт информацию другой в определённом направлении. Для того чтобы вызвать какую-либо реакцию организма, будь то на уровне ощущений или поведения, нервное возбуждение проходит установленный путь, активируя при этом определённое количество нейронов. При повторном переживании того же чувства или повторном действии будут активироваться те же нервные клетки в той же последовательности. Я думаю, это легче проиллюстрировать на примере какого-либо движения. Например, для того чтобы согнуть указательный палец правой руки, у нас в мозгу включается определённая область, расположенная в левом полушарии в двигательной зоне в проекции указательного пальца. И каждый раз при сгибании того же пальца нервный импульс будет проходить тот же путь в той же области головного мозга. На этом принципе базируется техника Drug of Choice, которую мы разбирали в первой книге в главе «Connectome — или как „силой мысли" останавливать нежелательное поведение". Тот же принцип распространяется на наши переживания и ощущения. Для того чтобы человеку, боящемуся ездить на лифте, испытать состояние страха со всей сопутствующей симптоматикой, ему каждый раз при мысли о лифте надо «активизировать» определённую нейронную «цепочку» в соответствующем отделе мозга. «Папка» или «файл» с понятием «лифт» у такого человека крепко связана с «папкой страха», в которой записана устойчивая последовательность (паттерн) ощущений, дающих реакцию страха. Более того — по предположению Бендлера, для того чтобы испытывать страх на протяжении продолжительного времени, эта «цепочка» должна быть замкнутой и активированный сигнал должен вращаться по кругу. В противном случае мы испытали бы кратковременное ощущение, такое как, например, испуг.

Если обратиться к тому, что происходит в теле при состоянии страха, как, впрочем, и при любых других устойчивых ощущениях (например раздражении или злости), то такое чувство должно где-то начинаться («в груди», «в животе», «под ложечкой»…), распространяться в определённом направлении и, описывая полный круг, возвращаться в то же самое место, для того чтобы сделать ещё один «виток», может быть, усиливаясь и охватывая большую площадь или, наоборот, ослабевая.

> Если обратиться к происходящему в теле при состоянии страха, как, впрочем, и при любых других устойчивых ощущениях, то такое чувство должно где-то начинаться («в груди», «в животе», «под ложечкой»…), распространяться в определенном направлении и, описывая полный круг, возвращаться в то же самое место.

Вы можете в этом убедиться прямо сейчас, обратив внимание на вашу доминирующую эмоцию. «Загляните» внутрь себя — где именно в вашем теле это ощущение начинается? Может быть, для кого-то потребуется некоторое время, чтобы обратиться к своему телу и найти это место. Как только вы обнаружили это место, заметьте, как это чувство распространяется? Поднимается ли оно вверх? Опускается ли вниз? Движется ли слева направо или справа налево? Как это ощущение циркулирует внутри вас? Вам будет легче заметить всё это, если вы представите, что это ощущение имеет свой цвет. Например — красный. Или любой другой на ваш выбор. Представили? Тогда вы уже готовы к тому открытию, которое сделал Ричард Бендлер!

Итак, давайте ещё раз пройдёмся по всей последовательности. У вас существует определённый триггер — внешний (какая-то ситуация или общение с каким-то человеком) или внутренний (воспоминание или проекция о возможном событии), который в вашем мозгу запускает определённый «конвейер» последовательных сигналов, создающий «заказанное» состояние или эмоцию. Так вот, Ричард Бендлер подумал: а можно ли вмешаться в эту устойчивую последовательность и изменить её? На уровне нейронов и синаптических связей — нет, да это, как оказалось, и не нужно. Мы можем изменить последовательность ощущений в нашем теле и очень быстро переучить себя, чтобы данный раздражитель начал вызывать другую реакцию. Например, вместо реакции страха — реакцию... безразличия. Для этого сейчас ещё раз вернитесь к тому самому циркулирующему внутри вас кругу желания красного (или другого) цвета и представьте, что этот круг раскручивается впереди вас — вне вашего тела. И сейчас представьте, что он перевернулся и начал раскручиваться в противоположном направлении и поменял цвет. Допустим, на синий (или любой другой, выбранный вами). И сейчас этот круг, другого цвета, вращающийся в противоположном направлении, «внесите» опять в своё тело и начните раскручивать ещё быстрее, продолжая думать о той же ситуации.

Скорее всего, вы обнаружите, что не можете воспроизвести ту, предыдущую реакцию... Страх исчез! Помните, что наш мозг учится очень быстро. Повторяя этот процесс на протяжении некоторого времени, вы навсегда закрепите эту новую реакцию безразличия или спокойствия при мысли о ситуациях, которые порождали страх.

То же самое можно делать и с желанием поесть, например. Заметьте, как это «чувство желания» циркулирует в вашем теле. Где начинается, в каком направлении движется, где заканчивается. Какого цвета? И сейчас представьте, что этот круг раскручивается вне вашего тела. И представьте, что он перевернулся и начал раскручиваться в противоположном направлении. И поменял цвет. И сейчас «внесите» его опять в тело и начните раскручивать ещё быстрее. А теперь подумайте о той же пище... Уже нет того же желания! Мы использовали силу нашего воображения для перепрограммирования мозга. Давайте сделаем это ещё раз. Вернитесь к прежнему желанию и проделайте это ещё раз. Только сейчас, когда вы измените направление движения, цвет и начнёте раскручивать это другое чувство — закройте глаза и представьте ситуации в будущем, в которых раньше вы бы не устояли перед этим блюдом. Повторите это, «проигрывая» как можно больше ситуаций и продолжая раскручивать «это» в противоположном направлении. Все ситуации — каждый приём пищи. Без этого желания... вы переучили свой мозг!

«Чудесное исцеление» прямо на публике

Однажды я проводил семинар перед огромной аудиторией агентов по недвижимости. Темой семинара была эмоциональная компетентность. Конечно же, говоря о различных эмоциях, мы не могли не коснуться эмоции страха. Я спросил участников, как они думают — какая самая распространённая фобия в мире? Прозвучали различные предположения: страх смерти, высоты, закрытых помещений, пауков, змей и т.д. Но различные опросы снова и снова говорят о том, что одной из самых распространённых фобий является страх... публичных выступлений!

Я сказал, оценивая зал, что в такой аудитории как минимум 15–20 человек должны быть знакомы с этим страхом. Когда я попросил поднять руки всех, кто испытывает страх публичных выступлений, поднялось намного больше рук, чем я предположил. Я спросил — для кого это действительно серьёзная проблема и кто хотел бы избавиться от этого страха прямо сейчас? Остались поднятыми лишь несколько рук, и я выбрал женщину, у которой рука то нерешительно поднималась, то вяло опускалась... Я воспринял это как — «хочу, но страшно». Я спросил её, на сколько баллов она оценивает свой страх по шкале от 0 до 10, если бы ей пришлось выйти и начать говорить перед данной аудиторией прямо сейчас? Она робко произнесла: «12...» При этом она вся побледнела, и на лбу выступили капли пота... Я попросил её встать и заметить, где в теле она ощущает страх. Она задумалась и сказала, что у неё «ватные» ноги, напряжение в шее, плечах и руках. Тогда я спросил её:

— Когда вы думаете о выходе перед аудиторией, где в теле это чувство напряжения (я поменял страх на напряжение) начинается?

Она ответила:

— Я чувствую «зажим» в груди...

— А куда это напряжение распространяется? — продолжал спрашивать я.

— Оно поднимается вверх, сжимает горло, расходится по плечам и рукам и постепенно захватывает всё тело...

— В каком же направлении это ощущение движется, когда оно поднимается вверх, расходится по плечам и рукам и захватывает всё тело — по часовой стрелке или против неё?

Она недоуменно взглянула на меня, но затем, задумавшись, ответила:

— По часовой...

— А какого цвета это чувство, которое движется по кругу по часовой стрелке сверху-вниз? — продолжал допытываться я.

— Грязно-серого...

Теперь у меня были все необходимые компоненты, для того чтобы решить эту проблему. Я предложил ей медленно выйти ко мне, удерживая со мной зрительный контакт и оставаясь спиной к аудитории. Не очень уверенно и сделав над собой усилие она всё же вышла. Было заметно, что её напряжение усилилось ещё больше. Она встала рядом со мной, так же, как и до этого, оставляя зал за спиной. Я предложил ей закрыть глаза и начать глубоко дышать, представляя, что она выдыхает это грязно-серое ощущение из своего тела. Затем я попросил её представить, что это ощущение собирается, как туман, перед нею, продолжая вращаться в том же направлении, как это было раньше. Она начала учащённо дышать. Я несколько раз переспрашивал, удалось ли ей собрать и «выдохнуть» всё без остатка, пока она не подтвердила это. Я тут же спросил: как изменился цвет? «Сейчас, — сказала она, — это было приятного зелёного цвета». Я предложил ей «взять» это облако, вращающееся в прежнем направлении, руками и «крутануть» в противоположном направлении. И дальше продолжать раскручивать его в противоположном направлении всё быстрее и быстрее. Она начала вращать руками, «запустив» облако в другую сторону. Я попросил её продолжать раскручивать это новое состояние «приятного зелёного цвета» до того момента, пока она не будет уверена, что оно продолжит вращаться в противоположном направлении уже самостоятельно. И когда это произойдёт — «впустить» это новое ощущение в своё тело.

Когда она это сделала, я попросил её убедиться, что это новое «зелёное» ощущение продолжает крутиться в противоположном предыдущему чувству направлении и ускорить «вращение», позволяя ему распространиться на всё тело. Было отчётливо заметно, что теперь она находится в более расслабленном состоянии, дышит спокойнее и ровнее. Я спросил, испытывает ли она то же чувство, как раньше, при мысли, что ей сейчас предстоит обернуться и обратиться ко всем находящимся в зале людям?

Она на минуту задумалась и твёрдо ответила:

— Нет!

Я поинтересовался у неё, как она может охарактеризовать это новое чувство.

— Любопытство! — последовал ответ.

После этого я предложил ей повернуться лицом к залу, представиться и на протяжении нескольких минут рассказать о себе, о своей работе, о своих достижениях в жизни… И она достаточно спокойно и уверенно всё это сделала!

По аудитории прокатился «хоровой» возглас недоумения…

В чём-то я мог понять людей, сидящих в зале, — со стороны это могло выглядеть как некий трюк, фокус, проделанный по заранее написанному сценарию. Прямо как в старой кинокомедии, где «чудо исцеления», было сотворено мошенниками для обмана верующих. В самом деле — вот перед их глазами человек на подгибающихся ногах, боясь даже оглянуться (!) и просто взглянуть в зал (!), выходит на сцену. Мы там, на сцене, о чём-то «пошептались», и вот она поворачивается и достаточно спокойно и уверенно общается с огромной аудиторией — хотя ещё несколько минут назад говорила, что не в состоянии это сделать!

Сейчас возможность убедиться в том, как быстро и эффективно эта техника действительно работает, есть у каждого из вас. Давайте разберём её по шагам.

Упражнение «Ре-паттеринг, или Техника изменения состояния при беспокойстве или страхе»

Шаг 1. Обратите внимание на то, где в теле вы ощущаете напряжение, которое вызывает беспокойство или страх. Это важно, потому что любая эмоция ощущается в одном из участков тела. И если мы говорим не об одномоментной эмоции, как, например, испуг, то такие состояния, как страх и беспокойство, как бы «живут в нас», циркулируют внутри нашего тела. Заметив эту «эмоцию», закройте глаза и дотроньтесь рукой до того места, где вы сейчас это ощущаете. У кого-то это будет «под ложечкой», у кого-то — в груди. Понаблюдайте, куда это напряжение распространяется. Для этого хорошо взглянуть на себя со стороны, как мы уже делали раньше.

Шаг 2. Заметьте (или представьте), какого цвета это ощущение.

Шаг 3. Продолжайте наблюдать за направлением движения. Поднимается это напряжение вверх, опускается ли вниз, движется ли оно слева направо или наоборот? Очень важно заметить, что это движение делает полный цикл, ведь чтобы эмоция сохранялась, она должна как бы крутиться внутри тела — по проторённому маршруту. Заметьте, какой конкретно маршрут выбирает данный страх или беспокойство в вашем теле.

Шаг 4. Когда вы определите это, начните глубоко дышать. Представьте, что это напряжение, это ощущение страха или беспокойства вы начинаете выдыхать из себя, и оно собирается перед вами в виде тумана или облака. С каждым выдохом ваш страх, ваше внутреннее беспокойство выходит из вашего тела и концентрируется перед вами, продолжая вращаться в том же направлении, в котором оно вращалось внутри вашего тела.

Шаг 5. Когда вы почувствуете, что вы выдохнули всё до конца, заметьте (представьте), как изменился цвет.

Шаг 6. Поднимите руки и «крутаните» это облако, этот туман, вращающийся перед вами, в противоположную сторону. И начинайте раскручивать всё быстрее и быстрее до тех пор, пока не убедитесь, что это облако, этот туман будет вращаться в противоположном направлении самостоятельно.

Шаг 7. Теперь впустите это новое ощущение внутрь себя, и пусть оно продолжает вращаться в этом противоположном направлении внутри вас быстрее и быстрее. Во время вращения обратите внимание на то, как по-новому это ощущается в теле. Очень часто к этому новому ощущению присоединяется чувство заинтересованности, любопытства, которое уже точно не похоже на ощущения страха и беспокойства, мучившие вас раньше! Продолжайте вращать.

Шаг 8. Сделайте глубокий вдох, выдох, откройте глаза.

В завершение всего вы можете описать результаты, полученные по ходу выполнения шагов выше, в дневнике эмоций, о котором мы говорили раньше.

Мой путь. «Практическая страхо-терапия»

На одном из моих обучающих семинаров по гипнозу мы заговорили о страхах, и я решил продемонстрировать «универсальную» технику «страхо-терапии», которой как раз и является техника ре-паттернинга.

Я предложил выйти на демонстрацию кого-то, кого мучает хронический страх и кто действительно хочет от него избавиться. «Причём, — добавил я, — вам даже не нужно будет говорить, чего именно вы боитесь».

Из зала на сцену поднялся темноволосый участник среднего роста по имени Алексей, который вёл себя на занятиях достаточно активно, но, как я заметил, все его реплики раздавались, так сказать, в общем хоре, отдельно от других он собственное мнение вслух не высказывал. Однако тут, очевидно, что-то «щёлкнуло», и он, хоть и не очень решительно, всё же направился ко мне из своего третьего ряда. Когда он вышел, я ещё раз объяснил, что мы не будем затрагивать содержание его страха, вся работа произойдёт у него внутри — я же помогу ему погрузиться в соответствующее состояние и буду «проводником» на этом пути. Как обычно бывает в таких случаях, я предложил ему удобно устроиться в кресле напротив меня, попросил закрыть глаза и слегка приподнял его правую руку.

«Сейчас вы можете сделать глубокий вдох и, выдыхая, начать погружаться в это приятное расслабленное состояние… — начал я. — По мере того, как ваша рука начнёт опускаться в её собственном темпе, и когда ваша рука полностью опустится, это будет означать, что вы достигли необходимой глубины погружения для выполнения этой внутренней работы…»

Примерно через минуту его рука сделала первое движение вниз — сначала начала опускаться кисть, движения были как будто механические, словно рукой управлял кто-то извне, а затем в течение ещё какого-то времени вся рука целиком заняла положение на подлокотнике кресла. К этому моменту Алексей был глубоко расслаблен и погружён внутрь себя.

ГЛАВА 5 ✦ РЕ-ПАТТЕРИНГ

«…Вы, как и все люди, можете бояться множества различных вещей. И сейчас вы можете пойти в то время, когда вы боялись. И найти то, что заставляло вас бояться, и вы не хотите, чтобы это пугало вас. Когда вы думаете о вашем будущем — в каких ситуациях вы могли бы испытывать страх? И остановитесь на какой-то конкретной ситуации, когда вы были напуганы чем-то… Всмотритесь в неё, вслушайтесь в неё… И начните просматривать немного ранее того, как страх возник. Что предшествовало этому страху? Вы можете увеличить размер этого образа и сделать его ещё ярче, увеличить громкость… И когда это чувство страха начнёт появляться, заметьте, где это начинается в вашем теле. Позвольте этому развиваться дальше. И где же это начинается… Начинается ли это где-то в животе? Начинается ли это в груди? Некоторые люди говорят, что это начинается под ложечкой… Куда это движется дальше? Для того чтобы вы оставались испуганным, это должно циркулировать внутри вас в одну или в другую сторону. Если бы это оставалось на одном месте, то через некоторое время вы перестали бы обращать на это внимание. И вот теперь вы можете обнаружить, как это движется внутри вас… Идёт ли это по кругу? Идёт ли это слева направо или справа налево? Снизу вверх? Сверху вниз? Это должно как-то двигаться, чтобы оставаться внутри вас в течение долгого времени. И как только вы обнаружите, как это движется внутри вас, вы можете обнаружить, и как оно уходит… И когда вы знаете, где это начинается и где это заканчивается, — вы можете сразу отправлять его к концу. Это не приведёт к тому, что вы совсем перестанете бояться, но это не будет так разрушительно для вас. И в каждом страхе есть полезная информация, которая вам нужна. Как, например, в страхе быть сбитым машиной, если вы выходите на проезжую часть. И этот страх заставляет вас двигаться. Внутри себя вы можете направить его в противоположном направлении. И пусть он движется быстрее и быстрее. К этому чувству можете добавить чувство любопытства. И если вы пойдёте глубже и глубже… И ещё глубже… И ваше подсознание может демонстрировать вам ситуации, в которых у вас было чувство страха в прошлом, и в каждой ситуации обратите внимание на ощущение, которое у вас возникает, когда это движется в противоположном направлении… И, вероятно, вы никогда раньше не делали этого. Но если это движется слева направо — то это может двигаться справа налево. Если это двигалось справа налево — это может начать двигаться слева направо… И быстрее, и сильнее. И сделайте глубокий вдох и выпустите это чувство наружу. И пусть оно смешается с чувством любопытства, когда вы будете вдыхать его. Оно будет раскручиваться быстрее и быстрее... Вы почувствуете, что к страху примешивается любопытство. Вот всё это в ваших поднятых руках, вот опускается ниже — к пальцам ног, и вы сгибаете пальцы ног, и от ваших ног поднимается улыбка прямо к уголкам рта... И вы улыбаетесь всем вашим телом, потому что и я, и вы точно знаем, о чём мы говорили: надо найти смешок, хихиканье, чувство юмора, потому что всё, чем мы здесь занимаемся, касается обучения. Только играя люди и дети учатся делать разные вещи. Мы играем в навыки и воображаем их себе до тех пор, пока они не станут реальными и будут иметь действие на неврологию. Отсюда это упражнение, в котором я заставляю вас вращать эту штуку, пока вас не начнёт переполнять любопытство...

И вы теперь можете начинать думать о будущем. О следующей неделе, о следующим месяце... Как минимум — на год вперёд. И представьте ситуации в будущем, которые в прошлом вызывали у вас страх. И замечаете ли вы разницу в вашем восприятии этих ситуаций? И вы человек, у которого не только одно сознание. И вы находите часть себя, которая отвечает за принятие решений. И вы находите себя, имеющего выбор в ситуациях, где раньше у вас был страх. И вы можете посмотреть на всё это другими глазами. Посмотреть, чтобы заставить страх стать вашим спутником или слугой, но не врагом. И люди будут спрашивать вас: «Вы же боялись делать это?» И вы ответите: «Время меняется, и люди меняются, что в этом странного...»

Затем я постепенно вывел его из транса, и стало заметно, что «там» ему было хорошо, так как покидать это состояние он не спешил.

Когда Алексей открыл глаза, он тихо поблагодарил меня без особых эмоций, лишь сказав, что с ним случилось нечто важное. Когда же мы сделали перерыв, он ещё раз подошёл ко мне.

Обложка к аудиодиску
«Побеждая Страх»

«Я думал, что это был один страх, — произнёс он. — Но их оказалось у меня много… Вот только… Я понял, что все они сводились всё-таки к одному, который появился ещё в детстве… И это, вы знаете… это был детский страх, когда родители оставили меня одного в доме… Кажется, благодаря вам, я справился с ним тут навсегда…»

Он неожиданно пожал мне руку и отошёл с просветлённым лицом.

После окончания семинара сразу несколько участников обратились ко мне с просьбой сделать аудиодиск с текстом этого сеанса, что спустя какое-то время я и сделал, назвав диск «Побеждая Страх». Было это в далёком 2004 году. Картинку с обложки диска я и решил использовать в качестве иллюстрации к финальной части этой главы.

Маски страха

Глава 1
«Тёмная триада»

> Страх убивает разум. Страх — это малая смерть, несущая забвение. Я смотрю в лицо моему страху, я дам ему овладеть мною и пройти сквозь меня, я обернусь и посмотрю на тропу страха. Там, где прошёл страх, не останется ничего. Там, где прошёл страх, останусь только я...
>
> *Френк Герберт,*
> *американский писатель-фантаст*

> В психологии есть понятие — «тёмная триада». Это группа специфических черт характера, включающая очень показательное «трио»: нарциссизм, макиавеллизм и психопатию. Само определение «тёмная» вполне чётко указывает на злонамеренные, негативные для окружающих особенности данных черт.

Инструкция для «хороших» родителей

В этой книге мы в основном разбираем внутренние механизмы возникновения страхов и тревог — на мой взгляд, именно такой подход может помочь многим, кто столкнулся с такими состояниями, замечать, распознавать и значительно лучше понимать то, что происходит в этот момент внутри. И дальше — самое важное — находить пути выхода из ситуаций, в которых они оказались. Но этот разговор был бы не полным, если бы я ничего не сказал о внешних факторах, способствующих возникновению страха и беспокойства. К таким факторам в первую очередь относятся встречи с определёнными людьми, использующими страх для манипуляций и контроля над другими. И начать хотелось бы с... любящих и заботящихся родителей (и, конечно, бабушек и дедушек!), которые порой «не ведают что творят», желая защитить своих чад и подготовить их к «опасностям реальной жизни». Я даже хотел написать инструкцию для родителей под ярким названием: «Как быстро внушить страх вашему ребёнку навсегда». В эту на редкость полезную памятку могли бы войти следующие рекомендации:

— Не давайте своему ребёнку ни к чему приближаться и ничего рассматривать. Держите его подальше от жуков и пауков! Хорошо, чтобы вы и сами их как следует боялись! Просто громко кричите: «Нельзя!», «Я же сказал(а), нет!». И главное — ничего не объясняйте.

— Прекрасно действуют на появление устойчивых фобий вопли: «Отойди от собаки — она тебя сейчас укусит!» «Не ходи на лёд — разобьёшь голову!» «Не лезь на лесенку, сломаешь ноги!»

— Другой эффективный способ для создания навязчивых страхов — поплачьте вместе с ребёнком и подольше. Лучше со словами: «Что же нам теперь делать?! Как же тебе больно! Ах, ты мой бедный! Давай я тебя понесу на ручках…» Причём делать это надо вне зависимости от реального возраста ребёнка.

— А ещё — чтобы точно боялся воды — затаскивайте насильно в бассейн или в волны моря! Разве вы не слышали про этот «проверенный» способ научить плавать?

— Боязнь публичных выступлений… Ну, это совсем легко! Побольше критикуйте ребёнка за всё, что он делает! Не ленитесь — найдите что-нибудь неудачное в любом его поступке!

— Общий совет: фобии и навязчивые страхи можно вырастить очень простой установкой — старательно ограждайте ребёнка от ЛЮБЫХ преград и препятствий в детстве! Пусть себе растёт в тёплой, поддерживающей обстановке… В самом деле — вы же ведь не изверги! А как же ещё научить ребёнка бояться всего нового и отбить всякую охоту развиваться?

> Такое ощущение, что все родители в обязательном порядке тайно проходят специализированные курсы — «Быстрое внушение страхов детям разных возрастов!». Причём эти «тайные знания» передаются из поколения в поколение!

…Но я решил этого не делать, потому что… большинство родителей сами отлично используют все эти приёмы при воспитании своих детей. Такое ощущение, что все родители в обязательном порядке тайно проходят специализированные курсы «Быстрое внушение страхов детям разных возрастов!». Причём эти «тайные знания» передаются из поколения в поколение в пределах семьи! Поэтому я подумал — ничего нового я здесь не скажу. Да и не хочется… Лучше поговорим о другой категории людей, которые сознательно используют страх в отношениях для достижения, увы, впечатляющих результатов.

История и современность «тёмной триады»

С древних времён известно, что самый быстрый способ подчинить и контролировать не только отдельного человека, но и целые народы достигается через запугивание и поддержание состояния тревожности и страха. Этим приёмом пользовалась и просвещённая Римская империя, и германские варвары, и монгольские завоеватели. О том, какие механизмы используются для внушения массового страха в наше время, мы поговорим в главе «Массовый страх». Здесь же мы разберём психологический портрет манипулятора и выясним, как распознать такого человека среди людей, с которыми вы общаетесь, а может, даже живёте...

В психологии есть понятие — «тёмная триада». Это группа специфических черт характера, включающая очень показательное «трио»: нарциссизм, макиавеллизм и психопатию. Само определение «тёмная» вполне чётко указывает на злонамеренные, негативные для окружающих особенности данных черт. Этот термин ввели в обиход в не таком далёком 2002 году канадские психологи Делрой Полхус и Кевин Уильямс, доказавшие, что три негативные черты — макиавеллизм, нарциссизм и психопатия — вместе создают модель личности, опасной для общества. Такие люди не умеют сопереживать, не думают о других, сконцентрированы на своих желаниях, у них низок уровень эмпатии. Они плохо относятся к критике и могут быть агрессивными, если что-то идёт не по их плану. Как правило, они не имеют проблем с тем, чтобы манипулировать другими или лгать им для достижения своей цели. При этом они часто обладают яркой харизмой, умны, кажутся привлекательными, хотя, как правило, это всего лишь маска. Несмотря на то что у составляющих триады много общего, каждая черта играет свою роль. Их очень краткие характеристики выглядят следующим образом.

Нарциссизм — это свойство характера, которое заключается в чрезмерной самовлюблённости и завышенной самооценке — убеждённости в своей грандиозности, что в большинстве случаев не соответствует действительности. Термин пришёл в психологию из греческого мифа о сыне бога Кефиса и нимфы Лав-

рионы Нарциссе, который рос очень красивым юношей, но был холодным, гордым и самолюбивым. Его внимания добивались многие девушки, включая горную нимфу Эхо, но Нарцисс отверг и её любовь. Отвергнутые воззвали к богам, прося наказать Нарцисса. Однажды в лесу он решил попить воды и подошёл к ручью, который был чист и прозрачен. Никто никогда не касался этих вод — ни люди, ни звери, ни растения… Подойдя к воде, Нарцисс отразился в ней весь. Тут-то и настигло его наказание богов! Он страстно полюбил самого себя. Нарцисс перестал есть, спать, он страдал, всё смотрел в воду, не отрываясь — любовался своим отражением и звал его выйти на сушу, но… «оно» не выходило. Нарцисс потерял силы, довёл себя до изможения, но продолжал упорно любоваться своим отражением. Когда Нарцисс умер, Афродита превратила его в прекрасный белый цветок. Это цветок смерти, который и получил название нарцисс.

Зигмунд Фрейд считал, что некоторый нарциссизм является неотъемлемой частью любого человека с самого его рождения, и был первым, кто применил этот термин в психологии. В психологии и психиатрии чрезмерный нарциссизм рассматривают как серьёзную личностную дисфункцию или расстройство личности. Часто говорят о нарциссической акцентуации характера, указывающей на тщеславие, завышенное самомнение, эгоизм или просто самовлюблённость. Применительно к социальной группе все эти характеристики могут означать элитарность или безразличие к проблемам других людей. В целом нарциссизм можно описать как расстройство личности, характеризующееся убеждённостью в собственной уникальности, особом положении, превосходстве над остальными людьми; завышенным мнением о своих талантах и достижениях; поглощённостью фантазиями о своих успехах; ожиданием безусловно хорошего отношения и беспрекословного подчинения от окружающих; поиском восхищения окружающих для подтверждения своей уникальности и значимости; неумением проявлять сочувствие; идеями о собственной свободе от любых правил, о том, что окружающие завидуют.

Нарциссы, как правило, готовы согласиться с такими утверждениями:

— Любой коллектив без меня скучен.
— У меня есть природный талант влиять на людей.
— Мне необходимо быть в центре внимания.

Макиавеллизм — это черта личности, которая характеризует людей хитрых, способных манипулировать и использовать любые средства, необходимые для достижения своих целей. Термин произошёл от имени итальянского мыслителя Никколо Макиавелли и связывается с идеями, изложенными им в книге «Государь». В первую очередь сам термин и его характеристика были основаны на приписываемом Макиавелли постулате «Цель оправдывает средства». В области психологии личности макиавеллизм — это склонность к манипулятивности, эксплуатации других, бессердечии и безразличии к морали.

Чтобы лучше понять, как эти люди ведут себя в жизни, приведём в пример фразы из анкеты на определение макиавеллизма:

— Всё, что я узнаю о других, я когда-нибудь смогу использовать против них.
— Мне нужно привлекать на свою сторону важных людей и использовать их влияние.
— Ложь и лесть помогают мне добиться своего.

Психопатия. В психиатрии психопатия — название группы расстройств личности, для которых характерны антисоциальность и агрессивность. Но, говоря о «тёмной триаде», мы имеем в виду не клинические расстройства, а особенности характера. Людям с этой чертой свойственны неспособность соблюдать закон и следовать социальным, а также моральным нормам общества, бессовестность, отсутствие сожалений и чувства вины за причинение вреда другим. А также — лицемерие, склонность ко лжи, раздражительности, агрессивности и готовность рисковать как собой, так и окружающими. Зачастую в этот список входит и финансовая безответственность.

Какие фразы вы могли бы услышать от таких личностей?
— Я злопамятен и готов на быструю, но жёсткую месть.
— Мне часто говорят, что я себя не контролирую.
— Мне нравится риск, и неважно, что может пострадать кто-то ещё.

Для более полной иллюстрации я приведу лишь некоторые цитаты «героев» прошлого XX века.

И. В. Сталин: «Одним страхом нельзя удержать власть. Ложь оказалась не менее необходимой». «Здоровое недоверие — хорошая основа для совместной работы». «В наше время со слабыми не принято считаться — считаются только с сильными».

Эрнесто Че Гевара: «Не следует устраивать волокит с судебными разбирательствами. Это — Революция. Доказательства тут вторичны. Мы должны действовать по убеждению. Они все — банда преступников и убийц!» «Если есть сомнения — следует убивать!» «Я хочу признаться, папа, что мне очень нравятся убийства...»

Уинстон Черчилль: «Дипломат — это человек, который дважды подумает, прежде чем ничего не скажет». «Всё, чего я хотел, — это согласия с моими желаниями после конструктивной дискуссии». «Никогда не сдавайтесь — никогда, никогда, никогда! Ни в большом, ни в малом, ни в крупном, ни в мелком, никогда не сдавайтесь, если это не противоречит чести и здравому смыслу. Никогда не поддавайтесь очевидно превосходящей мощи вашего противника!»

Чтобы у читателей не сложилось впечатления, что тёмной триаде психологических особенностей подвергнуты только «звёзды» — актёры, политики, представители шоу-бизнеса, я бы хотел вернуться в тишину и комфорт вашего дома и поговорить о формах домашнего насилия. Мы разберём только одну изощрённую форму психологического воздействия, известную в психологии как газлайтинг.

Ядовитые «газы» газлайтинга

Газлайтинг (от англ. *Gas and light*) — форма психологического насилия и социального паразитизма, главная задача которого заставить человека мучиться и сомневаться в адекватности своего восприятия окружающей действительности через постоянные обесценивающие шутки, обвинения и запугивания. Это определённые психологические манипуляции, призванные выставить индивида «дефективным», ненормальным. В газлайтинге задействованы как минимум два лица: психический насильник, или преследователь, и второй человек — потерпевший. Своим появлением термин обязан фильму «Газовый свет» Джорджа Кьюкора, вышедшему в 1944 году. По сюжету коварный супруг манипулирует сознанием молодой жены, вынуждая её считать себя душевнобольной. Сначала он убеждает возлюбленную в отсутствии у неё таланта к пению, уговаривает её оставить карьеру и вернуться в родной город. А затем начинает подстраивать странные происшествия, убеждая девушку в том, что вокруг не происходит ничего необычного. Как выясняется, всё это главный «герой» делает для того, чтобы завладеть наследством супруги.

> Газлайтинг — форма психологического насилия и социального паразитизма, главная задача которого заставить человека мучиться и сомневаться в адекватности своего восприятия окружающей действительности через постоянные обесценивающие шутки, обвинения и запугивания.

Существует такое понятие, как тактики газлайтинга. Чтобы ввести жертву в заблуждение и повлиять на её восприятие реальности, газлайтер использует множество разнообразных тактик. Речь идёт о методичном «промывании мозгов». В результате спустя какое-то время жертва становится эмоционально зависима от агрессора — его настроения, мнения, поведения.

Я приведу шесть наиболее распространённых стратегий газлайтинга, хотя их существует гораздо больше. Понаблюдайте за собой и близким окружением. Возможно, вы сможете узнать себя или кого-то из ваших знакомых в роли жертвы или манипулятора.

1. Отрицание фактов.

Газлайтеры любят заниматься «переписыванием истории». Чтобы заставить человека усомниться в собственной памяти, они искажают факты и изменяют детали событий. Манипулятор может категорически отрицать, что говорил или делал что-либо, даже если доказательства говорят об обратном. Вместо этого он станет обвинять жертву во лжи: «Зачем ты сочиняешь? Такого никогда не было!» Газлайтеры бывают настолько убедительны, что люди действительно начинают верить в их версию событий.

Ситуация усугубляется, если жертвой становится человек рассеянный и забывчивый.

2. Злые шутки.

В роли газлайтера обычно выступает человек из близкого окружения. Именно такие люди оказывают на нас наибольшее влияние. Они знают о наших уязвимых местах, слабостях и переживаниях, а значит при желании могут легко использовать эти знания во вред. Например, газлайтеры часто отпускают в адрес жертвы едкие и грубые шутки, делают неуместные замечания или дают обидные прозвища. Всё это маскируется под дружеское подтрунивание, тогда как на самом деле задача манипулятора — ранить и унизить.

3. Обесценивание эмоций.

Газлайтеры часто обесценивают и игнорируют чувства других людей. Если вы обиделись на его шутку, будьте готовы услышать: «Ты слишком чувствительна! Не раздувай из мухи слона». Если вы скажете, что вам плохо, он ответит: «Ты всё придумала, тебе кажется. Лучше займись чем-нибудь полезным». Манипулятор смещает фокус на собственные переживания и нужды, игнорируя душевное состояние жертвы. Со временем человек начинает считать, что все его эмоции и реакции неправильны, и перестаёт доверять своим чувствам. В результате газлайтер получает ещё большую власть.

4. Подчёркивание неадекватности восприятия.

Время от времени каждому человеку требуется «сверять часы» с другими людьми. Мы ищем доказательства точности нашего восприятия реальности и адекватности высказываний. Газлайтер, наоборот, старается убедить жертву в том, что её реакция на происходящие события ненормальна. Он может говорить: «В последнее время ты очень странная», «Ты неадекватно реагируешь», «С тобой точно всё в порядке?», «Тебе явно нужна помощь…» Всё это приводит к появлению у жертвы сомнений, чувства вины и беспомощности. Именно такого эффекта и добивается манипулятор!

5. Перекладывание ответственности.

Газлайтер ни при каких условиях не признает факт манипулирования. Вместо этого он будет искать виноватых вокруг себя и всегда придумает объяснение своим поступкам — его спровоцировали, вынудили или подставили. Типичный пример реакции: «Я не хотел ничего плохого. Ты сама меня вывела». При таком способе психологического насилия манипулятор часто проецирует свои недостатки на других. Он обвиняет жертву в поведении, которое свойственно ему самому. Как следствие — человек начинает оправдываться и переключает внимание с газлайтера на себя.

6. Агрессия и враждебность.

Газлайтер всегда находится в наступлении. Его любимый способ защиты — нападение. Например, если заподозрить такого человека в измене, он обвинит вас в патологической ревности, низкой самооценке и неуверенности в себе. А если предъявить ему доказательства — станет агрессивным.

Всё это приводит к тому, что в психологии называется зависимыми или созависимыми отношениями, которые могут длиться годами и десятилетиями. «Созависимость — это нездоровая, неадекватная или опасная потребность в другом человеке; я бы сказала, что в таких отношениях преобладает страх и нужда вместо любви и изобилия»,— пишет в своей книге «Радикальное принятие: секрет счастливой и долговечной любви» Андреа Миллер.

Остановить и выйти из таких отношений непросто. Для того чтобы это произошло, я хочу вернуться к общей стратегии, о которой мы говорили в первой книге в главе «Три мозга человека и стратегия преодоления страха», и рассмотреть (а также немного модифицировать) её применительно к ситуации домашнего насилия.

> Созависимость — это «нездоровая, неадекватная или опасная потребность в другом человеке, в таких отношениях преобладает страх и нужда вместо любви и изобилия.

Практика выхода из отношений созависимости

Шаг 1. Признать наличие проблемы.

Человеку, страдающему эмоциональной зависимостью от другого (то есть созависимому), необходимо признать происходящее. Чаще прислушивайтесь к своим ощущениям. Если вы расстроены, значит так оно и есть. Никто не должен убеждать вас в обратном. Помните, что вы знаете себя гораздо лучше других, а ваши суждения о себе намного точнее, чем мнение газлайтера. Зачастую созависимые люди игнорируют проблемы, притворяются, будто их нет. Встречаться с реальностью страшно, и они делают вид, будто обстоятельства не так плохи, как они есть. Вот пример из моей практики, наглядно иллюстрирующий подобную ситуацию.

В начале моей психотерапевтической карьеры ко мне на приём пришла молодая женщина — как она выразилась: «Заскочила узнать, чем психотерапия может помочь, хотя лично у меня всё в порядке...» На это вместо того, чтобы изложить теоретические подходы психотерапевтической помощи, я предложил ей представить — «если бы» ей действительно нужна была бы психотерапевтическая помощь, то в чём именно такая помощь была бы полезна? В ответ на этот вопрос она начала рассказывать... Она достаточно рано вышла замуж, муж — военный, который увёз её в отдалённый гарнизон, но «полностью о ней заботится», покупает ей подарки и возит в отпуск. И всё у них хорошо... Этот монолог длился достаточно долго, чувствовалось, что ей нужно выговориться. Но то, в чём же, собственно, заключается проблема, так и не прозвучало. Зато я обратил внимание — каждый раз, когда речь заходила о её муже, её левая рука сжималась в кулак и начинала нервно постукивать по ноге. Какое-то время я решал для себя дилемму — дать ей выговориться и расстаться «друзьями» или всё же дать ей ощутить, что же такое на самом деле психотерапия? Конечно, я знал, что выберу второе... В какой-то момент я прервал её и спросил напрямую: «Вы боитесь своего мужа?»

То, что произошло дальше, было вполне достойно «большого кинематографа». Причём совершенно определённого киножанра — триллера... С неё моментально слетела маска наигранной беспечности, и её лицо исказила гримаса неподдельного ужаса! При этом она тут же обернулась — проверить, не стоит ли кто-нибудь у неё за спиной?! Это действие она будет повторять при нашем дальнейшем разговоре многократно.

«Как вы узнали?!» — воскликнула она, недоумевая, чем же она себя так выдала. Я не стал ей рассказывать о невербальной части коммуникации, о её левой руке, ведомой не доминантным, а значит и менее контролируемым правым полушарием, — именно эта рука и «рассказала» мне свою, более правдивую версию событий... Вместо этого я предложил моей посетительнице рассказать, что происходит на самом деле. И тогда она, вся сжавшись и уже не таясь, рассказала, что романтика закончилась, как только они добрались до места службы. Муж оказался деспотичным, во всём её контролирующим, не ограничивающий себя ни в каких средствах (вплоть до физических), когда «объяснял, как правильно нужно всё делать». Но при этом он требовал на людях «держать лицо», демонстрируя, какие у них хорошие отношения. О том, какой на самом деле оказалась её замужняя жизнь, не знал никто (по «рекомендации» мужа) — ни её бывшие подруги, ни родители, навестить которых они сейчас приехали.

Всё это она произнесла вслух первый раз за эти восемь лет, что была замужем. Я спросил, что же она собирается с этим делать дальше. После долгой паузы она сказала: наверное, расскажет об этом хотя бы родителям. Я поддержал её, согласившись, что это может быть хорошим первым шагом.

Шаг 2. Разговор со страхом.

Неумение справляться со своими сложными чувствами (такими как гнев, ненависть, злость, вина, стыд и прочие) зачастую становится толчком к тому, чтобы убежать из реальности в употребление алкоголя и наркотиков или игр. Тогда зависимость — следствие неумения распознавать, проживать и выражать свои эмоции. Человек, который зависим от другого человека, вообще своей жизнью не живёт и своих чувств не знает. Он или она живут в постоянном страхе и волнении. Поэтому «встреча» и «разговор» со своим страхом — это важный шаг на пути к свободе. Очень важно понять и связать свои чувства с действиями другого человека. Признать, что это не с вами «что-то не так», а ваше состояние — это реакция на происходящее.

Шаг 3. Составить план действий.

Постановка своих собственных целей поддерживает созависимого человека в выздоровлении, поскольку смещает фокус с жизни другого на свою собственную. Цель рождает интерес к жизни, повышает уровень психической энергии и даже улучшает здоровье. Когда у нас есть желанная цель — растёт и множится энергия. О том, как формулировать цели, мы говорили в первой книге в главе «НЛП — наука или искусство».

Шаг 4. Начните заботиться о себе.

Первым шагом к этому может быть установление собственных границ. Нормальные границы полупроницаемы. Люди делятся друг с другом содержимым своего внутреннего мира, это процесс обоюдный и комфортный для всех. Но у созависимых границы нарушены. Они могут обвинять других за свои мысли, чувства и действия, а могут брать на себя вину за мысли, чувства и действия другого человека. Выздоравливающий после употребления химических веществ учится говорить «нет» алкоголю или наркотикам, распознавать манипуляции бывших собутыльников, сохранять самоуважение вне зависимости от мнения окружающих. А зависимый от другого человека учится говорить «нет» тому, что ему не подходит, не соответствует его ценностям и интересам!

Шаг 5. Изменить мышление.

Очень важно восстановить ценность своего Я. Целостное, гармоничное восприятие собственного Я, уверенно уважительное отношение к себе — это факторы, которые укрепляют человека в позиции жить своей жизнью, своими интересами и желаниями, не зацикливаясь на другом. И созависимые, и зависимые воспринимают себя как объект воздействия неодолимых внешних сил. Они не осознают в себе причины происходящего с ними. Избавление от таких нездоровых отношений начинается в тот момент, когда человек принимает на себя ответственность, осознаёт себя как автора жизни. Необходимо уходить от реагирования (на действия другого человека) к инициированию, то есть к действиям, идущим от себя. Жить от своего собственного имени, в соответствии со своими собственными интересами и, в конце концов, в своих же собственных интересах, без привязки к поведению другого человека!

Мой путь. Как я был… Президентом, или Можно ли быстро определить обман в полученном вами письме?

Наверняка вы, как и я, — хотите вы этого или нет — вынуждены ежедневно читать адресованные вам электронные письма, да и просто различные сообщения, в которых вам что-то предлагают, о чём-то просят или в чём-то пытаются убедить… Электронная почта давно стала важнейшим каналом коммуникации, особенно деловой. Статистика говорит о том, что ежедневно отправляется 220 миллиардов электронных писем, 132 миллиарда из которых являются бизнес-перепиской. Но те же исследования показывают, что 50 % отправленных и полученных «мейлов» неверно истолковываются, а 64 % — непреднамеренно вызывают у нас негативные эмоции, в том числе гнев и обиду. Конечно же, неисчислимое число этих посланий приходили и ко мне на моём жизненном пути — в делах, бизнесе, в личной переписке… И по каждому из них нужно было принять какое-то решение — желательно, верное! Что же делать? Прочесть более внимательно? Согласиться? Отказаться? Или почти сразу удалить (выбросить, стереть…)?

Наши решения, как нам часто кажется, основываются на логике и прошлом опыте. Хотя целое направление в психологии, которое называется нейроэкономикой и которое как раз изучает механизмы принимаемых нами решений, утверждает обратное — подавляющее большинство принимаемых нами решений происходит эмоционально, и лишь затем в нашем мозгу это решение «обёртывается» в логическое, рациональное объяснение. Однако, согласитесь — любое решение могло быть куда более эффективным, если бы мы намного лучше знали, что НА САМОМ ДЕЛЕ имел в виду автор того или иного послания. Что ДЕЙСТВИТЕЛЬНО было у него «на уме», когда он создавал вот этот самый текст? Каковы были его ИСТИННЫЕ цели и намерения — которые далеко не всегда можно распознать в этих оборотах и фразах, особенно если текст адресован персонально вам, а не просто составлен по какому-то шаблону. Но как же это сделать? Вероятно, для этого нужно быть телепатом и читать чужие мысли, скажете вы.

А вот и необязательно…

Как специалист по НЛП, я всегда знал об огромном влиянии слов, которые мы используем. Слова могут исцелить, и слова могут ранить. Слова могут развязать войну или создать любовь и мир. Люди используют слова, чтобы описать свои мысли и чувства, а также чтобы скрыть правду или манипулировать другими…

Хотя на своих семинарах я обучил огромное количество людей эффективному использованию слов, я хотел сделать что-то большее — донести эти знания до значительно большего количества людей. Я долго искал ответ на вопрос, как это сделать, пока одним весенним утром 2014 года у меня не «случился» тот самый момент вдохновения — почти как во сне… Я ясно увидел, как создать способ, позволяющий людям лучше понимать друг друга и более эффективно общаться на уровне стран и культур! Я ярко представил, как это может помочь миллионам людей лучше общаться и создавать более успешный бизнес, более успешные отношения и жить более полноценной жизнью! В основе пришедшей идеи лежало осознание того, что способы общения людей расширились с помощью электронных средств до огромной сферы виртуальной реальности — интернета.

В 2015-м эта идея оформилась у меня и ещё нескольких моих друзей в бизнес-план: создать компьютерную программу, способную на основе определённых нейролингвистических категорий

Проект *Intentex*

анализировать истинные намерения, которые закладывают люди, пишущие тексты, часто даже сами того не осознавая. После долгих дискуссий мы выбрали название проекта, как раз исходя из этой идеи, — *Intentex* (от англ. *Intent* — намерение и *text* — текст). Мы смогли привлечь к проекту очень сильную команду лингвистов, разработчиков компьютерных программ, бизнес-менеджеров — и работа закипела. Президентом новой компании по общему решению выбрали меня.

Нам удалось создать уникальные алгоритмы, которые позволяли анализировать электронные тексты, используя целый ряд качественных и количественных критериев. Для этого мы опирались как на существующие исследования из открытых источников, так и на собственные уникальные разработки, позволяющие связать конкретные слова и фразы английского языка, их повторяемость в тексте, построение модулей текста и т. д. — с целым рядом характеристик, указывающих на истинный смысл сказанного (даже если автор текста пытался сгладить или скрыть этот смысл). В конечном варианте программа анализировала 24 лингвистические категории, включая шесть базовых эмоций (радость, печаль, отвращение, страх и гнев, изумление), стили коммуникации (визуальная, аудиальная, кинестетическая, рациональная) и другие категории. Там была даже категория, которая позволяла оценить правдивость текста.

Итак, у нас вышла компьютерная программа, позволяющая определить настоящий смысл полученного текста — в том числе и «под ширмой красивых фраз». Но не только. С помощью этого инструментария можно было разрабатывать наиболее эффективные сообщения — например, для клиентов в бизнесе, которые позволили бы наладить наилучшие электронные коммуникации между сотрудниками компаний и клиентами, вовлечёнными в деловую переписку. Причём мы создали программу, которая была способна проверить эмоциональный тон вашего электронного письма (или любого другого текста) и подсказать, как его улучшить. Мы исходили из намерения, чтобы со временем такая эмоциональная проверка текста стала бы такой же привычной, как проверка орфографии и пунктуации.

С самого начала мы понимали, что это достаточно большой технологический проект, и потому успех нашего стартапа будет зависеть от нашей способности привлечь инвесторов. Какова же была наша радость, когда в 2016 году мы смогли найти инвестора, который поверил в идею и вложил свои деньги! Благодаря этим инвестициям мы смогли нанять команду разработчиков программного обеспечения, создать конечный продукт и начать предлагать его пользователям. Тем не менее *Intentex* столкнулся со всеми «проблемами роста» молодой компании — начиная с того, что прохождение намеченных этапов занимало гораздо больше времени, чем изначально планировалось. Это, в общем-то, было объяснимо: мы создавали новый продукт с «нуля» — от того, что эта программа должна делать, до того, как всё должно выглядеть, чтобы быть понятным и доступным. Ну а вторая стандартная проблема многих стартапов — это то, что деньги заканчиваются гораздо раньше достижения результата…

К моменту, когда продукт был готов, стало ясно: чтобы двигаться дальше, нужно находить людей, которые будут заниматься непосредственно маркетингом и продажами, то есть нам необходимы дополнительные инвестиции. Было принято решение выпустить продукт с минимальным маркетинговым бюджетом, параллельно продолжая поиск инвесторов. В 2018 году мы начали предлагать ограниченную бесплатную версию и полноценную платную. И в 2019-м пользователями *Intentex* стали тысячи людей со всего мира! Конечно, подавляющее большинство подписывались на бесплатную версию и лишь со временем переходили в категорию платных клиентов. Процесс перехода (конвертации) был очень медленным и не покрывал затрат на поддержание системы, а также зарплаты обслуживающего персонала. Мы продолжали говорить с потенциальными инвесторами в надежде стабилизировать ситуацию.

В 2020 год мы вступили, полные оптимизма. О том, что именно случилось затем в 2020-м, мы подробнее поговорим в главе «Массовый страх», но произошедшее, увы, кардинально изменило настроение инвесторов. Мы поняли, что в ближайшее время найти инвестора будет нереально. На протяжении всего года наша клиентская база продолжала расти, но принципиально это ничего не изменило. И тогда, в конце этого «особого» года, мы приняли непростое решение о закрытии компании… Когда мы оповестили наших пользователей и отключили саму систему, я начал получать невероятное количество писем — иногда с возмущениями, но чаще со столь явным сожалением, что для определения искренности авторов задействовать наш инструментарий не было никакой необходимости. Письма шли из разных частей мира от тех людей, которые за это время привыкли пользоваться анализом текстов. Подавляющее большинство из них были связаны с написанием текстов профессионально — лингвисты, писатели, маркетологи… Было несколько докторантов, которые писали свои докторские работы, используя возможности нашего анализа. Отвечать им было особенно нелегко…

Оглядываясь на этот недавний период моей жизни, я, конечно, задаюсь вопросом: что ещё можно было сделать, чтобы эта идея стала реальностью, доступной для любого человека? Может быть, если бы я мог уделить этому проекту ещё больше времени в моём и без того до отказа заполненном докторском и преподавательском графике, всё сложилось бы по-другому? Не знаю… Но, возможно, в будущем я всё же смогу вернуться и реализовать эту очень перспективную идею.

Глава 2
Детские страхи

Однажды у него был приступ паники, потому что его голова застряла в свитере...

*Леонард Хофстедтер,
персонаж телесериала «Теория большого взрыва
(The Big Bang Theory)»*

> Если ребёнка напугала собака (даже если на самом деле это был щенок, который от страха пытался вести себя агрессивно) и это переросло в устойчивый страх собак, то все уговоры: «Посмотри, какой он хорошенький, не страшненький и т. д.» — просто не работают!

Пять этапов развития личности и формирования индивидуального Я

Начиная разговор о детских страхах, хотелось бы вспомнить ещё одного Эриксона — психолога Эрика Эриксона, разработавшего периодизацию этапов развития личности и формирования индивидуального Я. Эриксон установил, что каждый из таких этапов отмечается специфичным для него внутренним конфликтом, благоприятное разрешение которого приводит к переходу на новый этап. Соответственно, если испытание на очередном этапе не пройдено и конфликт не преодолён — значит задача развития на данной стадии не достигнута, что может привести к появлению психологических проблем в будущем. Эриксон описал восемь стадий, «покрывающих» жизненный путь — от младенчества до старости. Мы разберём первые пять стадий — от рождения до 19 лет.

Первый этап охватывает первый год жизни. На этой стадии идёт созревание сенсорных систем. То есть развиваются зрение, слух, обоняние, вкус, тактильная чувствительность. Этот этап формирует базовое доверие (при положительном прохождении) или недоверие (при отрицательном) к окружающему миру. Важность правильного формирования сенсорных систем достаточно жёстко, но наглядно демонстрирует пример, описанный в экспериментальной нейробиологии. Эксперимент заключался в том, что двухнедельным котятам на непродолжительное время заклеивали глаза. Казалось бы, неприятно, но что в этом катастрофичного? Катастрофа заключалась в том, что это было критическое время для формирования зрительной зоны коры головного мозга. Без получения внешней стимуляции — в данном случае в виде фотонов света, различных цветов, сменяющихся образов — зрительная кора просто не развилась! И даже когда котятам сняли повязки, при полностью нормальных глазах и функционирующей, проводящей сигнал нервной системе они остались слепыми на всю оставшуюся жизнь... Окно возможностей для развития этих функций организма закрылось, и воспринимающая часть нервной системы, не получив вовремя необходимую стимуляцию, осталась недоразвитой.

Из этого следуют как минимум два вывода: ранние периоды развития мозга очень важны для его полноценного функционирования в дальнейшем, и — что мы очень зависим от получения внешней стимуляции в виде света, звуков и тактильных (поглаживания) ощущений. Когда я впервые прочитал об этом эксперименте, я подумал о том, что, возможно, по такому же принципу устроено восприятие всех внешних стимулов, включая и эмоциональные реакции. Что я имею в виду? Возможно, так же, как в примере с котятами, существуют критические периоды для формирования нормальных реакций восприятия и реагирования на различные эмоции. И если в раннем детстве ребёнок не «добирает» всей эмоциональной палитры, связанной с получением эмоциональных стимулов, то окно возможностей для «узнавания» различных эмоций и реагирования на них тоже закрывается.

> Если в раннем детстве ребёнок не «добирает» всей эмоциональной палитры, связанной с получением эмоциональных стимулов, то окно возможностей для «узнавания» различных эмоций и реагирования на них тоже закрывается.

Если в семье какие-то эмоции было не принято проявлять или имело место «табу» на проявление эмоций в принципе — то не удивительно, что в такой среде ребёнок, вырастая, будет неспособен «регистрировать» внешние стимулы в виде тех эмоций, которые он недополучил в своём детстве. Если от ребёнка скрывали страдания, став взрослым, он не сможет *со*-страдать, если в семье не было переживаний — у него не будет способности *со*-переживать, если было не принято демонстрировать чувства, значит, от такого человека трудно будет ожидать *со*-чувствия…

Вторая стадия развития личности, по Э. Эриксону, охватывает второй и третий годы жизни и заключается в формировании и отстаивании ребёнком своей автономии и независимости. Она начинается с того момента, когда ребёнок начинает ходить. На этой стадии ребёнок осваивает различные движения, учится не только ходить, но и лазить, открывать и закрывать, держаться, бросать, толкать и т. п. Дети наслаждаются и гордятся своими новыми способностями и стремятся все делать сами. Если родители ограничивают действия ребёнка, если они нетерпеливы, спешат сделать за ребёнка то, на что он и сам способен, или стыдят его за нечаянные проступки (разбитые чашки…) либо наоборот — ожидают, что дети сделают то, чего они ещё сделать не в состоянии, — то в результате у ребёнка закрепляется нерешительность и неуверенность в своих способностях, сомнение, зависимость от других, закрепляется чувство стыда перед другими, и в целом закладываются основы скованности в поведении, малой общительности и постоянной настороженности. Недавнее исследование, проведённое учёными из Техасского университета в Далласе, выявило ранние факторы риска, связанные с темпераментом детей и нейронными процессами, которые способны предсказать, могут ли в дальнейшем у человека проявиться склонности к развитию страхов и тревожности, приводящие к депрессии в подростковом и раннем взрослом возрасте. Автор исследования доктор Альва Танг, доцент кафедры психологии, в опубликованной статье об этом исследовании описывает, что когда дети знакомятся с новыми объектами, людьми или ситуациями, некоторые из них реагируют более открыто и приближаются к таким объектам без страха, в то время как другие реагируют с осторожностью или избеганием. Исследователи установили: именно это поведение настороженности и избегания, которое проявляет себя уже в возрасте от 14 до 24 месяцев, является индикатором большой вероятности развития тревожности и депрессии в дальнейшем — в возрасте от 15 до 26 лет.

Третья стадия. Дети в возрасте 4–5 лет переносят свою исследовательскую активность за пределы собственного тела. Они пытаются стать независимыми и исследовать границы своих возможностей. Они узнают, как устроен мир и как можно на него воздействовать. Мир для них состоит как из реальных, так и из воображаемых людей и вещей. Если исследовательская деятельность детей в целом эффективна, они научаются обращаться с людьми и вещами конструктивным способом и обретают сильное чувство инициативы. Родители, поощряя энергичные и самостоятельные начинания ребёнка, признавая его права на любознательность и фантазию, способствуют становлению инициативности, расширению границ независимости, развитию творческих способностей. В то же время взрослые, жёстко ограничивающие свободу выбора, чрезмерно контролирующие и наказывающие, вызывают у детей слишком сильное чувство вины. Такие дети, охваченные чувством вины, пассивны, скованны и в будущем мало способны к продуктивному труду. Это стадия, в которой у ребёнка во многом формируется отношение к боли и к страху. Причём нужно иметь в виду, что важно не только, а порой не столько, что говорится по тому или иному поводу, но то, какое подведение значимые для ребёнка взрослые демонстрируют.

Всё сказанное очень наглядно демонстрирует известный эксперимент, проведённый социальным психологом профессором Стэнфордского Университета Альбертом Бандурой. В этом эксперименте с куклой Бобо изучалось, как дети учатся и используют определённые поведенческие паттерны. Целью исследователей было выяснить, будут ли дети в условиях свободы действий и отсутствия видимого наблюдения повторять определённые агрессивные действия — увидев ранее, как их совершают взрослые. Участниками стали 36 мальчиков и 36 девочек в возрасте от 3–7 лет. Из этих 72 детей 24 ребёнка были включены в контрольную группу, что означало — на них не будет проводиться никаких экспериментов. Остальные 48 организовали в две группы — Агрессивная — 24 ребёнка, которые увидят агрессивную модель поведения взрослого человека, и Неагрессивная — тоже 24 ребёнка, которые не будут наблюдать проявления агрессивности взрослых. Агрессивность проявлялась в том, что взрослый в присутствии ребёнка проявлял агрессию по отношению к кукле Бобо — большой надувной кукле с устойчивым основанием (что-то вроде неваляшки) и нарисованным на ней клоуном. «Злодей» ударял её надувным же молотком, пинал её и хлопал по ней, при этом крича и усиливая криками звуки ударов. Сам эксперимент состоял из двух фаз. В первой фазе детей по одному запускали в игровую комнату с игрушками, в которой, в том числе, находилась и кукла Бобо. С ними в комнате также находился взрослый, и он тоже «играл» с игрушками. Разница заключалась в том, что дети, причисленные в «агрессивную» группу, становились свидетелями того, что в какой-то момент взрослый начинал «терзать» несчастного клоуна описанными выше способами. Дети, попавшие в «неагрессивную» группу, такого поведения не наблюдали — взрослый просто «игрался» с различными игрушками, в то время как кукла Бобо спокойно находилась в той же игровой комнате. Во второй фазе все дети (опять же по одному) отправлялись играть в другую игровую комнату, которая была заполнена ещё более привлекательными игрушками. Через несколько минут, когда ребёнок увлекался игрой, ему сообщали, что он не может больше оставаться в этой комнате, но он может вернуться в первую и продолжить играть там. Расстроенного (специально) ребёнка возвращали в первую комнату, давая ему вовлечься в игру. Но и там вскоре ему сообщали, что время закончилось, и он больше не может играть и здесь. Дети начинали активно выражать своё недовольство, крича и требуя, чтобы им разрешили продолжить игру. Так вот, было обнаружено, что дети из группы «Агрессия» (которые видели агрессивное поведение взрослого) однозначно были более агрессивными в выражении своего неудовольствия. Они начинали направлять свой гнев на куклу Бобо, неоднократно били её кулаком, били молотком и кричали на неё, так же как это делал взрослый до этого. Дети же из «неагрессивной» группы проявляли своё возмущение вербально — крича и плача, требуя, чтобы им разрешили поиграть подольше. Также этот эксперимент показал, что мальчики чаще перенимали агрессивное поведение, чем девочки. Эксперимент с куклой Бобо продемонстрировал, как быстро ребёнок перенимает увиденную модель поведения. То же самое происходит и в реальной жизни — в семье, где дети учатся моделировать своё поведение, подражая действиям окружающих их людей, а затем «тестируя» эффект от своего поведения в по-

> Понимание детьми хороших или плохих действий основано на том, что сначала они наблюдают за этим действием, а затем подражают ему и, если действие вознаграждено, оно закрепляется, а если за определенным действием следует наказание, они избегают его в дальнейшем.

лученной реакции — вознаграждения или наказания за это конкретное действие. Их понимание хороших или плохих действий основано на том, что сначала они наблюдают за этим действием, а затем подражают ему и, если действие вознаграждено, оно закрепляется, а если за определённым действием следует наказание, они избегают его в дальнейшем.

Четвёртая стадия. В возрасте от 6 до 11 лет дети развивают многочисленные навыки и умения в школе, дома и среди своих сверстников. Это стадия выработки компетенции и умения получать обратную связь от окружающего мира. Согласно теории Эриксона, чувство Я значительно обогащается при реалистичном росте компетенции ребёнка в различных областях.

Когда родители поощряют детей учиться новым навыкам (мастерить, готовить, заниматься рукоделием, даже если у них не всё хорошо и аккуратно получается), когда им разрешают довести начатое дело до конца, хвалят и награждают за результаты — тогда у ребёнка вырабатывается умелость и способности к техническому творчеству. Родители же, которые видят в трудовой деятельности детей одно «баловство» и «пачкотню», способствуют развитию у них чувства неполноценности. Но не меньше проблем в «понимании мира» на этом этапе создают для детей рассогласованность получаемой ими вербальной (то, что говорится) и невербальной (поведенческой) информации. Это рассогласование в коммуникации называется неконгруэнтностью поведения. Кстати, именно информационная неконгруэнтность во многом определяет неосознанный выбор информационного канала, которому ребёнок «решает» доверять больше других. Представьте ситуацию, когда ребёнок приходит домой и видит заплаканную мать. На вопрос же: «Что случилось?» он слышит: «Всё хорошо, всё в порядке...» Такие ситуации ставят его перед необходимостью выбора, «чему я хочу доверять больше — тому, что я вижу (расстроенная, заплаканная мама), или тому, что я слышу («всё в порядке, всё хорошо»)». Конечно, на этот выбор оказывают влияние и другие факторы, но рассогласованность получаемой информации инициирует этот процесс. При повторении сходных ситуаций выбор ведущего информационного канала только закрепляется. Мы как бы задаём себе вопрос: «Чему я хочу доверять больше? Тому, что я вижу своими собственными глазами, услышанным объяснениям или своим ощущениям, которые возникают в той и другой ситуации?» И затем делаем неосознанный выбор в сторону одного из информационных каналов.

Говоря же о рассогласованности получаемой информации, хочется также упомянуть о так называемых шизофреногенных языковых паттернах, открытых известным антропологом Грегори Бейтсоном. В данном случае речь идёт не просто о рассогласованности передаваемой информации, но о диаметрально противоположных сообщениях в рамках одной коммуникации, что в итоге приводит к расщеплению сознания у получателя такой информации. Теория двойного послания была сформулирована Г. Бейтсоном и его коллегами в статье «К теории шизофрении» (1956), позднее Бейтсон возвращался к ней в лекции «Минимальные требования для теории шизофрении» (1959, опубл. 1960), статьях «Групповая динамика шизофрении» (1960), «Двойное послание» (1969). Смыслом «двойного послания» (double bind) является парадоксальное требование, основанное на двух противоречивых сигналах. Подобные двойные послания приводят человека в замешательство, состояние выученной беспомощности, в ситуацию безвыходности, когда любой ваш выбор будет неправильным и в результате приведёт к стрессу. Чтобы стало понятнее, я приведу более очевидные примеры, хотя в реальной жизни эти послания бывают «тоньше»: «Стой там, иди сюда» или «Приказываю тебе не выполнять моих приказов!». «Ты нам очень нужен, потому что ты отличный специалист в своей области. Но, скорее всего, мы тебя уволим...» Иначе говоря, любое сообщение демонстрирует партнёру по коммуникации прямо противоположную информацию.

У психолога Пола Вацлавика в книге «Как стать несчастным без посторонней помощи» есть ссылка на работу «Как быть еврейской мамочкой». Именно там приведён наглядный пример коммуникации, в которой ребёнок ВСЕГДА проигрывает. Вам нужно купить две майки (одну красную, другую белую), дать их ребёнку на выбор, и когда ребёнок выберет красную, печально спросить: «А белая тебе что — не понравилась?» Именно Грегори Бейтсон был первым, кто предположил, что как раз «двойное послание» является одним из способов создания беспомощности, и это происходит не из-за одноразового детского психотравмирующего опыта, а из-за повторяющихся однотипных ситуаций.

Пятая стадия — подростковый возраст от 12 до 19 лет. Подросток ищет уверенность, безопасность, стремясь быть похожим на других ребят (или девочек) своей возрастной группы. У него развиваются подражательное поведение и идеалы, и он часто вступает в различные группировки или кланы. Группы «равных» очень важны для восстановления самотождественности. Это вторая важная попытка развития автономности (после 2-й стадии), и она требует бросить вызов родительским и общественным нормам. Подростки узнают целый ряд разных ролей — ученика или друга, старшего брата или сестры, ученика спортивной или музыкальной школы и т. п. В отрочестве и юности важно разобраться в этих различных ролях и интегрировать их в одну целостную идентичность. Юноши и девушки ищут базисные ценности и установки, охватывающие все эти роли. Если им не удаётся интегрировать стержневую идентичность или разрешить серьёзный конфликт между двумя важными ролями с противоположными системами ценностей, результатом становится то, что Эрик Эриксон называет диффузией идентичности. Подросток становится недоверчивым, стыдливым, неуверенным, исполненным чувством вины и сознания своей неполноценности.

«Театр импровизаций» под названием «Жизнь»

В старших классах с моей младшей дочерью произошла неприятная трансформация. Она замкнулась, отдалилась и перестала делиться с нами о происходящем в школе. Из ласкового послушного ребёнка она стала превращаться в напуганного, неуверенного в себе и поэтому, на всякий случай, «ощетинившегося» тинэйджера. С одной стороны (по крайней мере, мною), это было ожидаемо, но с другой — поднимало непростой вопрос, как помочь ей начать принимать себя во всех своих проявлениях. Тем более, как я уже сказал, родительский авторитет стал значительно уступать мнению друзей и стремительно опустился ниже даже авторитета школьных учителей. Нам с женой пришло в голову предложить ей записаться в труппу Театра импровизации, что, естественно, изначально было встречено в «штыки», но всё-таки мы уговорили её сходить хотя бы на первое занятие и потом принимать решение. К счастью, первое занятие ей понравилось, и она записалась на весь курс. Театр импровизации (от лат. *improvisus* — неожиданный, внезапный) — это вид представления, в котором нет изначального сценария, задаётся только тема, и действие рождается непосредственно во время процесса исполнения.

Мы знали, что у нас в Чикаго есть The Second City — старейшая в Америке действующая импровизационная театральная труппа с учебными программами и живым театром. В своём обучении они используют импровизационные театральные игры, разработанные известным театральным педагогом Виолой Сполин и помогающие актёрам сосредоточиться на настоящем моменте и находить выбор импровизационно — как в реальной жизни. В своём обучении она придерживалась убеждения «Каждый может играть. Каждый может импровизировать». Используемые игры и упражнения предлагают ситуации, которые участники должны решать совместно как группа, в то же время способствуя раскрытию каждого актёра в своём творческом самовыражении.

Импровизационная практика замечательна тем, что в ней нет опасности совершить ошибку. Любое поведение, любая реплика подхватывается партнёрами и даёт развитие новому взаимодействию — или даже смене сюжета! Эти занятия во многом помогли моей дочери преодолеть беспокойство и волнения, а также справиться со страхами, связанными с тем, что называется peer pressure (давление сверстников) — фазы в жизни, через которую проходят практически все подростки и которая может привести к убеждению, будто нужно делать то же самое, что и другие люди своего возраста (социальной группы), чтобы добиться их внимания и уважения.

Феномен процесса давления со стороны сверстников продолжает исследоваться психологами. Одно из объяснений, предложенное социальным психологом Венди Трейноро, который назвал это явление «эффектом смены идентичности», заключается в том, что внутренний диссонанс у подростка возникает, когда он сталкивается с угрозой внешнего конфликта (социального отторжения) из-за несоответствия стандарту группы.

Таким образом подросток старается соответствовать групповому стандарту, но как только он это делает, уменьшая внешний конфликт, возникает внутренний конфликт (потому что он нарушает свои собственные стандарты). Чтобы избавиться от этого внутреннего конфликта (самоотрицания), происходит «сдвиг идентичности», при котором подросток начинает принимать стандарты группы как свои собственные, тем самым устраняя внутренний конфликт (в дополнение к ранее устранённому внешнему конфликту). В результате такого устранения происходит подмена своей идентичности на набор стандартов группы. Противостоять таким процессам и сохранить свою индивидуальность чрезвычайно трудно.

…И всё же моей дочери удалось «не раствориться» в «ожиданиях» группы от неё. В последний год школы она даже стала инициатором социальных проектов помощи школьникам в неблагополучных районах Чикаго. Именно это, как мне кажется, во многом определило выбор её профессии — сейчас она заканчивает университет по специальности социального работника.

> Подросток старается соответствовать групповому стандарту, но как только он это делает, уменьшая внешний конфликт, возникает внутренний конфликт (потому что он нарушает свои собственные стандарты).

Говоря об особенностях работы с детскими страхами, нужно в первую очередь иметь в виду, что у детей гораздо более развитое воображение, чем у взрослых. Поэтому, с одной стороны, им легче представить пугающие образы и поверить в них — как, например, различных «ночных монстров», донимавших моего юного «пациента», о котором речь пойдёт ниже. С другой стороны, это нужно не просто учитывать, а, самое главное, использовать для решения проблемы детских страхов! Например, если ребёнка напугала собака (даже если на самом деле это был щенок, который от страха пытался вести себя агрессивно) и это переросло в устойчивый страх собак, то все уговоры: «Посмотри, какой он хорошенький, не страшненький и т. д.» — просто не работают! Более полезно не сражаться на позициях «я прав — ты неправ», а приняв реальность ребёнка и войдя в неё, помочь изменить её так, чтобы она перестала быть столь болезненной. Просто в своей голове ребёнок уже преобразовал реального милого щенка в лохматого монстра и надёжно соединил этот внутренний образ с эмоцией страха (помните, мы подробно разбирали этот механизм). И теперь при встрече с любой собакой, даже самой миролюбивой, автоматически «открывается» именно эта «папка».

Как следствие сказанного выше, в таких случаях гораздо эффективнее уговоров будут работать изменения, произведённые во внутреннем пространстве, которые могут произойти с помощью того же «инструмента», создавшего эту проблему, — с помощью... ВООБРАЖЕНИЯ! Для этого можно рассказать ребёнку сказку про маленького мальчика или маленькую девочку, которые боялись кроликов или белочек... *потому что его/её пугали ОГРОМНЫЕ уши или те ЗВУКИ, которые они издают своими лапами, или их ОСТРЫЕ зубы, которыми они ВОНЗАЮТСЯ в зелёную траву…»* Достаточно аналогий? И далее произошли захватывающие события (и здесь есть повод разгуляться фантазии, описывая эти события), в результате которых герой/иня истории узнал/а, что кролики/белочки на самом деле милые и покладистые существа, и даже очень близко подружился/лась с целым семейством кроликов/белочек! И если вы (мама, папа) хотите укрепить отношения со своим ребёнком, то можете добавить ещё одну сюжетную линию в эту сказку: «*И, подружившись с этим семейством, ему/ей очень понравилось то, как Белка-Мама (или Кролик-Папа) всегда заботится и поддерживает своего Крольчёнка-Сына (Бельчёнка-Дочь)*. И, конечно, пусть выводы ребёнок делает сам/а.

Рефрейминг и детские страхи

Ещё один способ или, скорее, ещё одно направление движения для решения проблемы детских страхов — это использование рефрейминга. Напомню, что рефрейминг — это изменение рамки, переформирование, изменение отношения к чему-либо. И здесь начало точно такое же — мы не подвергаем сомнению реальность проблемы, а наоборот, входим в неё, принимаем её. А далее можно, например, попросить ребёнка нарисовать проблему. И часто даже этого бывает достаточно, чтобы она разрешилась. Потому что на листке бумаги, да ещё и выполненное обычным карандашом, это уже не выглядит так пугающе. Если же этого недостаточно, можно попросить ребёнка что-то сделать с этим рисунком. Например, дорисовать продолжение с хорошим концом. Или предложить воспользоваться другими цветами. Или вырезать и вклеить в другую картинку. Или просто повесить на стену в яркой рамке для того, чтобы при свете дня убеждаться, что, глядя на неё и думая о той проблеме, которая была, нет больше повода беспокоиться — ведь теперь она находится под контролем!

Иллюстрацией к данной главе я решил использовать как раз рисунки «ночных монстров» моего 11-летнего пациента, которого привели родители с проблемой ночных страхов. Ребёнок боялся оставаться вечером один в своей комнате, засыпал только в присутствии кого-то из взрослых и обязательно с включённым светом. Очень часто по ночам он прибегал в комнату к родителям, забирался к ним в кровать и оставался с ними до утра. Мы достаточно быстро выяснили, что источником ночных страхов являются монстры, которые прячутся в темноте — в кладовке, в шкафу, под кроватью... Эти же чудища докучают ему и во сне, из-за чего он просыпается и бежит искать защиты к родителям. Дальше я узнал, что все эти страшилки — «герои» видеоигр, в которые он регулярно играет, и мультсериалов, которые он смотрит. Узнав всё это, я предложил ему нарисовать самых страшных монстров, которые «приходят» чаще всего. Я дал ему бумагу и разноцветные фломастеры. Когда первые монстры были «зафиксированы» на бумаге, я посмотрел на них и подумал, что при всём его старании передать «холодящий душу ужас» они выглядят даже забавно. Но, вероятно, в профессиональном исполнении эти «исчадья ада» выглядели достаточно убедительно. Я попросил написать их имена. Имена были под стать изображениям — Мистер Смерть, Гибель, Разрушитель и т. д. Затем я предложил ему заключить каждого из них в рамку, разукрашенную цветами, используя для этого как можно больше ярких цветов. Ему понравилась эта идея, и сначала он старательно нарисовал цветы по всему периметру рамки, а затем начал разрисовывать цветами самых «отпетых» монстров, приговаривая «вот так совсем не страшно». Как оказалось, «армия монстров» была огромная, и на протяжении последующих нескольких недель моя коллекция пополнялась всё новыми и новыми экземплярами. Ситуация осложнялась ещё тем, что несмотря на мой разговор с родителями и настоятельную просьбу к ним ограничить время, проводимое ребёнком у телевизора и за видеоиграми и, тем более, стараться контролировать содержание всего этого — в реальности этого не происходило. В итоге из всей коллекции он выбрал несколько наиболее понравивших-

«Монстры в цветочках»

ся ему экземпляров и развесил на стенах в своей спальне как напоминание самому себе, что «они не страшные». Остальные остались у меня, «чтобы я за ними присматривал». Двух «монстров в цветочках» я вам и представляю здесь.

Ещё один способ рефрейминга описан в книге Д. К. Роулинг «Гарри Поттер». В своё время мы со старшей дочерью «наперегонки» прочитали все книги о юном волшебнике. Не знаю, консультировалась ли Джоан Роулинг у психологов при написании своих книг и, если да, то какой психологической школы — но от книги к книге я замечал всё больше и больше выверенных психологических приёмов. Так вот, в третьей книге «Гарри Поттер и Узник Азкабана» на уроке «Защиты от Чёрной Магии» профессор Люпин наставлял учеников, как защищаться от их самых больших страхов — сначала вызвать видение своего страха (т. е. очень хорошо представить его), а затем громко произнести заклинание: «Смехотворно!». Дальше я хочу процитировать, как именно это происходило (перевод мой, произвольный):

— *Хорошо, — сказал профессор Люпин. — Очень хорошо. Но это была самая лёгкая часть. К сожалению, одного слова не хватает. И здесь мне нужен ты, Невил.* (Один из одноклассников Гарри Поттера, самый тихий и застенчивый. — *В. Д.*)

Невил направился к доске походкой, которой приговорённые идут на виселицу...

— *Хорошо, Невил, — сказал профессор Люпин. — Сначала главное: что это за предмет, которого ты боишься больше всего в мире?*

Невил зашевелил губами, но ни одного звука не издал.

— *Что-что? — переспросил профессор Люпин.*

Невил обвёл взглядом класс в надежде на помощь и затем прошептал:

— *Профессор Снейп.* (Профессор Снейп был учителем ядов и зелий. — *В. Д.*)

Весь класс засмеялся. Но профессор Люпин смотрел на него понимающе.

— *Профессор Снейп... Хммм. Насколько я знаю, Невил, ты живёшь с бабушкой?*

— *Да-а, — сказал Невил неуверенно. — Но я всё же не боюсь её...*

— *Нет-нет, ты не понял, — сказал профессор Люпин, улыбаясь. — Меня интересует, можешь ли ты рассказать нам, во что твоя бабушка обычно одета?*

Невил выглядел испуганно, но всё-таки сказал:

— Она носит всегда одну и ту же шляпу с чучелом грифа на ней. И длинное платье... зелёное... и иногда воротник из шкуры лисы.

— И сумка? — добавил профессор Люпин.

— Большая красная, — промямлил Невил.

— Хорошо, — сказал профессор Лупин. — Можешь ли ты представить эту одежду очень чётко? Можешь ты видеть это своим внутренним взором?

— Да, — сказал Невил, больше беспокоясь, что последует за этим.

— Сейчас ты представишь себе очень ясно профессора Снейпа, — произнёс профессор Люпин. — И когда он начнёт приближаться, ты направишь свою волшебную палочку на него и прокричишь: «Смехотворно!». И концентрируйся на одежде твоей бабушки. Если всё пойдёт правильно, профессор Снейп впрыгнет в эту шляпу с чучелом грифа наверху, в зелёное платье и будет держать большую красную сумку!

Класс взорвался хохотом.

...Правда, замечательно? Кстати, в зависимости от возраста «волшебные палочки» и ещё «волшебные фонарики», которые «освещают темноту и распугивают монстров» также очень хорошо помогают решать проблему страхов.

Итак, краткое руководство по борьбе с детскими страхами (работает и для взрослых тоже).

1. Будьте наблюдательны. Чем раньше вы заметите зарождающийся страх, тем легче его устранить.

2. Относитесь с пониманием и уважением к даже, на ваш взгляд, несерьёзным страхам.

3. Избегайте уговоров, что это пустяки, ты уже большой и т. д.

4. Постарайтесь в доверительной беседе расспросить поподробнее, когда и как это началось, как страх выглядит, как он звучит, какие чувства это вызывает (иначе говоря, соберите побольше информации о травмирующем опыте, только очень осторожно).

5. Помощь надо начинать, когда ребёнок в хорошем настроении, постепенно продвигаясь к болезненной теме.

6. Выберите один из предложенных выше способов:

— рассказать сказку;

— изменить картинку, звуки, ощущения (подробнее — в главе о субмодальностях);

— предложить нарисовать картинку, изображающую проблему, придумать продолжение, раскрасить смешными цветами;

— применить средство, которое помогает Гарри Поттеру, — «Смехотворно!»;

— подарить «волшебную» палочку/фонарь.

Каждое из перечисленных средств в отдельности вполне достаточно для того, чтобы эффективно справиться с любой проблемой. Если же вы столкнулись с экстраординарной ситуацией, вы можете пробовать все перечисленные методы по очереди в любой последовательности.

Мой путь. Моя старшая дочь, храбрый Лягушонок и другие «волшебные сказки»

Я помню, что, когда мы только перебрались в Чикаго и моя старшая дочь впервые пошла в школу, буквально через несколько недель мы с женой начали замечать, как её изначальный энтузиазм сменился на состояние растерянности и страха… Она мужественно отправлялась каждое утро в школу, но возвращалась расстроенная, говоря, что больше она туда не пойдёт. На наши расспросы она отвечала, что она никого там не знает и никто с ней не хочет дружить. И хотя мы-то знали, что школа делает всё возможное, чтобы такие дети, как моя дочь, как можно быстрее прошли процесс адаптации в новых условиях, — это было наше «взрослое» понимание происходящего. Внутренние ощущения ребёнка были другими. И это понятно — другой город, другая страна, другой язык, другая школа — всё другое. И тогда я начал рассказывать ей перед сном… «Сказку про смелого Лягушонка». Лягушонок жил со своими родителями и братиком в своём родном болоте, где он всё знал, и у него было множество друзей. Но однажды налетела буря, она подхватила всю семью Лягушонка и подняла в воздух! Через какое-то время ветер стих, и Лягушонок со своей мамой-лягушкой, папой-лягушкой и братиком-лягушонком оказались в другом болоте. И это новое болото было похоже на то болото, где они жили раньше, но немного отличалось. И лягушки в этом болоте были похожи на знакомых ему лягушек, но не во всём. И квакали они как-то по-другому…

Каждый вечер моя дочь ждала продолжение истории про «храброго Лягушонка», который сталкивался с похожими проблемами и каждый раз выходил победителем. Иногда, даже приходя с какой-то новой трудностью, она, как бы между прочим, говорила: «Интересно, что бы сделал Лягушонок в такой ситуации?» — давая этим «заказ» на новый сюжет вечерней истории. На протяжении нескольких лет нашего вхождения в новую жизнь истории о храбром Лягушонке, разрешающем многочисленные проблемы, с которыми он сталкивался, осваиваясь на новом месте, сопровождали мою дочь, подсказывая, успокаивая, подбадривая, показывая пример…

Я помню, какое чувство радости и гордости я испытывал, видя, что эти незамысловатые сюжеты, которые я создаю, действительно помогают справляться с трудностями, через которые проходила моя дочь! Безусловно, чувство удовлетворения, которое ты получаешь, помогая другим людям, — основной мотиватор делать ту работу, которую ты выбрал. Но даже это чувство не может сравниться с удовлетворением Гордого Родителя, способного, используя свои знания и навыки, помочь своему ребёнку!

Кстати, такой вариант помощи своим детям может освоить любой родитель — для его использования не обязательно обладать лицензией психолога, психиатра или специалиста НЛП (хотя наличие всего этого, безусловно, помогает).

В чём сила историй? Шаманы, знахари, целители, проповедники использовали истории в той или иной форме как средство передачи важной информации от предыдущих поколений к последующим. Хотя содержание историй разных времён и народов очень различно, существенной структурной разницы между ними нет. Исследователи, изучавшие истории и мифы различных народов и культур, давно пришли к этому выводу. Один из таких исследователей, Джозеф Кэмбелл, даже создал универсальную модель, которую он назвал «Путь Героя», описывающую цикл испытаний, через которые проходит герой — от момента выхода за порог собственного дома до возвращения преображённым, после прохождения всех предначертанных ему на пути препятствий. О прохождении Пути Героя мы подробнее будем говорить в следующих главах. Сейчас же давайте вернёмся к «рассказыванию историй» и, в частности, поговорим о «волшебных сказках».

Но почему именно сказки? Ответ достаточно очевиден — в сказках возможно всё! Даже взрослому не придёт в голову задать вопрос — как это могло произойти, когда речь идёт о сказочных превращениях. А тем более ребёнку. Дети живут в мире сказок, им проще фантазировать о невероятном. Если взрослому нужно специальное усилие, чтобы представить, что лягушка разговаривает, а тряпочка превратилась в принцессу, то для детей это их Вселенная!

Рассказывание историй или сказок объединяет один очень важный элемент, который обязательно в них присутствует и который называется метафорой. Метафора (от др.-греч. $\mu\varepsilon\tau\alpha\varphi o\rho\acute{\alpha}$ «перенос; переносное значение», от $\mu\varepsilon\tau\acute{\alpha}$ «над» + $\varphi o\rho\acute{o}\varsigma$ «несущий») — слово или выражение, употребляемое в переносном значении, в основе которого лежит сравнение предмета или явления с каким-либо другим на основании их общего признака. Упрощая, метафора — это косвенное сообщение в виде истории или образного выражения, использующего аналогию. Если говорить о сказках, то метафорой в данном случае будет являться история, которая отражает ситуацию, важную для ребёнка и позволяющую ему посмотреть на ситуацию со стороны — как бы с безопасного расстояния, не вовлекаясь эмоционально в действие, но при этом оставаться участником и даже, если нужно, управлять ситуацией!

Когда взрослый начинает говорить с ребёнком на его языке, возникает объединяющее пространство. Сказки помогают немного отдалиться от реальных проблем и говорить как бы не про себя, а про выдуманного персонажа. С помощью создаваемой дистанции можно многое понять, потому что на языке метафор комфортно говорить даже о самых неудобных чувствах. Родитель может получить много информации о ребёнке: узнать, о чём он думает, кто его обидел. Выдуманные сюжеты дают ощущение безопасности: даже если история глубоко трогает ребёнка, потому что он сталкивается с похожей проблемой, у него есть возможность абстрагироваться: «Всё страшное происходит с лисичкой, а не со мной...»

Но героями сказки не обязательно должны быть зайчики или лисички, как в моих предыдущих примерах. В зависимости от возраста ребёнка, персонажи и события должны тоже «вырастать» и соответствовать событиям жизни на данном этапе. Сейчас я хочу привести вам пример «построения» сказочного сюжета для подросткового возраста для контроля страха. Давайте сначала разберём структуру и выделим основные элементы — текст сказки будет ниже. Её автором является тренер НЛП Александр Любимов. Итак...

Проблема — страх чего-то или кого-то.

Соответствия: подросток = Добрый Молодец; страх = Страх.

(Можно заменить Добра Молодца на Красну Девицу, которая из Страха связала себе рукавички, и они ей подсказывали.)

Колдунью можно воспринимать как метафорический образ бессознательного или терапевта.

Ну а в качестве способа решения используем технику Ричарда Бендлера по работе со страхами, о которой мы уже говорили.

«Жил-был один Добрый Молодец, у которого был Страх. Жил он у Молодца где-то в животе и сильно досаждал. Досаждал, потому что Страх требует постоянного внимания и очень не любит, когда от него отвлекаются! Или делают то, что он не хочет... Только Добрый Молодец подумает о том, чтобы собачку погладить, — Страх тут как тут! Или хочет Добрый Молодец удаль молодецкую показать и на дерево залезть — Страх ка-а-ак в животе скрутится, как напряжётся весь и не даёт по деревьям лазить! А если на базар идти — Страх его заставлял за кошель так держаться, что от него все шарахались!

Надоело это всё Доброму Молодцу, и пошёл он искать того, кто его от Страха избавит... Исходил всё королевство, у многих спрашивал, никто ничего путного посоветовать не мог... Пока в одном дальнем городе не подсказал хороший человек, что в одном дне пути, в тёмном лесу стоит старый замок... А в замке живёт колдунья. И вот та колдунья все секреты знает, и уж от Страха Доброго Молодца избавит!

И пошёл Добрый Молодец ту колдунью искать. Но так как был у него Страх, на путь, который другие проходили за день, у него целый месяц ушёл. И поворачивал он, и с пути сбивался, но нашёл тот замок. Ну, как замок — просто дом каменный... И поляна большая, и ручей рядом. Думал, колдунья-то — старуха, ан нет! Женщина молодая, даже симпатичная... Только Страх ему на неё долго смотреть не позволял, так что лица её он не разглядел. Но зато Страх его заикаться заставил. И вот, заикаясь, рассказал ей Добрый Молодец о своей кручине. О том, что Страх вредный ему житья не даёт! Усмехнулась колдунья, которая, наверно, и не колдунья была — народ много чего болтает, и сказала:

— Страх в животе живёт и выглядит он вроде клубка. Чем клубок больше и туже — тем Страх сильнее. Так что просто потяни нить из клубка и распутай его!

Сказала так и в дом ушла по делам своим.

А Доброму Молодцу ничего другого не оставалось, как наказ колдуньи, которая и не колдунья вовсе, выполнить. Отошёл он на край поляны, сел под дерево и стал о Страхе думать. И понял он, что тот, действительно, как клубок... Нашёл он нитку с краю и стал тот клубок раскручивать. Раскрутил немного клубок — Страх ослаб. Раскрутил сильнее — Страх маленький совсем стал, не страшный! Раскрутил полностью — Страх вообще исчез... Но осталось после него маленькое Опасение. И говорит оно:

— Не выкидывай меня, Добрый Молодец, я тебе пригожусь! Об опасности предупрежу или внимание на что важное обращу. Я маленькое, я тебе мешать не буду!

Подумал Добрый Молодец и... оставил Опасение.

Пошёл домой, а Опасение тихо сидит, не мешает. Пока не подошёл Добрый Молодец к обрыву высокому — а так как Страх он потерял, то шёл по самому краю без опаски. Тут Опасение ему говорит:

— Под ноги внимательно смотри, камни там шаткие!

Стал внимательно Добрый Молодец под ноги смотреть, камни правильные выбирать.

Идёт дальше — там ему на встречу собака. А так как раньше Добрый Молодец собак боялся, очень ему захотелось её погладить. Тут Опасение и говорит:

— Ты на собаку смотри внимательно, а то ведь есть собаки злые, а есть добрые. Злые укусить могут!

Посмотрел Добрый Молодец внимательно на собаку — добрая она оказалась, хвостом виляет, лизнуть в щёку хочет. Раньше бы убежал Добрый Молодец, а сейчас по голове собаку потрепал, по спине погладил. И, довольный, дальше пошёл.

Вернулся он домой. И на путь, который у него раньше год занимал, у него три дня ушло! И зажил он счастливо, и Страх ему больше не досаждал. Только Опасение изредка внимательным быть напоминало...»

Я думаю, поняв саму идею использования метафор и освоив структуру «построения» истории с созданием замечательных, интересных и полезных сказок для своих детей, справиться с этой задачей сможет любой родитель!

Кстати, этот процесс может быть и обоюдным — взрослым ведь тоже полезно кое-чему поучиться у детей... Например, как иногда проще, «по-детски», смотреть на серьёзные «взрослые» проблемы. Или тому, как точно и просто формулировать свои желания.

Ну а в заключение я процитирую некоторые мысли детей, высказанные… Богу, а затем собранные и записанные М. Г. Дымовым в книге «Дети пишут Богу»:

«Некоторые люди, знаешь, живут на Земле и солнце топчут».
— Аня, 2-й класс

«Спасай людей не от грехов, а от одиночества!»
— Сергей, 3-й класс

«Давай договоримся, Господи, я верю в Тебя, Ты — в меня!»
— Ляля 2-й класс

«Я бы хотела, чтоб у всех живых существ, у природы и даже у меня был хороший характер!»
— Аня, 1-й класс

Глава 3
Сексуальное насилие

…Около двадцати женщин собрались в гостиной домика, примыкающего к зданию Ньювортской церкви разных конфессий… Двадцать женщин в возрасте от восемнадцати до сорока с небольшим. В начале собрания все взялись за руки и немного помолчали. Потом на Джесси вылился поток ужасных рассказов об изнасилованиях, инцестах и истязаниях. Она никогда не забудет спокойную симпатичную девушку со светлыми волосами, которая задрала свитер, чтобы показать шрамы от сигаретных ожогов под грудью — в прошлом, скрытым кое-как кричащей мишурой подправленных ею же самой воспоминаний. Всё это было невыносимо.

…Есть вещи, которые намертво врезаются в память; они присасываются к человеку, как злобные пиявки, которых не отодрать никакими силами.

Стивен Кинг,
бестселлер «Игра Джеральда»

Сэйди взяла себя в руки. Никто не смог бы описать всё негодование и презрительную ненависть, которые она вложила в свои слова:
— Мужчины, вы мерзкие грязные свиньи! Вы все одинаковы, все! Мерзкие грязные свиньи!

Сомерсет Моэм,
«Дождь»

> Сексуальное насилие — это нежелательная сексуальная активность, когда агрессор применяет силу, угрожает или использует в своих интересах жертву, которая не даёт согласия на такие действия.

«Контейнер воспоминаний» и «внутренний редактор» памяти

Статистика Американского Центра по контролю и профилактике заболеваний (CDC) показывает, что один из пяти американцев подвергался сексуальному насилию в детстве; один из четырёх подвергался избиениям родителями, оставившим следы на теле; в каждой третьей семье прибегают к насилию в случаях возникновения споров между супругами. Насилие оставляет рубцы не только на теле пострадавшего, но и в его душе и памяти. Особенно сильно это относится к людям, подвергшимся сексуальному насилию. В своей практике мне довелось работать с большим количеством женщин, переживших сексуальные нападения. От полу-невинных игр, которые не заканчивались, когда девушки, пытающиеся остановить происходящее, говорили: «НЕТ!», до групповых изнасилований, по сути, ещё девочек, оказавшихся в неправильном месте и в неправильное время. Был случай, когда молодая девушка, подвергшись нападению на своей первой же студенческой вечеринке, покорно восприняла случившееся и на протяжении целого года не просто терпела повторяющиеся насилия, но и пыталась наладить с насильником какие-то отношения. Её родители, уделявшие религиозному образованию большое внимание, не раз говорили ей, что первый мужчина — это мужчина на всю жизнь. Это родительское убеждение и сослужило ей плохую службу.

К сожалению, иногда именно родители несут прямую ответственность за искалеченную жизнь девушки-подростка в результате сексуального насилия в юном возрасте. Одна из моих пациенток (назовём её Людмила) активно занималась в юности лёгкой атлетикой, а тренировал её собственный отец, который работал ведущим тренером в спортивной школе. Дело было в середине 80-х, в то время молодые спортсменки из тогдашней ГДР во многих дисциплинах показывали очень высокие результаты, и ходили упорные слухи о том, что это удаётся им благодаря физической близости, в которую вступают с ними перед соревнованиями их тренеры, мобилизуя таким «особым» путём резервы молодого женского организма. Одним не очень прекрасным вечером, когда 14-летняя Людмила уже почти уснула в своей комнате, отец неожиданно прилёг к ней, обнял её и стал рассказывать про то, что «так надо», «так будет лучше», да и вообще «мама уже не та...» (мама спала в соседней комнате). Это был никакой не отчим — а именно родной отец девочки. Он был физически сильным мужчиной, спортсменом и к тому же властным, уверенным в себе человеком, привыкшим беспрекословно подчинять себе окружающих. О том, что и как произошло дальше, Людмила рассказывала, выдавливая из себя каждое слово, и это давалось ей с невероятными усилиями. Детали инцеста мы здесь опустим, скажу лишь, что вскоре родители развелись (она в конце концов рассказала обо всём матери), а сама Людмила в её 45 лет так и не смогла толком наладить личную жизнь — у неё не получалось довериться ни одному мужчине после того, как её «первым» насильно стал родной отец, по сути, растоптав её романтические идеалы, да и просто всякое уважение к «сильному» полу... Кстати, именно на подобном случае, хотя и в совершенно другом формате, основан весь сюжет психологической драмы-триллера Стивена Кинга «Игра Джеральда», отрывки из которой вынесены в эпиграф.

Американская психологическая энциклопедия даёт такое определение сексуального насилия: «сексуальное насилие — это нежелательная сексуальная активность, когда агрессор применяет силу, угрожает или использует в своих интересах жертву, которая не даёт согласия на такие действия. Как правило, большинство жертв и преступников знают друг друга. Непосредственные реакции на сексуальное насилие включают шок, страх и устойчивое недоверие в будущем. Долгосрочные симптомы содержат тревогу, страх или посттравматическое стрессовое расстройство».

Обобщая мой собственный профессиональный опыт, я могу сказать, что такие травматические события требуют обязательной квалифицированной помощи. Проблема заключается в том, что большинство пострадавших женщин стараются скрыть произошедшее — порой даже от самых близких, — пытаясь «избавиться» от своих воспоминаний любыми доступными способами!

Одна из теорий, которые описывают происходящее в сознании жертвы, пережившей психологическую травму (особенно связанную с физическим или сексуальным насилием), говорит о том, что нервная система создаёт «контейнер воспоминаний» для событий, непосредственно предшествующих травме. Если представить нормальную смену внутренних состояний у человека, который в течение дня многократно переходит от каких-то приятных, радостных состояний до негативных — раздражения, беспокойства, — то очень приблизительно это можно изобразить как синусоиду с определёнными колебаниями относительно условной базовой линии.

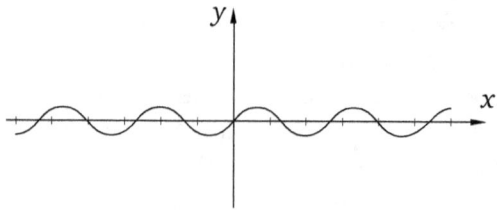

Момент же психологической травмы — назовём его моментом Т — это пиковое эмоциональное состояние, к восприятию которого наша нервная система зачастую просто не готова. По мере нарастания возбуждения в ней нервная система пытается это контролировать, пока не происходит сбой на пике такого состояния.

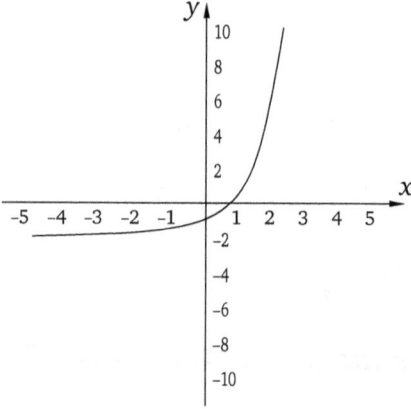

После этого человек или вообще не выживает, или у него начинается процесс возвращения к жизни после прохождения через травму...

Хотя надо понимать — то, что я сейчас описываю, не относится только к выживанию на поле боя или после нападения сексуального маньяка. У разных людей совершенно различный порог чувствительности нервной системы. Орущий на ребёнка родитель в детском возрасте или разрыв отношений при первой влюблённости в юношеском — могут стать достаточными событиями, которые будут восприниматься как серьёзная психологическая травма. Так вот: перегруженная нервная система жертвы для самосохранения как бы «архивирует» (создаёт «zip file») то событие до «сбоя», которое непосредственно предшествовало травматическому опыту — то есть событие в отрезок времени «T минус один» (T–1), выключая его из непосредственного контакта с предыдущим и последующим опытом. В этом «контейнере» хранится запись происходящего, которая «прокручивается» снова и снова. Это память, помещённая в «карантин», которая становится фрагментом сознания, не включённого в общее поле сознания. Такой процесс можно воспринимать как определённый защитный механизм, с помощью которого наша нервная система пытается справиться с пиковыми событиями, как бы «вырезая» определённые эпизоды и делая «склейку» с тем, что было до и после.

Конечно, наличие такого контейнера (или контейнеров) оказывает влияние на эмоциональный фон, самооценку и поведение человека, и тогда в ход идут все доступные способы «душевной анестезии». И самым доступным обычно является, конечно, алкоголь. Но также это могут быть, увы, и наркотики. Ну а в «лучшем» случае... еда! Да, да, еда, которая при поглощении в больших количествах притупляет эмоциональную боль. Именно поэтому лишний вес для многих женщин — это подсознательно создаваемый «защитный» слой, который уменьшает привлекательность, снижая таким образом вероятность подвергнуться домогательствам в будущем... Собственно, все случаи сексуального насилия, с которыми мне приходилось иметь дело, «всплывали» в результате работы с вышеперечисленными проблемами: алкоголизмом, наркотической зависимостью, ожирением и постоянными семейными конфликтами.

> Лишний вес для многих женщин — это подсознательно создаваемый «защитный» слой, который уменьшает привлекательность, снижая таким образом вероятность подвергнуться домогательствам в будущем...

Мы уже говорили о том, что НЛП больше внимания уделяет не содержанию воспоминания, а структуре пережитого опыта. Надо понимать, что наша память не сохраняет и тем более не воспроизводит события «объективно». Если только объективное восприятие в принципе возможно... Участники одного и того же события будут описывать его по-разному, пропуская произошедшее через призму своего собственного субъективного восприятия. Поэтому, например, при расследовании каких-либо преступлений следователи стремятся опросить как можно больше свидетелей, чтобы из всех этих субъективных описаний сконструировать как можно более объективную картину произошедшего. С другой стороны, криминалисты знают, что описание разными свидетелями одной и той же реальной ситуации с разными деталями, но с «похожестью» в основной части, свидетельствует об их правдивости в отношении случившегося. Значит — не «договорились». Кстати, теологи приводят этот аргумент в качестве доказательства правдивости апостолов, несколько по-разному в деталях (но без противоречий), описавших в Евангелии известные им эпизоды из жизни Иисуса, свидетелями которых они стали.

Говоря же о воспроизведении воспоминаний, исследования показывают, что каждый раз, возвращаясь к каким-либо из них, мы совершаем некоторое «редактирование» произошедшего. То есть когда мы вспоминаем, одно и то же событие либо «обрастает» какими-то новыми деталями, либо, наоборот, «освобождается» от каких-то подробностей. Конечно, если речь идёт об очередном отпуске, это не столь важно, но если мы говорим о сексуальном или любом другом физическом насилии, то от того, будет ли травматический эпизод «раскручиваться», дополняясь реальными или созданными подробностями, или наоборот «сворачиваться», теряя детали и подробности, будет зависеть степень боли, переживаемой человеком, который прошёл через этот опыт.

От чего же зависит работа «внутреннего редактора»? От внешней мыслительной рамки, о которой шла речь в первой книге в главе «Исследования мозга…» и которую я сравнил с действиями опытной или неопытной мамы по отношению к плачущему ребёнку. Другими словами — от самооценки, от набора убеждений (поддерживающих или ограничивающих), от того внутреннего состояния, в котором мы находимся в момент доступа к воспоминаниям.

Я думаю, теперь есть смысл немного поговорить о том, как в принципе устроена наша память. В первую очередь надо понять, что в этом случае язык нас может подвести. Потому что когда речь идёт о «памяти», многие люди воспринимают это буквально, как некую «коробочку» в нашей голове, в которую мы «складываем» воспоминания. И от этого часто приходится сталкиваться с отношением у многих людей к возникающим у них проблемам с памятью — как к некому «переполнению коробочки». На самом деле всё не так... ПАМЯТИ, как таковой, как места, где хранятся все воспоминания, не существует! Вместо этого есть ПРОЦЕССЫ запоминания и воспроизведения запомненной информации, в которых принимают участие различные части мозга. Правда, есть определённые структуры, как, например, гиппокамп, которые больше вовлечены в процессы запоминания, чем другие. Это можно условно сравнить с тем, как устроена библиотека, где книги расставлены на разных полках или на стеллажах, возможно, даже на разных этажах. Единственная разница с реальной библиотекой будет заключаться в том, что конкретное воспоминание не заключено в одной книге, которую можно снять с полки, раскрыть и получить доступ к необходимой информации. В случае с нашей памятью отдельные элементы будут располагаться в разных частях библиотеки — на разных «этажах», «стеллажах» и «полках». И, соответственно, надо «побегать» для того, чтобы собрать все части вместе! Поэтому скорость воспроизведения конкретного воспоминания зависит от «частоты обращений» к данному воспоминанию. Или, говоря языком нейробиологии, от прочности нейронных связей. На эту прочность влияет множество факторов и в первую очередь, как я уже сказал, — как часто мы обращаемся к данной информации. Но не только — например, как ни парадоксально это прозвучит, чем более комплексное воспоминание (то есть чем больше компонентов сенсорного опыта оно содержит), тем оно более устойчивое и воспроизводимое. В таком случае достаточно «ухватить» один компонент воспоминания — звук или даже запах — и по нему «подтянуть» все остальные элементы в целостное воспоминание!

Ещё один важный фактор, влияющий на процесс запоминания и воспроизведения, — это эмоциональная окраска воспоминания. Чем более значимо в плане эмоциональной окраски кодируется конкретное воспоминание и чем сильнее при этом в «каталог», описывающий нахождение его отдельных частей, включается лимбическая система — тем легче это воспоминание «оты-

> ПАМЯТИ как места, где хранятся все воспоминания, не существует! Вместо этого есть ПРОЦЕССЫ запоминания и воспроизведения запомненной информации, в которых принимают участие различные части мозга.

скивается». Поэтому мы чаще всего снова и снова обращаемся к самым эмоциональным воспоминаниям. Хорошо, если вспоминаются именно радостные события. Но, к сожалению, чаще сильные эмоции возникают в связи с какими-то личными потерями (несчастная любовь), трагедиями (потеря близкого человека), насилием...

Виды памяти и работа с личными границами

Для иллюстрации идеи «частей» или «элементов воспоминаний» мы снова можем обратиться к понятию репрезентаций. Итак, визуальная информация (образы) конкретного воспоминания хранится на определённой полочке, на одном стеллаже, а именно — в затылочной доле мозга. Аудиальная (звуковая дорожка) на другом — в височной доле. Запахи и ощущения — на разных полках, но на том же стеллаже (теменная доля). Кстати, поэтому мы можем говорить о визуальной памяти, аудиальной памяти, кинестетической памяти. В зависимости от индивидуальных предпочтений, несмотря на всю комплексность воспоминаний, кому-то легче вспоминать, обращаясь к картинкам, кому-то — к звучанию воспоминания, а кому-то — к ощущениям.

По времени хранения информации (формирование устойчивых или неустойчивых нейронных связей) память разделяется на кратковременную и долговременную. Вся информация, которая поступает к нам, изначально попадает именно в кратковременную память. Длительность хранения информации зависит от индивидуальных особенностей человека и обычно составляет от 5 до 7 минут. После того как время первоначальной обработки прошло, мы либо забываем информацию, либо мозг отправляет её на хранение в долговременную память. Нас как раз больше интересует эта информация, сохраняемая надолго — то есть долговременная память, которая в свою очередь подразделяется на декларативную и процедурную.

Процедурная память отвечает за навыки, которые мы приобретаем в течение жизни — например, навыки вождения автомобиля, профессиональные навыки и т. д. В **декларативной памяти** (от лат. *declaratio* — заявление, объявление) хранится информация, которую человек потенциально может изложить, рассказать. В свою очередь, в декларативной памяти выделяют:

1. Эпизодическую память, которая содержит воспоминания о событиях, произошедших в жизни человека, эпизодах прошлого (например, воспоминания о своих путешествиях, знакомых людях, занятиях в школе и университете, прочитанных книгах и пр.). В данной главе мы, по сути, говорим именно об этом виде памяти.

2. Семантическая память — содержит обобщённые знания о мире: слова и их значения, смысловые (семантические) категории, правила, факты. Например, Париж — столица Франции, стул — это то, на чём сидят, и т. д.

Кстати, понимание именно такого разделения видов памяти — в виде так называемой «схемы памяти» — стало возможным благодаря наблюдениям за пациентами с нарушением памяти. Самый известный из таких случаев — история пациента под инициалами Г. М., который лишился памяти в результате хирургической операции на головном мозге. Это случилось в 50-е годы прошлого столетия, когда такие операции были распространены. В семилетнем возрасте Г. М. был сбит велосипедистом, и несколько минут он находился без сознания. Правда, мальчик затем поднялся и отправился по своим делам, но этот эпизод запустил целую цепь событий, повлиявших на глобальное изучение памяти в XX веке. Через несколько лет у подростка начались эпилептические припадки. Болезнь стремительно прогрессировала и не поддавалась лечению существующими в то время медикаментами. Вот почему спустя 20 лет после аварии молодой человек попал на стол известного в то время нейрохирурга Уильяма Сколвилла. Врач, пытаясь побороть фармакорезистентную эпилепсию, провёл операцию по удалению части мозга с наибольшей эпилептической активностью, в том числе удалив две трети гиппокампа... Сложно утверждать наверняка, но, судя по всему, в случае с Генри Молисоном (это и есть полные имя и фамилия пациента) несчастному впервые в истории удалили гиппокамп в таком объёме. В результате это привело к значительному изменению его поведения. Врачи заметили, что парень как будто бы полностью потерял способность формировать новые воспоминания. Это выражалось в том, что он утратил способность вспоминать что-либо пережитое после операции! Если бы вы представились ему, вышли из комнаты, а затем вернулись через несколько минут — он бы не вспомнил, что встречался или говорил с вами! Доктор Бренда Милнер, которая работала с Генри почти 20 лет, каждое утро «представлялась и знакомилась» с ним, как в первый раз...

В дальнейшем учёные назовут это состояние «антероградная амнезия». Кроме такой значительной проблемы с памятью, во всём остальном он оставался полностью нормальным — его IQ был выше среднего, каждый день он свободно разгадывал кроссворды. У него также не было нарушений восприятия, языка или психики. Экспериментальные исследования чётко подтвердили: он может обучаться, просто не помнит факт этого обучения! Благодаря этим экспериментам учёные утвердились во мнении: декларативность и недекларативность в памяти существуют. Кстати, в том числе и благодаря широкой огласке случая с Г. М., операции на мозге для лечения эпилепсии были запрещены. Один из учёных, изучавших его случай, как-то сказал: «Пациент Г. М. дал обществу больше, чем общество могло дать ему...»

Но я отвлёкся. Практически со всеми женщинами, подвергшимися сексуальному насилию, с которыми я работал, на определённом этапе мы делали трансовую работу по определению границ. То есть во время глубокого погружения в транс я предлагал найти подходящий образ самой себя как некой «территории» и исследовать — как выглядят границы этой территории. Кто-то представлял «свою территорию» в виде огромного поля, на котором в отдельных местах что-то произрастало, кто-то — в виде дома с прилегающими к нему землями, а кто-то — в виде волшебной страны. Но когда, в независимости от «центрального сюжета», я просил «добраться до границ этой территории и внимательно осмотреть, насколько они крепки, надёжны и способны защитить в случае нападения», практически все женщины, при возвращении из транса, признавали, что границы либо отсутствовали вовсе, либо находились в плачевном состоянии! Если они и были, то в виде «покосившегося забора», «кое-где установленных столбиков», «указателя „моя территория"» и «провисшей цепочки, висящей между двух вкопанных колышков...». То есть границы (хотя бы метафорические) того места, где «заканчиваюсь Я» и «начинаются другие люди», были практически стёрты!

Я не знаю, было ли такое отношение к себе у этих женщин до произошедшего (что, возможно, частично и послужило причиной случившегося), или это стало следствием насилия — но они продолжали жить с «размытыми границами». Личные границы — это индивидуальное пространство, включающее в себя ценности, интересы, увлечения, убеждения, взгляды, эмоции человека. Их нельзя увидеть или потрогать рукой, но можно почувствовать.

Личные границы — это про то, как человек себя ведёт, насколько он в состоянии отстоять свою точку зрения, обозначить, что допустимо и что нет в отношении него.

Обнаружив, что «граница НЕ на замке», мы приступали, во-первых, к обозначению «разделительной полосы» между «мной» и «всем остальным миром», а далее — к укреплению или установлению надёжных разделительных барьеров. Для этого использовались две очень мощные составляющие — состояние транса и воображение женщин. Иногда процесс занимал достаточно длительное время. Но когда это происходило, когда наконец появлялось осознание — «это моя территория, и я за неё отвечаю!», практически автоматически изменялась сама территория! Например, поле, на котором где-то что-то прорастало, «превращалось» в плодородную землю, на которой колосилась пшеница. «Царство» «оживало», у жителей на лицах появлялись улыбки (правда, для этого на границе понадобилось «прорыть рвы вокруг и наполнить их водой…»). После того как восстановили «забор», «дом» окрашивался другими красками, и из него звучала музыка… Конечно, эти воображаемые изменения — лишь первый шаг к лучшему пониманию и принятию человеком самого себя, тем не менее этот шаг обычно приводил к реальным изменениям во взаимодействии этих женщин с другими людьми.

> Личные границы — это индивидуальное пространство, включающее в себя ценности, интересы, увлечения, убеждения, взгляды, эмоции человека. Их нельзя увидеть или потрогать рукой, но можно почувствовать.

Говоря об установлении границ, необходимо убедиться, что они «проведены» действительно там, где надо — именно на периферии личности, обеспечивая сохранение всего личного пространства. В противном случае они могут стать «барьерами» для самого человека, формируя ограничивающие убеждения о том, что возможно, а что — нет. Построение устойчивых границ личности — очень важный аспект взаимодействия с другими людьми, потому что нарушение личных границ неизбежно приводит к конфликтам, и это относится к любой сфере жизни — от семейных отношений до взаимодействия с коллегами по работе. Определённой «шпаргалкой», помогающей проверить наличие границ, может являться модель, заключённая в акрониме CRIBS, что означает:

- **C (Cordial)** — сердечность: установление личных границ — это не чёрствость, холодность и отстранённость, но, скорее, гибкость и в то же время твёрдость в своей позиции.
- **R (Responsibility)** — ответственность: чёткое и понятное распределение обязанностей между людьми как дома, так и на работе.
- **I (Impersonal)** — «ничего личного»: разделение рабочих и личных отношений помогает избежать многих конфликтов.
- **B (Being My Self)** — самость: понимание и проявление своих собственных интересов.
- **S (Self-Care)** — забота о себе: эмоционально нестабильному либо ослабленному человеку сложно устанавливать личные границы, что негативно сказывается на отношениях в целом. Поэтому первый шаг — позаботиться о себе.

Для «перекодировки» болезненной памяти существуют различные техники. Одна из них достаточно «радикальная», помогающая взорвать «мосты» нейроассоциаций. Её можно назвать «с меня достаточно (enough is enough)» или «последней соломинкой, которая переломила спину верблюду». Возможно, вы слышали эту притчу про верблюда, на которого нагрузили огромное количество поклажи, а потом докладывали понемногу ещё и ещё. И наступил момент, когда ему на спину положили всего лишь соломинку, но эта соломинка стала последним грузом, пусть и почти невесомым, который сломал верблюду спину...

Итак, сейчас мы разберём это достаточно болезненное упражнение, но после выполнения которого вы просто не сможете воспроизвести те же эмоции, которые возникали, когда вы обращались к травматическим воспоминаниям. Я часто использую эту технику, чтобы разорвать существующую зависимость — будь то химическую (алкоголь, никотин) или от другого человека (со-зависимые, токсические отношения). И, конечно, эту технику можно применять относительно страхов. Особенно тогда, когда люди просто устали бояться...

Для этого вам нужно начать воспринимать моменты страха не по отдельности, а непрерывной чередой. При таком «погружении» происходит нечто очень важное. Вы начинаете испытывать отвращение к страху. Предположим, вы многократно попадали в неловкое положение из-за собственного страха — например, страха высоты или полётов. Выберите из них пять самых ярких моментов, когда вы чувствовали себя «полным идиотом». Выберите те моменты, когда страх лишал вас сил. Пробудите в памяти первое воспоминание, за ним второе, третье, четвёртое и пятое. С каждым воспоминанием образ должен становиться больше, ближе, ярче и громче. В конце концов, когда вы увидите себя в этих образах, произойдёт нечто интересное. Я хочу, чтобы вы дошли до точки, когда вам останется только воскликнуть: «Это же просто ужасно!»

Если вы воспроизвели в себе все пять воспоминаний, вернитесь к началу и повторите всю последовательность снова, а потом ещё и ещё раз. Делайте это очень быстро и непрерывно. В конце концов ваше терпение иссякнет. И тогда внутренний голос скажет вам: «С меня достаточно!»

Упражнение «С меня достаточно!»

1. Вспомните пять моментов, когда страх ставил вас в неловкое положение.
2. На воображаемом большом экране представьте себе первый подобный эпизод. Затем второй, третий, четвёртый и пятый.
3. Соберите эпизоды друг за другом, сформируйте непрерывный «фильм». Вы должны постоянно чувствовать неловкость из-за испытываемого вами страха.
4. Сделайте образы крупнее и ярче, смотрите их непрерывной чередой. Вы должны увидеть себя в неловком положении. Прокручивайте «фильм» снова и снова, пока вам не станет по-настоящему стыдно за себя.
5. Повторяйте весь процесс до тех пор, пока не сможете сказать себе: «Это просто ужасно. С меня достаточно!»

Есть «более щадящая», но не менее эффективная техника — «сортировка» своего прошлого.

Упражнение «Сортировка своего прошлого»

1. Вспомните все негативные ситуации из вашего прошлого, мысли о которых вызывают у вас дискомфорт. Соберите их вместе и создайте из них некий воображаемый архив, эдакое чёрно-белое кино, как, например, старая кинохроника. Просмотрите эту киноленту на расстоянии, диссоциировано (как будто вы сидите в кинозале), и спросите себя: чему я могу научиться из всего этого? Обязательно извлеките всё

полезное, что только можно, из этого опыта. Вы возьмёте эту информацию с собой. Ленту же с чёрно-белой старой хроникой мысленно спрячьте в какое-то далёкое, но доступное место. Например, в воображаемый массивный сейф, который надёжно закрывается и требует ключа или комбинации цифр для обеспечения доступа. Доступность закрытой информации важна на случай, если вдруг, когда-нибудь в будущем, вы решите снова обратиться к ней за чем-то полезным, что забыли извлечь раньше.

2. Ненадолго переключите внимание и затем соберите из своего прошлого все самые лучшие, самые дорогие и приятные (ресурсные) воспоминания. Создайте из них другое кино — яркое, красочное, звучное, сочное. Войдите в него, просмотрите его ассоциировано (изнутри). Прочувствуйте всё это ещё раз. Проверьте сами себя — каковы ваши ощущения? Вам нравится то, что вы сейчас чувствуете? Если да, ленту с этим замечательным кино мысленно положите куда-то близко — так, чтобы она всегда была под рукой, чтобы её можно было достать в любой момент. Эта цветная, красочная лента и будет тем якорем, который вы всегда сможете использовать в дальнейшем. Достаточно только «пойти в кино» и посмотреть его ассоциировано ещё раз, чтобы почувствовать себя хорошо.

Смысл этой простой техники заключается в том, что вы как бы сортируете свои прошлые воспоминания — в то время как раньше всё это (и хорошее, и плохое) было перемешано. В результате, начиная погружаться в любые из своих воспоминаний, даже на первый взгляд совершенно «невинные», вы подвергали себя опасности «перепрыгивания» к проживанию болезненных событий. Теперь же все дискомфортные ситуации вы отобрали и «отодвинули» на задний план, предварительно выбрав из них всё полезное. С этими «усвоенными на будущее уроками» и с новым мощным ресурсным якорем вы войдёте в своё будущее. Небольшое напоминание: ленту со старым чёрно-белым архивом без особой необходимости не доставать! Возвращаться к ней стоит лишь в том случае, если у вас есть какая-то конкретная цель и вы к этому готовы. Например, извлечь что-то важное, что вы упустили или забыли раньше. Да, и обязательно вновь «положите» её потом в надёжное место!

Мой путь. «Путь Сантьяго»

Как и многие другие, ещё во время учёбы в институте я задумывался над тем, где же можно найти точные ответы на самые глобальные, базовые «животрепещущие» вопросы, определяющие все основные смыслы жизни человека. К счастью, на протяжении всей моей жизни, начиная с раннего детства и до сегодняшнего дня, в моей жизни присутствует одна страсть — чтение книг. С детства именно книги были для меня лучшими собеседниками, друзьями, учителями, источниками вдохновения. Да, конечно, должен признаться, что в настоящее время я «изменяю печатному формату» — с иногда более удобным (особенно в путешествиях) электронным, или предпочитаю использовать аудиокниги, но и сейчас волшебное чувство, которое возникает, когда берёшь в руки настоящую бумажную книгу, несравнимо ни с чем! И поэтому я с ужасом наблюдаю, как эта КУЛЬТУРА чтения книг на наших глазах уходит, возможно, навсегда, уступая место более быстрому, но поверхностному способу получения информации. Я имею в виду, говоря это, сразу две трагедии — переход на электронные носители и угасание интереса к чтению в целом… На смену ГЛУБОКОЙ культуре, увы, приходит пресловутое «клиповое мышление» (от video clips — короткие видеоролики, чаще всего называемые мемами). К каким же последствиям это может привести?

С точки зрения нейробиологии всё это похоже на переход питания мозга с качественной здоровой пищи, которую надо тщательно разжёвывать для хорошего усвоения, на употребление фастфуда — поглощения огромного количества искусственно созданных продуктов, наполненных «пустыми» калориями. Долгое нахождение на такой «диете» часто приводит к состоянию, которое называется «жирная печень», когда эти калории в виде жира откладываются в органе, нарушая его нормальную функцию.

С годами я начал замечать, как меняется мой фокус внимания при прочтении очередной книги. Если в детстве больше всего меня занимали сюжеты книг, позволявшие переноситься в различные места и вместе с героями участвовать в приключениях, уходя от не слишком красочной окружающей действительности, то со временем самыми интересными стали именно смыслы, которые авторы вкладывали в свои тексты — в виде описаний, диалогов, рассуждений персонажей. И, конечно, меня всегда зачаровывала сама МАГИЯ СЛОВА. Подумать только — всего лишь набор печатных знаков на листе бумаги, слова, составленные и расположенные определённым образом, заставляют нас испытывать различные чувства: сопереживать, любить, ненавидеть, бояться, чувствовать себя больными или, наоборот, выздоравливать! Кстати, именно поэтому я сразу принял идею библиотерапии, которую активно использует доктор Алексейчик в своей практике, с её идеей лечебного слова, заключённого в книгах. Я и сам часто рекомендую определённые книги людям, обращающимся ко мне за помощью, особенно молодым, для многих из которых это становится открытием нового источника жизненной мудрости. Но кое-что изменилось…

Я помню, как, учась на первых курсах медицинского института, я намеренно пропускал упоминания имён и биографий учёных, внёсших вклад в развитие медицины. Обычно эта информация шла мелким шрифтом, и в то время я считал это пустой тратой времени. С годами я понял, что теперь, наряду с «даром», который я благодарно принимаю в виде новой идеи или открытия, меня очень сильно интересует личность самого автора! Как, каким образом он пришёл к этой идее, к этому открытию, которое перевернуло представление человечества в той или иной области?! Почему именно в его голове это стало возможным? Сейчас я стараюсь читать биографии всех заинтересовавших меня авторов. Более того — начинаю читать предыдущие публикации, статьи, книги этого автора. Например, когда я пытался понять «логику» Фрейда, которая привела его к открытию бессознательного и в дальнейшем созданию психоанализа, я, помимо прочтения всех доступных на тот момент его трудов, начал коллекционировать и книги его учеников, многие из которых, кстати, впоследствии его предали… В моей библиотеке даже есть книга, содержащая личную переписку Зигмунда Фрейда — письма, которые он отправлял своей будущей жене Марте Бернайс, находясь на стажировке во Франции, в клинике доктора Шарко!

Ещё одна особенность моего чтения в последнее время — я не спешу прочитывать книгу до конца — как будто я хочу чуть больше времени провести с основными героями. Раньше у меня всегда было совсем иное желание — как можно быстрее добраться до финала, развязки… Я обычно одновременно читаю несколько книг, ещё и смешивая жанры — от научных до беллетристики, позволяя этой информации иногда «переплетаться» в моей голове в какой-то новый самостоятельный сюжет. Например, сейчас на мой тумбочке рядом с кроватью лежат четыре книги, которые я открываю в неведомой даже мне самому последовательности. Две из них — это труды по нейробиологии и психологии. Две других — «Государство страха» (или «Состояние страха») Майкла Крайтона, автора, которого я открыл для себя совсем недавно, и… всемирно известный «Алхимик» Паоло Коэльо. Именно к этой книге я по каким-то причинам возвращаюсь снова и снова.

…Далеко не все знают, что бестселлер Паоло Коэльо «Алхимик» стал «хитом» благодаря другой книге писателя, которая и привлекла затем внимание читателей к «Алхимику». Этим произведением была повесть «Паломничество, или Дневник Мага», и написал её Коэльо после того, как в 1986 году он прошёл Дорогой Сантьяго — старинным путём паломников, пролегающим через северную Испанию к могиле апостола, святого Иакова. На этой дороге писатель сделал множество личных открытий, прежде всего внутри самого себя. Именно поэтому главного героя «Алхимика» зовут Сантьяго, а по ходу сюжета в поисках «сокровища» он также проходит часть того же пути по территории Испании.

Впрочем, не все знают и про тернистый биографический путь к писательскому триумфу самого Коэльо, изобиловавший далеко не весёлыми приключениями… В юности у него были большие проблемы в семье, результатом которых стал официальный диагноз шизофрения и психиатрическая лечебница с «гуманной» терапией электрошоками, не давшая никаких результатов. Паоло удалось бежать оттуда и устроиться в бродячую театральную

Паоло Коэльо

труппу (всё это происходило в его родной Бразилии), однако потом он ещё два раза попадал в аналогичную больницу и вновь бежал из неё. Зато в 64-м, когда к власти в стране пришли военные и Коэльо с женой оказались в тюрьме за анархическую деятельность (и даже были подвергнуты пыткам!), его отпустили на волю именно потому, что сочли невменяемым — «сработали» старые диагнозы. Ну а потом — мировая слава и миллионные тиражи книг на всех языках. Одним словом, традиционная психиатрия и социум, как иногда, к счастью, бывает, не смогли сделать из будущего гения покорного «винтика системы» — он нашёл в себе силы пройти собственный «путь Сантьяго».

Что же касается столь популярного «Алхимика», то не секрет — основа сюжета в нём взята из древней иудейской притчи, перепевы которой можно найти и в более поздних арабских сказках, и в ещё более позднем европейском фольклоре. Создаётся такое ощущение, будто разными способами, в разные времена и для разных народов настойчиво доносилась одна и та же истина. В сюжете «Алхимика» она раскрыта вновь — уже новыми средствами, но сама истина — та же. Может быть, именно поэтому столь «простое» (как считает немало критиков) повествование вызвало столь однозначный всемирный восторг? В чём же эта истина?

Если совсем коротко, юный и бедный крестьянин Сантьяго узнал о несметном сокровище, которое находится где-то у пирамид, и отправился на поиски. После многомесячных скитаний, пройдя через серьёзные испытания, повзрослев и став, по сути, другим человеком, он выяснил, что желанное сокровище ждало его под деревом во дворе его собственного дома, откуда он и начал свой путь… Эта же идея изложена в старой итальянской сказке о Пиноккио или в более привычном для нас её изложении, донесённом нам Алексеем Толстым, в «Золотом ключике». Как известно, Буратино, после долгих скитаний и захватывающих приключений, которые помогли ему проявить себя, обнаружил «своё» сокровище в той же коморке, где его выстругал Папа Карло, — причём дверца была в самом тёмном углу под лестницей, да ещё и закрыта старым дырявым холстом с нарисованным на нём котелком над бутафорским огнём. Тот же знакомый сюжет, но с другими «декорациями».

Более того — о том же совершенно ясно и очень чётко говорится в самой священной христианской книге. Да-да, апостол Лука приводит в своём Евангелии слова Иисуса, не оставляющие сомнения в том, где же искать ценнейшее для всех христиан сокровище. Вот эти хорошо известные слова Христа: «Царствие Божие — внутри вас есть». Не там, не где-то, даже не на Небесах — внутри ВАС!

Вот только один важный нюанс: чтобы найти это спрятанное «внутри» главное сокровище, и герою «Алхимика», и Буратино, и просто любому человеку нужно приобрести жизненный опыт, пройти свой жизненный путь через все нелёгкие ситуации, испытания, множество страхов — и лишь тогда находится тот самый «золотой ключик», открывающий заветную дверцу к вашим собственным безграничным возможностям быть ПО-НАСТОЯЩЕМУ СЧАСТЛИВЫМ! На моём личном пути момент осознания всего этого наступил достаточно давно. Именно этим самым главным открытием как раз я и хочу поделиться с вами.

У каждого этот путь к себе — свой, особенный, специфический. Был он особым и у Коэльо, особый он и у каждого из вас. В контексте же темы данной книги всегда помните: все страхи и фобии на этом пути в конечном счёте (если вы идёте через них) служат той же цели — привести вас к вашей внутренней «дверце» в полной, так сказать, готовности. Все они, как и прочие преграды, испытания и другие неприятности «оттачивают» очередные «зубчики» на вашем персональном Золотом Ключике, открывающем лично ВАШУ заветную дверцу. Ту самую…

Глава 4

PTSD — КОГДА ТРАВМА НЕ УХОДИТ

> Свобода начинается, когда мы учимся принимать случившееся. Свобода означает, что мы набираемся смелости и разбираем свою тюрьму по кирпичику.
> Боюсь, плохое случается со всеми. Этого мы изменить не можем. Загляните в своё свидетельство о рождении — там сказано, что жизнь будет лёгкой? Нет. Но многие из нас застревают в травме и горе, не в силах познать жизнь во всей полноте. И это можно изменить.
>
> *Эдит Ева Эгер,*
> *психолог из США, пережившая Холокост, «Выбор»*

Посттравматическое Стрессовое Расстройство (ПТСР — на английском PTSD) — это постоянное возвращение к переживаниям, связанным с травмирующим событием. В эту группу входят четыре симптома, причём для постановки точного диагноза достаточно одного из них.

«Афганский» синдром, или Как я рисковал запястьем

В один из дней моей работы в психотерапевтическом отделении доктора Алексейчика к нам поступил новый пациент. В момент поступления его опросил сам Алексейчик — как заведующий отделением, а затем передал вести его мне, как лечащему врачу. Готовясь к первой встрече, я внимательно ознакомился с сопроводительными документами, которые были в истории болезни. Там сообщалось, что пациент на протяжении многих лет с завидной регулярностью (минимум раз в год, а иногда и чаще) попадал в больницу с сильными болями в животе. Каждый раз ему проводили полное обследование, анализ крови, гастроскопию и, ничего не находя, назначали сильные обезболивающие препараты и выписывали до следующего раза. Всё это продолжалось, пока наконец кому-то из докторов, к которому он в очередной раз попал, не пришла в голову идея, что, возможно, его проблемы с кишечником как-то связаны с психологическим состоянием, и тогда его направили на обследование и лечение к нам, в психиатрическую больницу. Впрочем, может быть, они просто решили избавиться от назойливого пациента…

Ещё одним фактом, на который я обратил внимание, было то, что больной, назовём его Юлиус, был «афганцем»… Напомню, «афганцами» называли участников завершившейся в то время несколько лет назад войны в Афганистане, которую вёл Советский Союз, пытаясь навязать стране социалистический вектор развития. Эта война унесла жизни огромного количества молодых людей из всех республик, проходивших на тот момент обязательную военную службу. К тому времени с момента окончания афганской войны произошло множество глобальных изменений — распался Советский Союз, и бывшие республики, каждая по-своему, болезненно выбирали пути дальнейшего развития. Но в каждой из вновь образовавшихся на карте постсоветского пространства стран незаживающей раной «болел» одинаковый вопрос: что делать с ветеранами этой войны — людьми, физически и эмоционально покалеченными многолетней и кровопролитной военной кампанией?

…В 10 утра в дверь моего кабинета постучали, а затем вошёл невысокого роста физически крепкий молодой человек в больничной пижаме. Он плотно прикрыл дверь, быстро осмотрелся («просканировал территорию») и затем полностью сфокусировался на мне. Первые слова, которые он произнёс, после того как представился и поприветствовал меня, звучали так: «Доктор, вы, наверное, уже знаете, что я был в Афганистане, но вы также должны знать, что я после войны не сдал свой «калашников», и он — у меня дома…»

Сказав это, он «впился» в меня взглядом, явно ожидая реакции. Я, конечно, не рассчитывал на такое знакомство с новым пациентом. В голове у меня пронеслось множество мыслей — от того, что хранить дома незарегистрированное оружие нелегально, до — как правильно себя вести с человеком, у которого дома лежит автомат? Но в целом мне сразу стало понятно, что это определённый тест, и от того, как я себя поведу, зависит, получится ли мне установить с ним доверительный контакт или нет. Поэтому я сделал глубокий вдох, затем выдохнул, сказал, что буду иметь это в виду, и предложил ему присесть.

Дальнейшие события показали, что, во-первых, «тест» я прошёл, и, во-вторых, что поведение, которое Юлиус продемонстрировал в первые минуты нашего общения, было очень типичным для него. Он мог чувствовать себя в безопасности только тогда, когда полностью контролировал ситуацию, и для этого он старался запугать всех, с кем ему приходилось общаться. Самое интересное — он совсем не осознавал паттернов своего поведения… Например, он с недоумением рассказал мне, что неоднократно пытался инициировать отношения с женщинами, потому что хотел обзавестись семьёй, иметь детей, но все женщины сбегали от него в первые несколько дней. Особенно после того, когда они пробовали оставаться на ночь… Практически каждую ночь он вскакивал с криком от ночных кошмаров, во время которых он вновь оказывался на войне, где рвались снаряды и погибали люди. Самые «длительные» любовные отношения измерялись неделей. Каждый раз после очередного разрыва он испытывал приступы ярости, с которыми не знал, как справиться, и начинал пить. «Алкоголь притупляет боль», — сказал он мне. То же самое происходило и на работе — он не мог надолго закрепиться ни в одном коллективе. В какие-то моменты эта эмоциональная боль, в которой он жил, становилась настолько интенсивной, что превращалась в боль физическую. «Меня начинает разрывать изнутри!» — объяснял он. С этими болями в животе он и попадал в больницу, в гастроэнтерологическое отделение, где доктора откровенно не знали, что с ним делать. И, честно говоря, их можно было понять…

В те годы мы ещё не знали столь популярного сейчас термина — посттравматическое стрессовое расстройство — ПТСР (на английском — PTSD). Это сейчас хорошо известно, что существует целый ряд факторов, указывающих на наличие у человека ПТСР — то есть постоянное возвращение к переживаниям, связанным с травмирующим событием. В эту группу входят четыре симптома, причём для постановки точного диагноза достаточно одного из них:

— навязчивые, постоянно повторяющиеся, вызывающие неприятные эмоциональные переживания воспоминания о пережитом;

— постоянно повторяющиеся сны и ночные кошмары, связанные с травмой и вызывающие переживания;

— «флешбэк-эффект» — внезапное и немотивированное мысленное возвращение к воспоминаниям о травме;

— интенсивные вспышки негативных эмоциональных состояний, спровоцированные какими-либо событиями, ассоциирующимися с травмой.

Одним из механизмов возникновения посттравматического стресса является «фрагментирование» пережитого опыта в префронтальной доле головного мозга. В свою очередь, одной из функций этого отдела является как раз дать оценку переживанию и отправить его на «архивацию» в гиппокамп — отдел мозга, отвечающий за нашу память. Из-за интенсивности и уникальности травматического опыта префронтальная кора не в состоянии оценить случившееся, наклеить «бирочку» и сдать этот эпизод в «архив» нашей памяти. И тогда эти травмирующие воспоминания снова и снова прокручиваются на нашем внутреннем экране в виде «флешбэков». Причём очень часто триггеров, запускающих эти воспоминания, со временем становится всё больше и больше. Любой громкий звук (например фейерверк), вызывающий радость у толпы, человеку, «не вернувшемуся с войны», может напомнить звук от взрыва снарядов. Это может быть и звук выхлопной трубы проезжающего мимо автомобиля или даже громкий радостный окрик знакомого.

> Из-за интенсивности и уникальности травматического опыта префронтальная кора не в состоянии оценить случившееся, наклеить «бирочку» и сдать этот эпизод в «архив» нашей памяти. И тогда эти травмирующие воспоминания снова и снова прокручиваются на нашем внутреннем экране в виде «флешбэков».

Известный специалист по психологическим травмам Бессел ван дер Колк в своей книге «Тело помнит всё: какую роль психологическая травма играет в жизни человека и какие техники помогают её преодолеть» приводит результаты исследования мозга американских ветеранов Вьетнамской войны в момент переживания ими флешбэка. Результаты исследования показали — в этот момент активируется область амигдалы, что неудивительно, так как именно данная структура отвечает за переживание состояний, связанных со страхом. Также активируется так называемое «поле Бродмана 19» — часть затылочной коры, отвечающая за интерпретацию зрительных образов. Это можно сравнить с тем, как если бы в любом месте, где бы вы сейчас ни находились и что бы вы ни делали, внезапно погас свет, и вы перенеслись в кинотеатр, где на большом экране демонстрируют фильм ужасов с вашим участием…

Но ещё одна находка, обнаруженная в результате этого исследования, была абсолютно неожиданной. В отличие от активации вышеперечисленных участков мозга, одна важная функция мозга во время проживания травматического опыта практически отключалась! Сканирование показало отсутствие активности в определённой части лобной доли, известной как область Брока. Область Брока — один из центров речи, отвечающий за перевод наших мыслей, чувств в слова и за возможность связно, осмысленно проговорить, артикулировать эти слова. Так вот, в момент проживания флешбека эта функция нарушалась. То есть, представьте, что вы не только вынуждены неотрывно смотреть фильм о своём травматическом событии, повторяющемся снова и снова, но при этом вам ещё заклеили рот клейкой лентой — так, что вы даже не можете выразить при этом свои эмоции! Ван дер Колк ярко назвал это «безмолвным ужасом».

Надо понимать, что сейчас к посттравматическому стрессу относятся любые интенсивные травматические ситуации, через которые проходят люди — физические или эмоциональные, такие как участие в военных действиях, природных катастрофах, сексуальном или домашнем насилии, запугивании в школе или на работе и т. д. Мне довелось работать с людьми, пережившими сход снежной лавины в горах, с человеком, который остался один в океане на много часов, после того как катер, доставивший туда группу для ныряния с аквалангами, поднял на борт всех, кроме него, и ушёл… Только в гостинице, спустя несколько часов после возвращения, кто-то хватился, что одного «аквалангиста» не хватает… Можете представить, что пережил этот человек, когда вынырнул и не обнаружил ни группы, ни катера и затем на протяжении четырёх часов (!) прощался с жизнью, слабо надеясь на чудо?!

Но давайте вернёмся к «афганцу» Юлиусу.

Несмотря на то что в целом у нас установились доверительные отношения, я чувствовал, с каким недоверием он относится к «разговорной терапии», не очень понимая, как это может помочь его болям в желудке. Примерно с таким же недоверием он относился и ко мне — в то время молодому доктору-психотерапевту. Мы начали с простых вещей — начать замечать, что происходит в теле, и релаксационных техник. Впрочем, даже простое предложение закрыть глаза приводило к моментальному напряжению всего его тела… Потихоньку мы подошли к наиболее травмирующим воспоминаниям, которые, несмотря на давность, воспринимались им, как будто это произошло вчера.

Он был сержантом, командиром отделения, и однажды, когда его оставили выполнять функции командира взвода, поступила информация о том, что в ближайшей деревне появились «духи» (душманы), которые могут атаковать их подразделение. Он послал нескольких солдат, включая своего лучшего друга, в разведку, чтобы проверить подлинность этих данных. При подходах к деревне эта группа была обнаружена и атакована моджахедами, что, собственно, подтвердило правильность поступившей информации. Вот только двое из пятерых солдат погибли… Один из погибших и был лучшим другом Юлиуса. Все прошедшие годы его терзало чувство вины, что он послал друга на гибель. Хотя он и сознавал, что благодаря обнаружению повстанцев в деревне, которая до этого была «зачищена», удалось сохранить жизни очень многим бойцам… Он запросил поддержку с воздуха, и прилетевшие вертолёты решили судьбу душманов, а также и жителей деревни… Но, как выяснилось, до сих пор он испытывал вину за его смерть и не мог себе этого простить. До сих пор он не мог смотреть в глаза родителям друга, с которыми рос в одном городе, и поэтому переехал оттуда в Вильнюс.

Очень важной частью процесса избавления от «разрывающего его изнутри» чувства вины (возможно, переломной частью) была работа диссоциированного возвращения к этому травматическому эпизоду (который я описал выше, потому что других травматических эпизодов было гораздо больше) и внесения ресурса в это переживание. Перед началом этой работы я понимал, что мне нужен мощный положительный якорь, который в случае необходимости поможет мне «выдернуть» его из болезненных воспоминаний. Я спросил, какое самое яркое положительное состояние он переживал? Он ответил: «Свободное парение перед открытием парашюта». Я предложил ему вспомнить это состояние и войти в него. Он закрыл глаза, его дыхание замедлилось, углубилось, и в первый раз за всё время нашего общения на лице появилась улыбка… Я закрепил это состояние прикосновением к его правому плечу. И затем я совершил ошибку, о которой очень скоро пожалел! Я решил, что, возможно, даже такого мощного якоря будет недостаточно, и предложил ему взять меня за запястье и, в случае погружения в болезненное воспоминание, сжимать моё запястье, таким образом напоминая себе, что он находится здесь со мной в безопасной обстановке. Затем я предложил ему представить события того дня на экране перед собой, как старое архивное чёрно-белое кино. На следующем этапе я предложил ему прокрутить этот фильм в обратном порядке.

Эта техника под названием The Rewind Technique очень широко используется сейчас для работы с ПТСР. В частности, британский психиатр Dr. David C. Muss проводил клинические исследования, которые показали высокую эффективность (80–85 %) данной методики. Именно такое безопасное прохождение через травматический опыт позволяет интегрировать «фрагмент», который не вписывался ни в то, что было с человеком до этого, ни в то, что происходило позже. И тогда затем этот опыт может найти своё место на определённой «полочке» нашей памяти. Это ещё одна из техник, позволяющая «распаковать» тот «эмоциональный контейнер», о котором шла речь в предыдущей главе.

…Моя рука после завершения нашей работы выглядела, как кусок сырого мяса, с которого сняли кожу… Каждый раз, когда он стискивал моё запястье стальной хваткой, я еле сдерживался, чтобы не закричать от боли. Но я понимал, что если я сделаю это, он собьётся, и неизвестно, согласится ли ещё раз на такое испытание. Никогда больше, работая с пациентами, я не предлагал себя в виде такого «ресурса».

После завершения он сказал, что почувствовал значительное облегчение. Я предполагал, что мы ещё многое успеем сделать, но не учёл одного — в своём привычном стиле он успел запугать почти всех пациентов отделения… Как оказалось, кроме меня и заведующего, никого из персонала отделения он не слушал, а на замечания огрызался. В конце концов, заботясь о пациентах отделения, мы его выписали…

Я бросился его защищать, аргументируя это тем прогрессом, который был достигнут. Дело происходило в очередную среду на общем собрании всего отделения. Доктор Алексейчик окинул взглядом всех присутствующих и спросил: «Кто-нибудь ещё хочет высказаться за то, чтобы Юлиуса оставить в отделении?» Желающих не нашлось. Тогда заведующий посмотрел мне прямо в глаза и продолжил: «Если вы так за него ручаетесь, ответьте мне на один вопрос: вы бы ему доверили свою дочь хотя бы на один день?» Мой первый порыв был сказать «да», ведь я считал, что достаточно хорошо узнал его. Но потом я представил мою дочь, похожую на одуванчик с её белокурыми вьющимися волосами, которой тогда было пять или шесть лет, в компании этого человека и понял, что не готов на такой риск… И, после некоторой паузы, согласился с решением Алексейчика.

Спустя несколько лет я случайно встретил Юлиуса в другом городе, откуда он и был родом. Он рассказал мне, что уже несколько лет, как вернулся сюда. Год назад он женился, и они с женой ждут ребёнка. Прощаясь, он сказал мне, улыбнувшись: «Знаете… Нет никакого автомата. И не было…»

Мой путь. ПТСР в наши дни

Мой разговор о боевых действиях в Афганистане и о посттравматическом стрессовом синдроме неожиданно нашёл своё продолжение совсем недавно в разговоре с моим племянником, недавно завершившим военную карьеру в звании капитана медицинской службы. Он провёл больше года в составе американских войск в Афганистане — как раз за год до скоропостижного вывода оттуда подразделений армии США — и обеспечивал там слаженную работу одного из военных госпиталей.

Принцип медицинского обеспечения боевых частей американских вооружённых сил существенно отличается от подходов к медицинской помощи в армии бывшего Советского Союза и — сейчас — России, которые, скажем прямо, не слишком изменились со времени разработки их военным хирургом Николаем Пироговым в период Крымской войны между Российской и Оттоманской империями, имевшей место аж в 1854–1856 годах. Пирогов тогда впервые ввёл понятие сортировки раненных в соответствии с тяжестью и характером ранений. Смысл сортировки заключался в том, что легко раненным помощь может быть оказана сразу, раненым же тяжело оказывается первая медицинская помощь, а далее они должны быть транспортированы в тыл, где находится походный госпиталь. Если такой полевой госпиталь не обладает средствами для оказания необходимой помощи, раненные переправляются дальше, в стационарные госпитали.

На тот момент введение принципа медицинской сортировки было очень прогрессивным, позволяющим более дифференцированно подходить к пострадавшим. Именно этим принципам, кстати, обучали и меня, когда, призвав в армию и узнав, что я студент-медик, отправили на подготовку военных медицинских инструкторов. Мы должны были, в случае боевых действий, во-первых, оказать первую медицинскую помощь (то есть обработать и перевязать раны, если нужно, ввести обезболивающие препараты) и, во-вторых, распределить (используя лоскутки материала различных цветов, которые нужно было прикрепить к гимнастёрке), очерёдность эвакуации каждого раненого.

Даже в то время у меня возникало множество вопросов об эффективности такого подхода, ну а в изменившихся условиях ведения современной войны это сейчас просто очевидно. То, что было оправданно в 1854 году, никак не подходит для применения в начале XXI века — когда повреждения наносятся не одиночной пулей, а в основном дистанционно, средствами артиллерийского или ракетного огня. При таких поражениях очень важна наиболее быстрая и максимально квалифицированная помощь. В случае первичной сортировки и дальнейшей эвакуации многие раненные просто не достигают пункта назначения живыми… Американская армия с её принципом — «жизнь каждого военнослужащего является наивысшей ценностью» решает эту проблему по-другому, разворачивая полевые госпитали максимально близко к зоне боевых действий. Медицинское обеспечение организуется на основе доктрины, которая называется «Golden Hour» (золотой час), что означает оказание профессиональной помощи, включая и хирургическую, в течение первого часа после получения повреждения. Такой подход обеспечивает до 87% выздоровления и возвращения в строй, что является очень высокой цифрой выживания в боевых условиях. Исходя из этой доктрины и планируются военные операции, точнее, развёртывание полевых госпиталей — никакие боевые действия невозможны за пределами этого 60-минутного радиуса досягаемости госпиталя для доставки в него раненых! Конечно, при этом учитываются средства доставки — автомобили или вертолёты, обеспечивающие эвакуацию раненых. Например, неоднократно для обеспечения выполнения боевых задач мой племянник вместе с докторами разворачивали мобильный госпиталь до того, как на место выдвигалась сама боевая группа. Другими словами, военных медиков с оборудованием вертолётом «выбрасывали» первыми, и лишь затем, когда они разворачивали полевой госпиталь, прилетала основная штурмовая или иная боевая группа.

Конечно же, я спросил его, что было психологически самым тяжёлым за всё время нахождения в зоне боевых действий?

«На разных этапах по-разному, — последовал ответ. — Но, наверно, тяжелее всего было привыкнуть к звукам разрывающихся снарядов… Первый обстрел произошёл спустя четыре часа после нашего прибытия. И это был полный шок… Не только у меня — у нас всех! К этому нельзя подготовиться, это можно только пережить… В те первые дни страха, как такового, не было — было состояние, близкое к ступору. Страх пришёл позже, через несколько недель, и оставался доминирующей эмоцией на протяжении длительного времени, заставляя все системы организма максимально мобилизоваться. И, конечно, каждый справлялся со своим страхом самостоятельно. Мне помогало то, что я был командиром, от меня зависели другие люди, поэтому нужно было показывать пример, как с этим справляться. С учётом того, что обстреливали нас регулярно и по многу раз за день, через какое-то время произошёл определённый „эмоциональный сдвиг" — острое чувство страха притупилось и уступило место злости и обострённому чувству юмора. При очередном обстреле мы начинали шутить, что, мол, опять не дали поесть спокойно или не дали завершить начатую работу! Хотя были и те, кто так и не смог адаптироваться и с которыми во время очередного обстрела случались приступы паники. Со временем выработались определённые навыки — автоматически отмечать для себя наличие укрытий, прикидывать траекторию перемещений, пригибаться и ложиться на землю при начале обстрела на открытой местности...»

Потом наш разговор с племянником плавно перешёл ко дню сегодняшнему. Я вспомнил и рассказал о своём опыте работы с «афганцами», в частности историю Юлиуса, и посетовал, что в то время не было никакого специального подхода к такого рода ситуациям, да и самого понятия посттравматических стрессовых расстройств тоже не было. А затем поинтересовался, что ему помогает справляться с этим пережитым опытом.

«Целеустремлённость, — ответил он. — Я знаю, чего хочу достичь в жизни, у меня есть семья, которую я люблю, работа, которая мне очень нравится (выйдя в отставку, он достаточно быстро занял высокую должность в одной из крупнейших американских компаний), — всё это помогает мне двигаться вперёд, реже и реже возвращаясь к тому, что было. Хотя поначалу действительно было тяжело — я испытывал большое напряжение, не до конца понимая, как себя вести в различных ситуациях. Состояние усугублялось ещё и полностью нарушенным сном. Я помню, как чуть не выскочил из продуктового магазина, среагировав на громкий звук, когда они попытались сделать объявление на весь магазин. Очень помогло, когда я, наконец, смог открыться и что-то начать рассказывать из того, что происходило там, своей жене. Сейчас эти воспоминания приходят реже и уже так не „задевают". Я думаю, это нормальный процесс принятия».

Я согласился с ним и ещё раз поблагодарил за ценный «трофей», который он вручил мне при нашей первой встрече после его возвращения. Дело в том, что одной из функций военного медика в случае гибели военнослужащего является выполнение обязательного протокола, а именно — тело погибшего воина покрывается американским флагом… Для этого при отправке на «миссию» для обеспечения выполнения боевого задания всегда брался соответствующий комплект таких флагов. К счастью, «расход» их был небольшой, и несколько из них он обнаружил в своих вещах по возвращению. Сейчас один из этих «треугольников» украшает мой рабочий кабинет.

Глава 5

Массовый страх

> Коллективный страх стимулирует стадный инстинкт и имеет тенденцию вызывать жестокость по отношению к тем, кого не считают членами стада.
>
> *Бертран Рассел, британский философ, логик, математик и общественный деятель*

> У нормального человека нет фобий. Но скажите, кто из нас нормальный?
>
> *Ян Флеминг,*
> *«Живи и дай умереть» (роман о Джеймсе Бонде)*

Что такое массовый психоз? Массовый психоз определяется как эпидемия безумия, возникающая, когда большая часть общества теряет связь с реальностью и погружается в сконструированную реальность.

Мои «пересечения» с коллективными страхами

Мне бы очень хотелось начать эту главу со слов о том, что коллективные страхи, переходящие в социальную панику и массовый психоз, — явление в наше демократическое и цивилизованное время достаточно редкое и потому весьма специфическое. Увы... Как показал опыт последних десятилетий, и конец прошлого, и начало нынешнего века изобилуют яркими и убедительными иллюстрациями этого печального проявления общественного сознания. Его «тень» (в лучшем случае) в той или иной мере «накрывает» практически каждого из нас, живущего внутри социума. Не зря один известный вождь, знавший толк в лишении свободы под красивыми лозунгами почти всех членов общества и до сих красующийся в околокремлевском Мавзолее, написал об этом свою знаменитую фразу: «Жить в обществе и быть свободным от общества нельзя». Впрочем, как раз в «застойные» 70-е и чуть позднее, во времена всеобщей стагнации, как ни странно, коллективные страхи были во многом нивелированы внушаемой массам пресловутой «уверенностью в завтрашнем дне». Однако все, кто жил тогда, прекрасно помнят, как стремительно и болезненно потом наступил полный и «страшный» контраст, сопровождавшийся разрушением идеологии и страны в целом. Буквально на пике этого смутного времени наша семья покинула по ряду причин бывшую «социалистическую родину» и оказалась в США. Как и многие, мы рассчитывали именно здесь обрести стабильность, душевное спокойствие и, так сказать, «коллективное бесстрашие». Но в один сентябрьский день 2001 года все эти надежды — как и надежды миллионов американцев — превратились в нечто совершенно другое... У каждого живущего в Америке свой «9/11»... Для нас тогда это был всего лишь девятый месяц нахождения в стране. Девять месяцев — достаточный срок, чтобы выносить ребёнка, но абсолютно недостаточный для адаптации в новой стране. Особенно такой, как Америка... Хотя к этому времени уже были приняты непростые решения, в каком направлении двигаться на пути «освоения американской мечты» — в частности, я получил сертификат гипнотерапевта и начал практику, а буквально накануне этих событий также начал изучать восточную медицину. Мы успели обзавестись жильём, старшая дочь пошла в первый класс, жена занималась младшей. Быт стал как-то налаживаться.

...В то утро моя жена повела нашу старшую дочь в школу, а я оставался дома с младшей, которой на тот момент было чуть больше года. Она росла очень подвижным ребёнком и, полностью освоив «прямохождение», носилась по нашей обширной квартире вихрем, требуя постоянного внимания. Телевизор был включён, и вот, закладывая очередной «вираж» по квартире за дочерью, я зафиксировал краем глаза картинку горящего здания — одного из «близнецов». «Очередной боевик»,— пронеслось сначала у меня в голове. Но я тут же засомневался, потому что обычно в утреннем эфире фильмов, да ещё такого содержания, не показывали... Я остановился перед телевизором, и тут на экране появился второй самолёт и прямо на моих глазах врезался в другую башню, превратившись в огненный шар вместе с частью стены! Мозг всё ещё отказывался воспринимать увиденное как реальность... Отказывался до такой степени, что я даже не внял взволнованному голосу диктора и его сбивчивому комментарию, подумав: «Всё-таки до сих пор я недостаточно хорошо понимаю английский...» В этот момент вернулась моя жена, и я сообщил ей, что по телевизору показывают что-то совсем непонятное. Лишь постепенно до нас начал доходить весь ужас событий, которые разворачивались в охваченном массовой паникой Нью-Йорке... Террористическая атака! Новый Перл-Харбор...

Уже позже стало известно, что третий самолёт врезался в Пентагон, а ещё один упал после того, как пассажиры попытались предотвратить захват. Как сообщалось в новостях, угнанных террористами самолётов гораздо больше, и один из них как будто бы направляется к нам в Чикаго, и его целью является самое высотное здание в Америке — Sears Tower! К счастью, в дальнейшем эта информация не подтвердилась. Лишь когда всё закончилось, мы, наконец, смогли узнать о судьбе нашего хорошего знакомого, который работал программистом в одном из банков, расположенном в северной башне. Оказалось, что после вечеринки накануне, он... проспал и находился в метро, когда их поезд был остановлен, так как «что-то случилось в Манхеттене»!

И в моей личной биографии, и в жизни моей семьи это был, пожалуй, первый случай, когда мы на себе ощутили воздействие того, что называют коллективным страхом, ведь в течение ещё нескольких долгих часов после трагедии в Нью-Йорке новостные выпуски лишь нагнетали эту самую всеобщую панику, суля возможные новые атаки в самых разных местах.

Впрочем, к сожалению, в недалёком будущем нас ожидало ещё одно серьёзное испытание общим страхом, уже непосредственно связанное с нашей семьёй. Я говорю о Бостонском марафоне 2013 года. К этому времени моя старшая дочь уже закончила школу и поступила в Бостонский университет на специальную программу подготовки для получения в дальнейшем медицинского образования. Традиционный Бостонский марафон, который проводится весной (обычно в апреле), — большой праздник для всего Бостона. Этот день объявляется нерабочим и собирает огромное количество зрителей и болельщиков. Не исключением стал и марафон в 2013-м, который проводился 15 апреля в понедельник. Финальная часть марафона, протяжённость которого составляет 42,195 километра, проходит по центру города, включая Kenmore Square, где собирается наибольшее количество зрителей, и заканчивается на Boylston Street.

Практически сразу за линией финиша были, как всегда, разбиты палатки первой медицинской помощи. Наличие пункта первой помощи — стандартное требование при проведении любых марафонов. В этом месте проверяют состояние марафонцев, добравшихся до финиша, поят водой, ну, и в редких случаях вызывают «скорую». В таких пунктах обычно дежурят волонтёры, студенты-медики, медсёстры, иногда врачи. Именно на помощь в такой походный медицинский пункт и записалась моя дочь накануне марафона…

В тот понедельник в Бостоне был тёплый солнечный день, и моя дочь, скучая, позванивала мне в Чикаго, рассказывая о том, как проходит забег. Я был в офисе и между приёмом пациентов пытался «поддержать ей кампанию» — задавая какие-то вопросы и говоря, что скоро всё закончится и она сможет пойти домой. Она успела рассказать мне о победителях марафона — первыми уже привычно пришли представители Кении и Эфиопии — а потом сказала, что где-то недалеко раздался какой-то «хлопок» и затем ещё один… Я, как смог, постарался её успокоить, предложив какую-то безобидную версию этих звуков. На этом наш разговор прервался — меня ждал пациент, но беспокойство меня не покидало. При первой же возможности я проверил новости на телефоне. Вроде всё в порядке… И в эту самую секунду новостные ленты запестрели заголовками: «Террористическая атака в Бостоне!», «Взрывы на Бостонском марафоне!», «Есть погибшие и много раненых!». Я начал звонить дочери, но звонки уже не проходили… Конечно же, я позвонил жене, и затем на протяжении всего дня у нас не было никакой информации о происходящем…

Лишь позже мы узнали: телефонная связь и интернет были заблокированы в целях безопасности, так как никто не представлял до конца, каковы намерения террористов. Спустя ещё некоторое время выяснилось, что эту атаку спланировали и провели «новообращённые» террористы — братья Царнаевы. В результате взрыва двух самодельных бомб, начинённых гвоздями, погибли 3 человека и получили увечья 264… Праздник спорта и здоровья в одночасье превратился в кровавое месиво. Только к вечеру мы смогли, наконец, с трудом дозвониться до нашей дочери, которая оказалась именно среди тех, кто принимал и оказывал первую помощь искалеченным, кровоточащим людям… Из-за начавшейся паники вызванные машины скорой помощи просто не могли проехать. Кто был в Бостоне, знает, как выглядит его компактный центр города и дороги, ведущие к нему.

После того как пострадавших всё же начали вывозить в ближайшие госпитали, волонтёров отпустили по домам, и моя дочь в окровавленной одежде брела по городу (транспорт не работал) к тому месту, где она снимала квартиру... Она шла в полуобморочном состоянии, не всегда понимая, где находится и что недавно случилось... Но всё же она была жива и невредима, хотя, как во многом и мы, «травмирована» аурой коллективного страха и общей боли.

А теперь давайте вернёмся к трагедии «найн-илевен», которую забыть невозможно. Достаточно сказать, что тогда погибло в общей сложности почти 3000 человек, 6300 были ранены. То, что происходило тогда, несомненно можно охарактеризовать как ярчайший из всех в наши времена примеров массового страха — страха, изменившего сознание целой нации, которая привыкла до этого жить с базовым ощущением «заокеанской» безопасности. Очень многое изменилось и внутри меня, пережившего ту трагедию вместе со всей страной... Теперь, находясь в аэропортах Европы, я безошибочно определяю путешествующих жителей США — по тому, как они покорно снимают обувь, подходя к стойке проверки, хотя в европейских странах этого и не требуют. Да я и сам только усилием воли сдерживаю порыв сделать то же самое. Выходит, общий страх теперь отчасти стал и моим личным? Так всё-таки — чем же коллективный страх отличается от индивидуального? И отличается ли?

В прошлых главах мы говорили о различных страхах, с которыми сталкиваются отдельные люди в течение своей жизни. Явление коллективного или массового страха, или, как его ещё называют, массовой истерии, — это отдельный феномен, который не является предметом моей книги. Я позволю себе только поделиться некоторыми своими наблюдениями о том, в чём же разница между ним и персональным, личным страхом, и как сохранить себя в случаях массового «страхо-заражения» населения.

Мы рассмотрим явление массового психоза, связанного со страхом, на примере более свежих событий, через которые человечество проходит до сих пор. Хотя после трагедии в сентябре 2001-го я надеялся, что этого никогда больше не произойдёт, XXI век идёт по пути усиливающегося страха и беспокойства. Новый компонент, который всё же добавился, — это широта охвата. Если бы это было чьим-то бизнес-проектом, то, говоря языком бизнеса, можно сказать, что происходит масштабирование. Не знаю, является ли происходящее несвязанными между собой явлениями или звеньями какого-то продуманного плана, но в любом случае в этой главе мы рассмотрим некоторые механизмы создания массового психоза и приёмы защиты от него.

Фазы массового психоза и методы самопомощи

На протяжении последних нескольких лет человечество столкнулось не с одной, а в реальности с двумя пандемиями. Вот они: пандемия коронавируса, которая официально ещё не закончилась, но всё же идёт на спад, и… — нарастающая пандемия страха! Но главное в том, что между ними имеется явная связь. Хочу напомнить вам известную суфийскую притчу о паломнике, Чуме и страхе.

Встретились как-то на дороге паломник и Чума.

— Куда идёшь? — спросила Чума.

— В Мекку, поклониться святым местам. А ты?

— В Багдад, забрать пять тысяч человек, — ответила Чума.

Разошлись они, а через год на той же дороге встретились снова.

— А ведь ты обманула меня! — воскликнул паломник. — Ты говорила, что заберёшь в Багдаде пять тысяч человек, а сама взяла пятьдесят пять тысяч!

— *Нет,* — *ответила Чума,* — *я сказала правду. Я была в Багдаде и забрала свои пять тысяч. Остальные умерли от страха…*

Сейчас всё более активно поступает определённая статистика о последствиях воздействия на психику множества людей пандемии, локдауна и случившейся социальной изоляции. Статистика эта удручающая — данные по Северной Америке и Канаде показали увеличение на 30 % депрессивных состояний, фобий, панических атак. Мало того — резко подскочили цифры суицида, особенно среди молодёжи. Потребление алкоголя и наркотиков поднялись на рекордный уровень. Что ещё более удивительно, по данным Центра по Контролю заболеваемости (CDC) — федерального агентства, фиксирующего статистику заболеваний и смертности в Америке, на втором месте сразу после ожирения фактором риска смертности от КОВИДА оказались состояния, связанные с тревожностью и страхом! Страх был более смертельным фактором для пациентов с COVID, чем тяжёлый диабет, хроническая болезнь почек, хроническая обструктивная болезнь лёгких или даже болезнь сердца. Вот вам и древняя суфийская притча…

Оглядываясь сейчас на 2020 год, я пытаюсь восстановить события в хронологическом порядке. В феврале, когда разговоры о новом вирусе уже начались и стало известно, что вирус уже вырвался за пределы Китая и начал распространяться по всему миру, мы в Academy NLP ещё успели провести семинар (последний, до нынешнего момента, очный) «Убеждения и здоровье». К концу февраля, после заявления Центра по контролю заболеваний (CDC) о том, что масштабы заболевания приближаются к критериям пандемии (ещё до объявления об этом ВОЗ), я принял решение о приостановлении всех очных семинаров, и мы начали осваивать интернет — понимая, что на фоне всего происходящего мои знания могут быть полезны многим людям. В марте, как известно, был объявлен тотальный карантин, и всех, кто мог работать из дома, перевели на удалённую работу. Для таких частных офисов, как мой, всё регулировалось на уровне рекомендаций. Рекомендовалось закрыть офис и предложить свои услуги ближайшему госпиталю. Нужны были люди для замеров температуры, первичного опроса больных и т. д. Иллинойская Ассоциация акупунктуристов, членом которой я являюсь, также разослала циркуляр с рекомендацией на время закрыть практику и оставаться дома. Нужно было принимать решение... Я колебался недолго. После нескольких дней затишья телефон в офисе начал разрываться от звонков людей, которым была остро необходима моя помощь. Вопросов о том, что дальше делать, не осталось.

В начале марта в Чикаго обычно ещё лежит снег. Не стал исключением и март 2020-го, поэтому, пока я ехал на машине по абсолютно пустым заснеженным улицам до своего офиса, я невольно перенёсся воспоминаниями в другое время и другую зиму... Я опять столкнулся с врагом, которого нельзя увидеть в лицо, и с этим, внезапно опустевшим, миром вокруг...

Когда я подъехал к зданию, в котором находится мой офис, это чувство только усилилось. На огромной стоянке не было ни одной другой машины, а в здании — ни одного человека! Дежавю... Каждый день, отправляясь в офис, я брал с собой недавно приобретённый ионизатор для обработки воздуха. Все поверхности после каждого пациента тщательно протирались. Возвращаясь домой, я снимал всю одежду и отправлял её в стирку. Такой жёсткий режим продолжался довольно долго, так как на первых порах никакой точной информации о вирусе не было. Были только слухи. Много слухов и ещё больше страхов... Всё это порождало состояние паники у огромного количества людей. Люди боялись практически всего — открывать двери, трогать любые предметы, шарахались от всех встречных! Мне рассказывали о женщине, которая забаррикадировалась в собственной спальне, не впуская ни мужа, ни детей. Она всё время находилась там, разрешая только оставлять ей еду на пороге комнаты, и не выходила из спальни несколько месяцев. Я думаю, у каждого из вас есть свои истории неадекватных реакций людей, связанные с COVID-19.

Давайте же теперь спокойно и тщательно разберёмся — что такое коллективный страх?

Раскрывая тему массового страха, хочется начать с цитаты психиатра Карла Юнга, который однажды заявил: «Это не голод, не землетрясения, не микробы, не рак… а сам человек. Наибольшую опасность представляет человек для человека — по той простой причине, что нет адекватной защиты от психических эпидемий, которые бесконечно более разрушительны, чем самая страшная из природных катастроф».

Что же именно представляет собой массовый психоз? Массовый психоз определяется как эпидемия безумия, возникающая, когда большая часть общества теряет связь с реальностью и погружается в сконструированную реальность. Эта сконструированная реальность может быть различной, например, религиозного содержания. Мы все знаем примеры религиозных войн или «охоту на ведьм», имевшие место в Европе и Америке в XVI–XVII веках — когда десятки (если не сотни!) тысяч женщин были безжалостно сожжены на кострах под улюлюканье обезумевшей толпы. Это классические примеры массового религиозного психоза. Может этим стать и сконструированная политическая реальность — коммунизм, фашизм… Может — массовая экономическая реальность, например, когда в потенциально богатых природными ресурсами странах большинство жителей влачат жалкое существование. Возможно, недавно мы столкнулись с новым явлением сконструированной реальности, приведшей к небывалой по масштабу эпидемии страха.

> «Это не голод, не землетрясения, не микробы, не рак… Наибольшую опасность представляет человек для человека — по той простой причине, что нет адекватной защиты от психических эпидемий, которые бесконечно более разрушительны, чем самая страшная из природных катастроф».

Но какие же приёмы используются, чтобы свести с ума целую страну или весь мир? Они универсальны и достаточно хорошо отработаны на протяжении веков. В каком-то смысле, обладая определёнными знаниями, управлять толпой даже легче, чем управлять отдельным человеком. Тот же Юнг, который изучал массовые психозы, писал, что индивидуумы, составляющие поражённое общество, «становятся нравственно и духовно неполноценным». Они также становятся «неразумными, безответственными, эмоционально неустойчивыми и ненадёжными». Хуже всего то, что психопатическая толпа будет участвовать в зверствах, которые любой самостоятельный человек внутри группы никогда бы не совершил. Но в толпе действуют другие законы...

В создании массового психоза имеют место всего две фазы. Вот они:

Первая фаза — доведения людей до паники. Этот эффект достигается за счёт нагнетания негативных эмоций, таких как страх или тревога. И здесь фактор толпы очень важен — он не даёт «затихнуть» эмоциям, они всё время кем-то поддерживаются и накаляются. Психологически устойчивый человек самостоятельно может адаптироваться, столкнувшись со своим страхом, и в конечном итоге победить его. Победить коллективный страх практически невозможно!

Вторая фаза — временного ослабления страха. Она необходима по нескольким причинам. Первая причина — привыкание. Даже к плохому рано или поздно человек привыкает. Если что-то происходит длительное время, мозг, пытаясь сохранить хоть какую-то адекватность, начинает процесс рационализации — создания некого объяснения происходящему. Одна из базовых функций человеческого мозга — придание значения любому переживаемому опыту. Начинается процесс создания нового понимания «нормы». Но это как раз не входит в задачу тех, кто с помощью страха пытается контролировать массы. Для доведения человека до стадии потери контроля над собой нужно просто «покачать» психику от состояния паники до возвращения к относительному спокойствию. При этом важным элементом является непредсказуемость продолжительности второй фазы.

Вторая причина необходимости фазы ослабления страха в том, что в это время создаются объяснения и, если надо, оправдания неадекватного поведения в «острой» фазе. Проблема заключается в том, что эти объяснения также не имеют ничего общего с реальностью.

Итак, после короткого периода затишья уровень угрозы снова повышается, и с каждым последующим раундом разжигание страха становится ещё более интенсивным, чем раньше. Пропаганда (обильные, вводящие в заблуждение новости) используется, чтобы сломать сознание масс, которое становится всё легче и легче контролировать. В толпе действуют особые психологические законы, которые, как ни странно, облегчают процессы контроля. В частности, в больших группах людей очень быстро передаются эмоции. Да, можно сказать, что эмоцией можно «заразиться»! Наверное, все из вас испытывали нечто подобное — когда в помещении кто-то зевает, волна зевания «прокатывается» по всем присутствующим, не правда ли?

За «считывание» эмоций и их непроизвольное воспроизведение отвечают недавно открытые так называемые зеркальные нейроны. Зеркальные нейроны — это клетки нашего мозга, которые активируются как при совершении действия, так и при наблюдении за другим человеком. Существует два типа зеркальных нейронов. Одни из них подталкивают наши двигательные системы, и мы сокращаем мышцы так, как сокращает их другой человек. Этот тип нейронов помогает нам быстро обучаться, просто копируя действия другого человека. Вторые связаны с эмпатией, сопереживанием, состраданием и переносят на нас эмоции, которые испытывает другой человек. Эмпатия — это способность мгновенно понять душевное состояние и эмоциональную ситуацию другого человека. Эмпатия позволяет почувствовать чужую боль. Именно зеркальные нейроны являются нейрофизиологической основой эмпатии. Но один и тот же механизм, позволяющий нам сопереживать другому человеку при индивидуальном общении, по сути, создаёт «феномен толпы» — когда доминирующая эмоция становится определённым камертоном, который мгновенно задаёт эмоциональный тон в группе людей.

> Эмпатия — это способность мгновенно понять душевное состояние и эмоциональную ситуацию другого человека. Эмпатия позволяет почувствовать чужую боль. Именно зеркальные нейроны являются нейрофизиологической основой эмпатии.

Мы все помним о «волнах террора» в 30-е годы прошлого века в Советском Союзе. Тогда также любое затишье воспринималось с надеждой, что этого больше не повторится. И потом всё начиналось сначала с ещё более ужасающими последствиями, парализуя у людей волю к любому сопротивлению режиму. Недавно мы с вами прошли через несколько «коронавирусных волн». А дальше… Нам настойчиво продолжают говорить об угрозе очередной волны, чтобы мы не успокаивались и не теряли «бдительности»…

Существует термин, который в последнее время используют всё реже — «ментицид», что в дословном переводе означает «убийство мнения». Примерный современный аналог его — «промывание мозгов». В современном мире стало возможно то, о чём пропагандисты прошлого могли только мечтать! Можно изолировать людей друг от друга, «заперев» их в их домах и запретив непосредственное общение, и, тем не менее, используя современные технологии, осуществлять массированную атаку на огромное количество населения одновременно! И при этом можно получать тот же «эффект толпы», который возникал у людей, присутствующих на митингах Гитлера или Муссолини.

В каждом из нас очень глубоко сидит инстинкт подчинения чьей-то власти. Здесь я даже не рассматриваю власть как источник грубой силы, которая может просто заставить подчиниться. Я говорю о представителях власти, которые почему-то автоматически наделяются авторитетом. Этот мотив подчинения, когда обыкновенные люди, добровольно принимая определённые правила поведения, по сути превращаются в безжалостных «палачей», наказывающих «жертву», наглядно продемонстрировал ставший классикой Милгремовский эксперимент.

В 1963 году психолог Стэнли Милгрэм из Йельского университета в своей статье «Подчинение: исследование поведения» описал проведённый им эксперимент, в ходе которого он попытался прояснить вопрос: сколько страданий готовы причинить обыкновенные люди другим, совершенно невинным людям, если подобное причинение боли входит в их рабочие обязанности? В эксперименте была продемонстрирована неспособность испытуемых открыто противостоять «начальнику» (в данном случае исследователю, одетому в лабораторный халат), который приказывал им выполнять задание, не обращая внимания на якобы сильные страдания, причиняемые другому участнику эксперимента (в реальности — подсадному актёру).

«Дизайн» эксперимента заключался в том, что участникам он был представлен как исследование влияния боли на память. Итак, в опыте участвовали экспериментатор, испытуемый и актёр, игравший роль другого испытуемого. Заявлялось, что один из участников («ученик») должен заучивать пары слов из длинного списка, пока не запомнит каждую пару, а другой («учитель») — проверять память первого и наказывать его за каждую ошибку… всё более сильным электрическим разрядом. В начале эксперимента «учитель» садился за стол перед прибором-генератором.

Генератор представлял собой ящик, на лицевой панели которого были размещены 30 переключателей от 15 до 450 В с шагом в 15 В. Экспериментатор пояснял «учителю», что при нажатии на каждый из переключателей через тело ученика проходит электрический ток соответствующего напряжения, при отпускании переключателя действие тока прекращается. Каждый нажатый переключатель после отпускания остаётся в нижнем положении, чтобы «учитель» не забывал, какой выключатель был уже нажат, а какой нет. Над каждым переключателем написано соответствующее ему напряжение, кроме того, группы выключателей подписаны поясняющими фразами: «Слабый удар», «Умеренный удар», «Сильный удар», «Очень сильный удар», «Интенсивный удар», «Крайне интенсивный удар», «Опасно: труднопереносимый удар». Последние два переключателя были графически обособлены и помечены надписью «X X X». Панель прибора была изготовлена в высоком качестве, с надписями о назначении (генератор 15–450 В) и производителе (Type ZLB, Dyson Instrument Company, Waltham, Mass.), на панели также имелся стрелочный вольтметр. Нажатие переключателей сопровождалось загоранием соответствующих лампочек, а также жужжанием и щелчками реле. Иными словами, прибор производил серьёзное впечатление реального, не давая повода сомневаться в подлинности эксперимента.

Происходило всё так. «Учитель» начинал зачитывать слова из пары и четыре варианта ответа. «Ученик» должен был выбрать правильный вариант и нажать соответствующую одну из четырёх кнопок, находившихся у него под рукой. Ответ ученика отображался на световом табло перед учителем. В случае ошибки «учитель» сообщал, что ответ неверен, и далее — каким напряжением удар получит «ученик». Затем «учитель» нажимал на кнопку, якобы наказывающую «ученика» ударом тока, и после сообщал правильный ответ. Начав с 15 В, «учитель» с каждой новой ошибкой должен был увеличивать напряжение с шагом в 15 В вплоть до 450 В. При достижении 450 В экспериментатор требовал, чтобы «учитель» продолжал использовать последний выключатель (450 В). Если испытуемый («учитель»), слыша крики «боли» от «ученика», начинал проявлять колебания, то «начальник», облачённый в белый халат, требовал продолжения одной из заготовленных фраз: «Пожалуйста, продолжайте»; «Эксперимент требует, чтобы вы продолжили»; «Абсолютно необходимо, чтобы вы продолжили»; «У вас нет другого выбора, вы должны продолжать». И этого было достаточно, чтобы большинство испытуемых подчинялись, продолжая «истязать» «горе-учеников»!

Эксперимент показал — необходимость повиновения авторитетам укоренилась в сознании людей настолько глубоко, что испытуемые продолжали выполнять указания, несмотря на моральные страдания и сильный внутренний конфликт! Результаты были ошеломляющими — более 60% «подчинённых», вместо того чтобы сжалиться над жертвой, продолжали выполнять распоряжения деспотичного «начальника»!

Как же сохранить себя и не стать жертвой массового психоза, сочетающегося с проявлением стадного инстинкта, а также инстинкта подчинения власти, описанного выше? Скажу сразу — это непросто. Поскольку ментоцидный подход многогранен, такими же должны быть и решения. Я разделю эти подходы на стратегические и тактические (или технические) решения. К стратегическим подходам я бы отнёс выработку критического мышления. Как говорил Альберт Эйнштейн, «Подвергай сомнению всё!». Используйте различные источники информации, старайтесь проверять факты, слушайте различные точки зрения. К тактическим приёмам относятся все техники, которые мы разбираем в этой книге. Здесь и возможность диссоциироваться, чтобы со стороны посмотреть на происходящее и на свои реакции; и создание мощных положительных якорей; и выработка у себя поддерживающих убеждений; и замена критического внутреннего голоса на более позитивный, подбадривающий. Я искренне верю, что содержание данной книги поможет не только лично вам справиться со своими собственными страхами и сомнениями, но и даст вам необходимый инструментарий, которым вы сможете воспользоваться, помогая дорогим вам людям не стать жертвой массового психоза!

После очного февральского семинара, уже в марте 2020-го, понимая, что одновременно с пандемией коронавируса формируется ещё одна, не менее серьёзная проблема — массовая волна страха и паники, — я провёл бесплатный вебинар (в тот момент мой первый виртуальный) под названием «Побеждая страх». Многие материалы из него вошли в эту книгу. Но, как говорится, «отчаянные времена требуют отчаянных действий»! Осознавая это, я связался с кумиром моего раннего периода изучения гипноза — доктором Хасаем Алиевым, о котором я упоминал в первой книге в главе «Три мозга человека и стратегия преодоления страха». Доктор Алиев — создатель уникального метода саморегуляции, который он назвал «Ключ к себе». Суть метода — очень простые и быстрые приёмы вхождения в состояние глубокого расслабления, основанные на так называемых принципах динамического транса. То есть вместо того, чтобы сидеть неподвижно (как это обычно принято при индуцировании (наведении) транса), в системе «Ключ» это достигается через определённые движения. При нашем первом же разговоре мы быстро почувствовали, что находимся на «одной волне», — и в наших взглядах на происходящее, и в том, что людям сейчас нужно дать простые и доступные методы самопомощи. За прошедшие почти тридцать лет с того момента, когда я самостоятельно пытался освоить алиевский «Ключ», он внёс изменения и доработки в свою систему и с удовольствием согласился представить американской аудитории «Ключ 2.0» — улучшенную версию своего подхода.

24 мая 2020 года мы провели с Хасаем совместный семинар, где он учил своим подходам — как преобразовать энергию страха в более созидательную силу, в частности в творчество. При этом он демонстрировал, как благодаря своей собственной системе он научился писать картины. Я, в свою очередь, дал принципы самогипноза, которые мы разобрали в главе «Гипноз — окно в подсознание».

В заключение вебинара я провёл с участниками трансовую работу, которая называется «Безопасное место» (Safe place), предложив вспомнить или представить какое-то особое место, где вы можете почувствовать себя защищёнными. Представляя такое место, полезно обратить внимание на то, как оно выглядит, какими предметами это место наполнено. Затем необходимо обратить внимание на мелочи, на детали. Какой цвет преобладает? Какие звуки и даже запахи? Продолжая представлять это место, можно просто комфортно устроиться и позволить себе какое-то время провести в этом особом пространстве, ощущая, что вы находитесь в полной безопасности. Можно также наполнить всё своё тело этим ощущением безопасности. А потом, когда придёт время возвращаться из этого транса, очень важно представить себе, что вы берёте «с собой» это особое место, где вы можете чувствовать себя надёжно защищёнными.

В мае я провёл ещё один вебинар «Инструкция по выживанию» — название, я думаю, говорит само за себя... И наконец, в конце 2020-го мы провели совместный вебинар с доктором Алексейчиком. Это был ещё один, столь необходимый «глоток свежего воздуха» для в буквальном смысле запертых в своих домах людей! Несмотря на «дистанционный» формат, вебинар получился по-настоящему тёплым и человечным. Помимо американских участников, к нему присоединились жители Литвы, Латвии, Казахстана, Украины и России. Мы все почувствовали себя одной большой семьёй, решающей понятные друг другу общие проблемы!

Вот так, несмотря на всё происходящее, 2020 год оказался для меня активным и плодотворным.

А закончить тему массового страха я хочу ещё одной цитатой Карла Юнга. Хотя он писал это относительно событий, происходящих в двадцатом веке, его слова сейчас актуальны, как никогда: «Недаром наш век взывает к личности Искупителя, к тому, кто может освободиться от власти коллективного психоза и спасти хотя бы собственную душу, которая зажигает маяк надежды для других — возвещая, что здесь есть по крайней мере один человек, которому удалось вырваться из фатального отождествления с групповой психикой».

Мой путь. День и время «Благо-дарения»

…Сегодня в Америке День Благодарения — Thanksgiving. Я думаю, неслучайно, что именно в такой день я пишу финальную часть этой главы, посвящённой массовым страхам. Не зря существует мнение, что там, где есть страх, тем более коллективный, он может вытеснить такие человеческие проявления, как чувство любви и благодарности, так как практически несовместим с ними. Но, к счастью, верно и обратное утверждение. В ярком свете любви и благодарности нет места страху, злобе, ненависти. Ведь настоящая любовь непременно содержит в своей сути благодарность, точнее было бы написать «благо-дарность», потому что само слово «благодарение» означает именно это — дарение благ, благо дарение! Важность благодарности или благо дарения состоит не только в том, что таким образом мы делаем мир вокруг себя лучше, но и в том, что этим мы приносим пользу также самим себе, улучшая наше психологическое состояние. И это не просто моё утверждение — это… научно установленный факт! Несколько лет назад психологи из Индианского университета Джошуа Браун и Джоэл Вонг решили выяснить, может ли благодарность помочь избавиться от психологических проблем. В проведённом ими исследовании приняли участие 300 человек, страдавших депрессией и тревожным расстройством, которые уже записались к психологу. Эксперимент начался до старта их терапевтических сессий. Испытуемых случайным образом распределили в три группы, в которых первой группе дали задание раз в неделю писать письмо благодарности кому-нибудь из родных и близких. Участники второй группы описывали свои эмоции, вызванные неприятными ситуациями в жизни. Участники третьей группы не писали ничего. Через четыре недели после завершения эксперимента исследователи оценили психологическое здоровье участников. Здоровье участников первой группы сильно улучшилось, в то время как в двух других изменений не было. Спустя три месяца разница стала ещё заметнее: благодарность помогла испытуемым первой группы бороться с тревогой, депрессией и паническими атаками!

Очень интересен и «лингвистический» результат этого эксперимента. Проанализировав слова, используемые участниками первой и второй групп, исследователи смогли понять механизмы, лежащие в основе той самой пользы для психического здоровья от написания благодарственных писем. Они сравнили процент слов с положительными эмоциями, слов с отрицательными эмоциями и слов «мы», которые участники этих групп использовали в своих письмах. Неудивительно, что те, кто писал благодарности, использовали более высокий процент слов с положительными эмоциями и слов «мы», но меньший процент слов с негативными эмоциями, а также слов от первого лица («я», «у меня» и т. д.), чем участники второй группы. Здесь проявился ещё один механизм, улучшающий эмоциональное состояние, который заключается в том, что когда вы пишете о своей благодарности другим людям, это уводит фокус внимания от токсичных эмоций, таких как обида, зависть, страх, и затрудняет обращение к своему негативному опыту.

Но учёные решили не ограничиваться полученными «субъективными» улучшениями в группе участников, проявивших свою благодарность. На следующем этапе они постарались установить, как акт благо-дарения влияет (если влияет) на работу нашего мозга. Для этого участникам эксперимента давали небольшую сумму денег и просили их пожертвовать эти деньги в пользу тех, кто в них нуждается, делая это с благодарностью. Затем в те в дни, когда это происходило, «жертвователи» проходили исследование на томографе, который помогал оценить мозговую активность участников. Результаты исследования мозга показали, что когда люди, испытывая благодарность, помогали кому-то ещё, у них проявлялась более высокая нервная активность в медиальной префронтальной коре — области мозга, связанной с обучением и принятием решений.

В результате исследователи пришли к выводу, что постоянная практика благодарности тренирует мозг, который постепенно становится более чувствительным к переживанию благодарности в дальнейшем. В долгосрочной перспективе это укрепляет душевное здоровье человека, делая его счастливее!

Я думаю, что эмоция или чувство благодарности — это ещё одна базовая эмоция, может быть, наименее изученная, но именно благодаря ей мы — человеческие существа — и осуществили «прорыв» на эволюционном пути. Возможно, на подсознательном уровне это является одной из главных причин того, почему Thanksgiving наряду с Рождеством — едва ли не самый почитаемый в Соединённых Штатах праздник, хотя «на поверхности» большинство празднующих, находясь в социуме, нередко воспринимает его как дань определённым историческим событиям.

Особое значение этот праздничный день имеет и для меня, и для всей нашей семьи. В Дне Благо-дарения не просто так заложена идея, когда вся семья собирается вокруг праздничного стола. Как когда-то за круглым столом собирались рыцари короля Артура, так и те люди, которые собрались за вашим столом, — это ваш мощный ресурс, готовый подержать вас и в радостные, и в сложные времена, это те, кто принимает вас таким, какой вы есть! Для меня семья — огромная ценность. Это ещё одно слово, в которое хочется «заглянуть» поглубже, состоящее, по сути, из двух: «семь я»... За уже долгие годы, что мы здесь, практически всегда (ну или почти) на этот праздник все родственники и близкие друзья собираются у нас. Это действительно особое чувство, когда ты можешь быть просто собой и одновременно чувствовать себя сыном, мужем, братом, родителем, родственником, другом и так далее. Те самые семь я... Чувствовать эту связь поколений, звучащую в семейных историях... Чувствовать и высказывать благо-дарность близким людям — что в повседневной жизни обычно забывается среди рутины. Чувствовать благо-дарность жене за создание уюта, ощущение дома, за терпение и за нашу любовь...

Сначала в семье, а позже и с моими пациентами и студентами я прошёл не всегда простой, но очень важный для себя путь — от не слишком «внятного» начального представления о том, что значит быть ответственным за кого-то, до освоения концепций «отец», «глава семьи»; «доктор», отвечающий за результат лечения; «учитель», отвечающий за своих студентов. Таким был мой путь…

Вместе с тем, со временем и опытом (как семейным, так и профессиональным) я стал интуитивно чувствовать, что настоящий Дар — это всегда взаимообмен. Тот самый обмен Благами. С одной стороны, как часто любил повторять доктор Алексейчик, «благодарные пациенты выздоравливают быстрее». И это действительно так! Однако с другой стороны — я сам, получая искренние благодарности от пациентов, которым я помог, испытываю радость, которую вряд ли смогу здесь передать словами. По большому счёту — это именно то, что удерживает меня в этой профессии, поддерживает и мотивирует. Да, это моя профессия, это моя работа, это то, за что я получаю деньги, и тем не менее… Видеть благодарные лица людей, слышать слова благодарности — всё это действительно очень важно для меня! Ради этого хочется каждое утро вставать и отправляться в новый день, идти в офис на работу. И поэтому каждый день я с радостью ожидаю новых пациентов, хотя они приходят со своими проблемами и заботами.

Но и это ещё не всё… В слове благоДАРность заложен ещё один Дар — это личный Дар — те способности, те таланты, которые находятся в каждом из нас. И ответственность каждого из нас — обнаружить, ОСОЗНАТЬ в себе эту драгоценную жемчужину. Обнаружить и дать ей проявиться — для того чтобы ПОДЕЛИТЬСЯ этим Даром с другими. И именно такой взаимообмен поможет сделать мир, в котором мы живём, «домом», где каждому есть место и где каждый «жилец» может чувствовать себя счастливым.

Глава 6

Страх экзаменов

> Я шёл на экзамен, и сердце моё металось по организму в поисках кратчайшего пути в пятки.
>
> Макс Фрей, «Чужак»

> Экзаменов страшится любой, будь он семи пядей во лбу, ведь на экзамене самый глупый может спросить больше, чем самый умный ответить.
>
> Чарльз Калеб Колтон — английский писатель, священник и коллекционер произведений искусства

> Своим студентам я часто говорю: «Запомните: процесс обучения напрямую связан с внутренним состоянием». То есть от того, в каком вы состоянии, будет зависеть, усвоите ли вы информацию и сможете ли её качественно воспроизвести на экзамене и позже, когда она вам реально понадобится в вашей работе.

«Мои университеты», или Экзамен на преподавание

С самого детства у меня всегда была потребность делиться полученной информацией — будь то интересная книга или, позже, профессиональные знания. Например, в детстве в летнем лагере по вечерам я рассказывал своим сверстникам истории о греческих богах, подчерпнутые из книги Куна «Легенды и мифы Древней Греции», за что даже заработал кличку «профессор»... Поэтому когда я начал вести семинары по НЛП в Литве, я почувствовал, что делаю нечто важное — не только для людей, которые пришли за новыми знаниями, но и лично для себя. Хотя не скрою — поначалу выходить перед большой аудиторией было, мягко говоря, волнительно.

Сейчас, когда я вспоминаю это, мне иногда кажется, что я описываю какого-то другого человека... «Тот я» перед каждой встречей с аудиторией начинал нервничать, у него всё замирало внутри, потели ладони и подмышки... Каждый раз нужно было совершать над собой титаническое усилие, схожее с моментом сомнений и уговоров самого себя, которое бывает перед броском в воду с разбега, да ещё и вниз головой! Радость и удовлетворение после такого «геройства» приходят позже — когда ты поднимаешься на поверхность из глубины. Конечно, для преодоления этого волнения я использовал приёмы и техники, которые узнавал сам и потом передавал моим слушателям. Впрочем, это длилось недолго, довольно быстро я освоился в этой новой для себя на тот момент роли выступающего, что придало мне уверенности и в моей психотерапевтической практике, и в бизнес-консалтинге. Но даже этого мне показалось мало, и тогда я решил попробовать себя в «академическом» преподавании.

У меня был знакомый доцент на кафедре психологии Вильнюсского педагогического университета, которого я попросил устроить аудиенцию с заведующим кафедрой. Уж не знаю, насколько этот заведующий был осведомлён о цели моего визита, но как только он услышал мой просьбу о преподавании, у него на лице отразилась целая гамма эмоций — от недоумения до возмущения. Вслух же он поинтересовался моим образованием и преподавательским опытом. После каждого моего ответа он грустнел всё больше и больше… И я его прекрасно понимал. Какое отношение к преподаванию психологии может иметь доктор-психотерапевт без всякого опыта преподавания, предположить действительно было сложно. Точнее, наоборот… очень просто — никакого! Как я отчётливо видел, именно это он и собирался мне вежливо сообщить. И тут, в самый последний момент, у него промелькнула какая-то мысль, он выдвинул ящик стола и извлёк оттуда неказистую папку. «Есть тут один курс,— неуверенно начал он. — Не знаю, заинтересует ли он вас… Все наши преподаватели отказываются его вести. Говорят, что он недостаточно теоретический»,— и он протянул мне этот стандартный канцелярский шедевр, аккуратно завязанный тесёмочкой…

Я бережно принял сокровище из его рук и прочёл на нём почти каллиграфическую надпись — «Конфликтология». Ничего лучшего я даже не мог себе представить! У меня сразу начали появляться идеи о том, как, используя мои знания в транзактном анализе с его моделью межличностных взаимоотношений и практическим подходом НЛП к эффективной коммуникации, сделать этот курс «живым» и интересным! И я, конечно, сразу и с радостью согласился.

То, что это был непопулярный курс, я убедился на первом же занятии, которое проходило в какой-то небольшой и, как мне показалось, серой классной комнате. В первой группе было всего пять или шесть подозрительно смотрящих на меня студентов… Но я взялся за дело с энтузиазмом, и незаметно ситуация начала меняться. Постепенно количество студентов стало увеличиваться. Я даже не пытался вникать, как такое возможно прямо во время семестра. Честно говоря, я и посещаемость никогда не проверял, ориентируясь на тех студентов, которым, как я видел, было интересно всё, что я говорил. Вскоре нас перевели в большую аудиторию, которая со временем тоже начала почти полностью заполняться. «Мои» студенты то и дело спрашивали меня, могут ли они пригласить друзей, которые учатся в других учебных заведениях. Я неизменно отвечал утвердительно. Конечно, такой мой «либеральный» подход не мог пройти мимо руководства кафедры. Однажды во время моей лекции открылась дверь, и в аудиторию вошёл декан. Недоуменно осмотрев многочисленных присутствующих, он с ещё большим недоумением уставился на кафедру, где находился стул, на котором сидел студент. Мы как раз изучали тему про то, как по невербальным сигналам, в частности по движениям глаз, можно научиться определять, врёт тебе собеседник или нет. Увидев всё происходящее, декан громко хмыкнул, но ничего не сказав удалился… Всё же надо отдать ему должное — периодически вызывая меня к себе «на разговор», он сводил основные претензии лишь к тому, что я не посещаю заседания кафедры и «не живу жизнью коллектива». Это было правдой, которую я объяснял ему своей занятостью (что, кстати, помимо моего нежелания, тоже было чистой правдой). Но зато мои нестандартные подходы к преподаванию он напрямую никогда не критиковал, только намекая на «некоторую озабоченность коллектива». Закончилось всё тем, что через год перед началом следующего учебного года он в очередной раз пригласил меня к себе в кабинет. Там он, потупив глаза, сказал, что на последнем заседании кафедры, «на котором вы опять не присутствовали», при распределении курсов неожиданно оказалось — на «ваш» курс конфликтологии претендуют сразу несколько заслуженных преподавателей. И «после нашего обсуждения этот курс достался одному из них». Мне, однако, предлагался другой курс — «История развития психологии». Когда я представил себя по бумажке читающего имена заслуженных психологов, я решил, что навсегда удовлетворил своё желание академического преподавания, и, поблагодарив, отказался. Долгое время я так и думал — что к «официальному» преподаванию уже не вернусь никогда. Тем более, к тому времени я убедился, что мне гораздо больше нравится более свободный формат ведения семинаров, который предполагал более личный контакт с каждым участником и больший фокус на приобретении навыков — в отличие от лекций, направленных на «вдалбливание» теории. Но, как говорится, «человек предполагает, а кто-то там сверху посмеивается и располагает»... Поэтому, когда в 2006-м уже в Америке мне предложили преподавать неврологию в небольшом частном колледже, который готовит докторов-напрапатов, я после некоторых раздумий согласился и продолжаю делать это по сей день.

Напрапатия (Naprapathy) — это направление в медицине, основанное на убеждении, что множество заболеваний связано с состоянием позвоночника, связок, сухожилий и других соединительнотканных структур, и без коррекции этих структур полного выздоровления не наступит. Упрощая — это стройная система медицинских знаний, построенная «вокруг главной оси нашего тела» — позвоночника, с набором «мягких» техник мануальной терапии. Преподавание курса неврологии в этом колледже отличается от подхода в наших медицинских институтах тем, что мы на первых курсах изучали общую анатомию, физиологию тела, включая и строение нервной системы, а потом на старших курсах проходили нервные болезни, наряду с болезнями других систем — лёгочными, сердечными и т. д. Здесь же я веду сразу два курса — анатомию и физиологию нервной системы (отдельно) и, затем, курс неврологических заболеваний. Мне такой подход нравится больше — потому что, во-первых, есть возможность глубже разобраться в устройстве и функционировании нервной системы, и, во-вторых, студенты подходят к изучению заболеваний нервной системы более подготовленными.

Я уже упоминал раньше, что обучение, направленное на конкретный результат, я «оттачивал» в самом начале моей американской жизни, организовав ускоренные курсы изучения английского языка с использованием приёмов НЛП и гипноза. Большинство студентов на наших курсах были людьми, пытавшимися освоить язык «стандартными методами», но безрезультатно, и поэтому уверенными, что они не смогут выучить английский язык «никогда!». Вот с такими «установками» мне и приходилось работать в первую очередь. Работа шла на трёх уровнях: с состояниями, убеждениями и стратегиями.

Ниже я расскажу о том, что происходило на каждом из этих уровней.

Первый уровень — создание ресурсного обучающегося состояния

С самого начала практически у всех моих «подопечных» одно только слово «учёба» вызывало негативную реакцию. «Я просто не могу себя заставить…», «Опять учиться…», «В моём возрасте…». Мало того, при сочетании «учить + английский» наблюдалось явное изменение физиологии в сторону признаков, которые бывают при наличии депрессии или болевого синдрома. Я думаю, немало читателей прекрасно знают, о чём я говорю. К сожалению, у очень многих к понятию «учиться» надёжно «прикреплены» неприятные и болезненные чувства. Средняя школа научила нас, в первую очередь, именно тому, как учиться скучно, медленно и… просто «тоскливо»! Как приобретать абстрактные знания (которые почти наверняка забудутся) — а не навыки, как усваивать информацию (совершенно бесполезную) — а не опыт и мыслительные стратегии. Ну а если вам повезло, и у вас есть другой опыт и другие воспоминания о своих школьных годах, то это чаще всего связано с каким-то конкретным неординарным учителем, который нарушал устоявшиеся правила — ставил с вами спектакли, возил на экскурсии, устраивал дискуссии — то есть создавал для вас «контексты», когда вы могли учиться через непосредственный опыт. Большинству же учителей было достаточно наличие в классе ваших «голов», которые могли слушать и «открывать рот» в нужный момент — лишь для того, чтобы «на пятёрку» воспроизвести услышанное. Поэтому первое, чему мы учили на наших курсах, — это изменять своё внутреннее состояние. Буквально — создать для себя состояние «наилучшего обучения» и «входить» в это состояние каждый раз перед тем, как приступить к изучению нового материала. Для этого мы использовали специальное упражнение «Круг совершенства». Вот описание этой техники.

Упражнение «Круг совершенства»

Я предлагаю вам сейчас встать, закрыть глаза (прочитав перед этим упражнение до конца) и подумать о самом значимом для вас позитивном опыте, который у вас был.

Для кого-то это, возможно, связано с состоянием уверенности в себе, для кого-то с решимостью, для кого-то с ощущением любви и заботы. Когда вы начнёте всматриваться в этот опыт, обратите внимание на то, какой цвет преобладает в этом воспоминании. Сделав это, представьте перед собой на полу очерченный круг того же самого цвета. Теперь ещё раз обратитесь к этому воспоминанию, как бы «войдя» в него. Как можно лучше ощутите те чувства, которые были у вас в то время — как если бы это было прямо сейчас. И на пике этих ощущений войдите в круг. Ещё некоторое время побудьте в этих ощущениях и, выходя из круга, «оставьте» ощущения вашего совершенства в кругу. Затем войдите в круг ещё раз и почувствуйте, как изменяется ваша физиология и ваши ощущения. Вы можете даже усилить это чувство, чтобы оно стало более интенсивным. В дальнейшем вы можете продолжать пользоваться вашим «кругом совершенства», мысленно представляя его перед собой и входя в него в любой жизненной ситуации, чтобы привнести в неё ваше лучшее состояние.

Очень важная вещь, необходимая для того, чтобы якорь (а это именно он) работал долго и безотказно, — обязательно время от времени обновляйте ваш якорь тем самым ощущением, которое вы за ним когда-то закрепили. Ведь если регулярно активировать якорь спокойствия в состоянии стресса, то этот якорь постепенно «затупится». Поэтому, когда вы находитесь в приятном состоянии спокойствия, помните, что полезно в очередной раз «обновить» этот якорь.

И самое главное — перед любым обучением воспользуйтесь вначале своим «кругом совершенства».

Любое обучение зависит от нашего внутреннего состояния. Своим студентам я часто говорю: «Запомните: процесс обучения напрямую связан с внутренним состоянием». То есть от того, в каком вы состоянии, будет зависеть, усвоите ли вы информацию и сможете ли её качественно воспроизвести на экзамене и позже, когда она вам реально понадобится в вашей работе.

У меня была пациентка, которая уже в довольно зрелом для учёбы возрасте решила осуществить свою мечту и пошла учиться в колледж по специальности «медицинская сестра». Это достаточно интенсивное и сложное обучение. Так получилось, что она начала учёбу сразу после личных и драматичных событий, из которых она, в общем-то, не выбралась. И вот, когда она начала учиться, то достаточно быстро обнаружила, что информация просто не усваивается, в результате чего она «завалила» несколько тестов. Тогда кто-то посоветовал ей обратиться ко мне. Мы начали с того, что я ей просто… запретил учиться! Какое-то время мы лишь занимались её внутренним состоянием. Не поверите — когда она почувствовала себя лучше, она показала отличные результаты в учёбе, лучше многих более молодых студентов!

О методах работы на **втором уровне из названных — уровне убеждений** — мы подробно говорили в первой книге в главе «Наши убеждения». Здесь напомню лишь, что наши убеждения — это обобщения, основанные на прошлом опыте и выстраивающие будущие реакции. В них нет логики, их нельзя доказать. Они представляют собой «рабочие гипотезы», которые мы строим для повседневной жизни. В зависимости от категорий убеждений, для их изменения (если вы оцениваете их как ограничивающие) можно использовать целый спектр методов, приведённых в той же главе — настрои, аффирмации, поддерживающие убеждения и другие.

Третий уровень — работа со стратегиями

Говоря о стратегиях обучения, стоит ещё раз вспомнить о предпочитаемых информационных каналах — о том, что кто-то выбирает и лучше усваивает визуальную информацию, для кого-то важнее хорошее понятное объяснение, а кому-то нужно иметь возможность «потрогать это руками» или хотя бы подробно всё записать, включая этим в процесс запоминания также своё тело. Всё это важно учитывать, готовя и разрабатывая дидактический материал для любого преподавания. К сожалению, такого рода общедоступная информация до сих пор не используется в школах.

Я помню, в старших классах у моей старшей дочери было задание, связанное с процессом обучения. Я предложил ей сделать короткий социологический опрос среди учащихся для подтверждения или опровержения рабочей гипотезы о том, что лучшие школьные спортсмены — кинестетики, лучшие математики — визуалы, а студенты, преуспевающие в музыке и изучении иностранных языков — аудиалы. Мы составили короткое описание проекта, и она отправилась на его утверждение. Этот процесс занял какое-то время, потому что он согласовывался на разных административных уровнях, пока «с самого верха» не пришёл категорический ответ: «Нет». Объяснение заключалось в том, что это может «задеть чувства отдельных учеников»… А теперь представьте себе, как могло бы измениться в лучшую сторону общество, а возможно, и всё человечество, если бы эти персональные характеристики людей не отметались напрочь системой нашего образования, а УЧИТЫВАЛИСЬ при выборе, например, рода деятельности, которому человек собирается посвятить всю свою профессиональную жизнь?

Кстати, говоря о школьном обучении, которое начинается в раннем возрасте, также важно учитывать некую эволюцию в смене «нагрузки» на различные информационные каналы. Что я имею в виду? В начальных классах все ученики немного «кинестетики», так как из своего привычного домашнего окружения они переходят в новую, непривычную и не всегда дружественную атмосферу школы. Поэтому так важно в начальных классах уделять внимание созданию дружелюбной, комфортной и безопасной атмосферы. Также очень важны отношения, которые устанавливаются между учениками и учителем. Как инструментарий на этом этапе полезно использовать игровые, подвижные задания и укороченное время нахождения в классе с паузами между уроками, во время которых у учеников есть возможность подвигаться. В средних классах акцент смещается на восприятие информации на слух, переработки и осмысления её. То есть максимально задействуется аудиальная система. В старших классах основная нагрузка ложится на визуальную систему. Содержание становится более абстрактным, символическим, графическим. Это связано и с тем, что приходится оперировать гораздо большими объёмами информации. А с этим, как раз,

> В начальных классах все ученики немного «кинестетики», так как из своего привычного домашнего окружения они переходят в новую, непривычную и не всегда дружественную атмосферу школы. Поэтому так важно в начальных классах уделять внимание созданию дружелюбной, комфортной и безопасной атмосферы.

также лучше справляется визуальная система. Тут надо отметить, что на каждом этапе возможны «застревания», которые затрудняют переход на следующий уровень обучения. Поэтому большинство неуспевающих учеников — это дети, «увязшие» в своей негативной кинестетике, часто связанной с насилием в семье или конфликтными ситуациями в школе.

Если же говорить о конкретных стратегиях, то можно привести пример модели правильного написания слов (spelling) в английском языке, в котором, как мы все знаем, звучание (фонетика) огромного количества слов не имеет ничего общего с правилами написания. Каждый год в США проходят конкурсы учащихся по орфографии, и победители таких конкурсов являются гордостью не только родителей и учителей, но зачастую всего города или даже штата. И, как выяснилось в результате проекта по моделированию победителей таких конкурсов, все они неосознанно пользовались одной и той же стратегией запоминания. В чём же состоит эта стратегия? Оказалось, что все они сначала на мгновение переводили глаза вверх или прямо перед собой, представляя, визуализируя слово, а затем смотрели вправо вниз, чтобы проверить эту картинку своими ощущениями. Люди же, испытывающие сложности с грамотным написанием или в данном случае произнесением по буквам, пытаются вспомнить слово, проговаривая его, опираясь на звучание. Это, оказывается, не столь эффективно.

Грамотные люди говорят, что внутренний образ слова связан у них с ощущением, что это слово им знакомо. Я помню, как когда-то обсуждал это с редактором одной газеты, на что он сказал мне буквально следующее: «Когда я смотрю на текст, слова с ошибками прямо бросаются в глаза! Я их сразу отмечаю. Когда я читаю текст с ошибками, я просто физически начинаю испытывать неприятные ощущения, пока все их не исправлю».

Итак, если вы хотите стать грамотным или уже таковым являетесь и заинтересованы в проверке этого, то ниже приводятся шаги упомянутой стратегии.

Стратегия грамотного письма (Spelling)

1. Подумайте о чём-нибудь, что вы ощущаете как знакомое и приятное. Когда у вас возникнет это ощущение, в течение нескольких секунд посмотрите на слово в книге или в словаре, которое вы собираетесь написать. Ещё лучше вначале выписывать слова на карточки. Закройте глаза и создайте кар-

тинку этого слова в левом верхнем квадрате на своём внутреннем экране.

2. Откройте глаза и сравните слово на бумаге с вашей внутренней картинкой. Повторяйте процесс до тех пор, пока вы не сможете увидеть внутренним зрением слово целиком.

3. Посмотрите вверх на ваш внутренний образ этого слова и затем напишите то, что вы видите. Проверьте правильность. Если заметите ошибку, вернитесь к шагу 1, снова рассмотрите слово и сделайте образ чётким в своей голове.

4. Сделайте проверку. «Спишите» ещё раз слово со своего внутреннего экрана на бумагу и посмотрите на него. Если у вас появляется похожее комфортное ощущение чего-то узнаваемого и приятного (как в пункте 1) — вы успешно справились!

Обратите внимание на то, что в этой стратегии отсутствует проговаривание слова (исключая тем самым ошибочную стратегию «как слышим, так и пишем») — вы только создаёте картинку и проверяете правильность чувством, ощущением.

Схематически эту стратегию можно записать как:

Ve (вижу слово на бумаге) →
→ Vi (создаю картинку со словом на внутреннем «экране») →
→ Ve/Vi (сравниваю внутреннюю картинку с внешней) →
→ Ki (+) (получаю ощущение схожести)

Обозначения в этой «формуле»:

Ve (Visual external) — внешняя картинка слова.

Vi (Visual internal) — созданная на «внутреннем экране» внутренняя картинка того же слова.

Ve/Vi — сравнение внутреннего образа с написанным на бумаге или карточке словом.

Ki (+) (Kinesthetic) — положительная кинестетика — чувство совпадения двух изображений.

Существует ещё несколько дополнений, которые могут вам помочь при работе с этой стратегией.

а) Используйте субмодальности (см. главу о субмодальностях), чтобы сделать образ слова наиболее отчётливым и запоминающимся. Подумайте о какой-нибудь ситуации, которая действительно вам хорошо запомнилась. Где вы видите её внутренний образ? Каковы его субмодальности? Поместите слово, с которым вы работаете, в то же самое место и придайте ему те же самые субмодальности.

б) Может оказаться полезным раскрасить слово в ваш любимый цвет.

в) Может также быть полезным поместить его на знакомом фоне.

г) Сделайте слово больше по размеру.

д) Если слово оказалось слишком длинным, разбейте его на части по три или четыре буквы в каждой.

Эта стратегия была проверена в университете Монктона (Нью-Брансвик в Канаде). Некоторое количество людей средней грамотности были разбиты на четыре группы. Затем был проведён тест по орфографии с использованием бессмысленных слов, которых студенты никогда ранее не видели. Первой группе (А) показали слова и сказали визуализировать их слева вверху. Вторую группу (Б) тоже попросили визуализировать слова, но не сказали, где именно. Третьей группе (В) просто сказали выучить эти слова любым способом, каким они пожелают. Четвёртой группе (Г) было рекомендовано визуализировать слова, глядя вправо вниз.

Очень интересны результаты тестирования. Группа А показала улучшение результатов «спеллинга» на 20% по сравнению с первоначальными. Группа Б показала улучшение на 10%. Результаты группы В остались примерно теми же самыми — чего и следовало ожидать, так как они не изменили свою стратегию. Результаты группы Г на самом деле ухудшились на 15%, потому что они пытались визуализировать, располагая глаза в той позиции, в которой сделать это чрезвычайно трудно.

Эта стратегия «спеллинга» с успехом применялась в работе с детьми, которые были «помечены» словом дислексия (избирательное нарушение способности к овладению навыками чтения и письма при сохранении общей способности к обучению). На самом деле, часто такие дети просто оказываются более аудиальными или кинестетичными, чем другие.

Сейчас, преподавая нейрологию, я учу своих студентов не только анатомии нашей нервной системы или тому, к каким проблемам приводит нарушение её нормального функционирования, но также и как усваивать эти огромные объёмы новой информации, как «правильно» готовиться к тестам и экзаменам, а ещё — как справляться с очень сильными беспокойствами и страхами, которые испытывают некоторые люди. С последними двумя подходами я хочу поделиться с вами.

«Терапия» для «экзамо-фобов»

Одна из проблем, возникающая во время сдачи тестов или экзаменов, тоже связана с внутренним состоянием. Обычно процесс подготовки происходит в комфортном окружении, в своей комнате, где всё знакомо, или в спокойной атмосфере библиотеки. Приходя же в экзаменационную комнату, студенты нередко начинают сильно нервничать и забывают материал, который они изучали. Почему? Потому что эти знания связаны со спокойным, комфортным состоянием! Изменилось состояние — и доступ к информации затруднился. Поэтому я предлагаю своим студентам «взять с собой» их привычное окружение. Для этого можно просто на несколько минут закрыть глаза и представить помещение, в котором вы занимались. Какого цвета стены, как выглядит мебель... Можно даже представить, что вы удобно устраиваетесь в вашем любимом кресле. Вспомните книги или ваши конспекты на столе. И вы можете даже заглянуть в них.

> Одна из проблем, возникающая при сдаче экзаменов, связана с внутренним состоянием. Обычно процесс подготовки происходит в комфортном окружении, в своей комнате или библиотеке, где всё знакомо. Приходя же в экзаменационную комнату, студенты нередко начинают нервничать и забывают материал, который они изучали.

А теперь мы подходим ко второму важному моменту, которому я учу своих студентов. Он заключается в том, как правильно использовать свой внутренний экран, представляя на нём необходимую информацию. По сути, я объясняю, как... готовить шпаргалки и списывать во время экзамена! Только в данном случае «шпаргалки» воображаемые, и «подглядывают» учащиеся в свой собственный внутренний экран.

Вот пошаговая инструкция, которую получают мои студенты для подготовки к экзаменам:

Шаг 1. Перед началом подготовки постарайтесь приблизить своё окружение к тому, с которым вы столкнётесь на экзамене.

Шаг 2. Вспомните время, когда вы чувствовали себя уверенно, спокойно и были сфокусированы на чём-то одном. Вспомните то, что вы видели тогда, как будто вы находитесь там, услышьте то, что вы слышали в той ситуации. И почувствуйте себя так, как вы чувствовали в то время.

Шаг 3. Во время подготовки время от времени начинайте представлять, что ваши записи, которые содержат необходимую информацию, «развешаны» в пространстве комнаты в разных местах. Представьте их большого размера, чтобы вы могли «прочитать» содержимое не только с того места, где вы сейчас находитесь.

Шаг 4. Во время экзамена вернитесь мысленно в привычное окружение и воспроизведите то же состояние — уверенности, спокойствия и сфокусированности на предмете.

Шаг 5. Отвечая на вопросы, вернитесь в комнату с «развешанными» на стенах записями. Найдите необходимые записи, отвечающие на поставленные вопросы.

Шаг 6. Поддерживайте своё внутреннее состояние, пока не ответите на все вопросы экзамена. Обращайте внимание на своё дыхание. При необходимости воспользуйтесь дыхательными упражнениями.

Следующая техника поможет быстро справиться со страхом или приступом беспокойства перед предстоящим экзаменом. Она так же хорошо работает относительно любого события в будущем, которое вызывает сильные эмоции. Среди этих событий могут быть презентации на работе, походы к врачу или интервью при устройстве на работу. Если вы знаете, что это событие всё равно произойдёт — вопрос лишь в том, сколько эмоциональных сил и нервных клеток вы на это потратите.

Итак,

Техника «Линия времени»

Шаг 1. В своём воображении на полу перед собой представьте свою «линию времени».

Шаг 2. Мысленно на этой линии времени отметьте точку, которая соответствует данному моменту. Обычно это точка, которая находится на представленной вами линии непосредственно под вами.

Шаг 3. Затем представьте другую точку, соответствующую времени, когда это событие (экзамен, интервью, презентация и т. д.) будет проходить. Чаще всего будущее «разворачивается» для нас вправо от точки, где мы находимся прямо сейчас.

Шаг 4. Мысленно поднимитесь над своей линией времени и окажитесь в 15 минутах после того, как событие, по поводу которого вы беспокоились, удачно завершилось.

Шаг 5. Повернитесь и посмотрите из этой точки будущего на настоящее над линией времени. Присутствует ли ещё беспокойство в точке, когда событие уже произошло?

Шаг 6. Вернитесь в настоящее. Подумайте о том, что прежде вызывало беспокойство, и убедитесь, что теперь чувства уравновешены или нейтральны.

Шаг 7. Воспользуйтесь результатом!

Мой путь. Через «ведьмин студень» — к «Комнате желаний»

На любом жизненном пути (если только это путь к развитию, а не наоборот), после очень важного «первого шага» — за порог «устоявшегося привычного» — следует не менее важный этап преодоления препятствий и преград. Тех самых испытаний, которые помогают каждому из нас стать лучше, мудрее, решительнее, целеустремлённее в поисках своего собственного счастья — во всех его видах. Мы все сталкиваемся с жизненными вызовами, которые очень часто воспринимаются нами как катастрофы, несчастья, отвернувшаяся удача — не осознавая, что на самом деле мы подошли к лестнице, которая может перевести нас на другой уровень в «игре» под названием жизнь. Да, действительно очень сложно воспринять испытания именно в таком формате, если находиться внутри установленных рамок, не умея посмотреть на происходящее со стороны, — а ещё лучше «сверху», как бы выйдя за пределы «матрицы» и начиная замечать причинно-следственные связи, соединяющие, казалось бы, разрозненные события в стройную систему… И вот в этой модели у наших страхов, тревог, волнений, являющихся едва ли не главным содержимым подавляющего большинства наших преград, есть своя важная функция — «гнать» нас по определённым «маршрутам этого лабиринта», не давая возможности остановится, оглядеться или, тем более, «встать на цыпочки» и увидеть всё устройство этого «лабиринта». Проиллюстрировать это я хотел бы одной притчей, найденной на просторах интернета. Она, как мне кажется, рассказывает о нас с вами — о том, что любые выходы, которые мы находим из наших «лабиринтов испытаний», ценны сами по себе, потому что нет ничего важнее получаемого нами при этом опыта.

Пять мудрецов

Пять мудрецов заблудились в лесу. Первый сказал: «Я пойду влево — так подсказывает моя интуиция». Второй сказал: «Я пойду вправо — недаром считается, что "право" от слова "прав". Третий сказал: «Я пойду назад — мы оттуда пришли, значит, я обязательно выйду из леса». Четвёртый сказал: «Я пойду вперёд — надо двигаться дальше, лес непременно закончится, и откроется что-то новое». Пятый сказал: «Вы все неправы. Есть лучший способ. Подождите меня». Он нашёл самое высокое дерево и взобрался на него. Пока он лез, все остальные разбрелись — каждый в свою сторону. Сверху он увидел, куда надо идти, чтобы быстрее выйти из леса. Теперь он даже мог сказать, в какой очерёдности доберутся до края леса другие мудрецы. Он поднялся выше и смог увидеть самый короткий путь. Он оказался над проблемой и решил задачу лучше всех! Он знал, что сделал всё правильно. А другие — нет. Они были упрямы, они его не послушали. ОН был настоящим Мудрецом!
Но это не всё — потому что…
ОН ОШИБАЛСЯ.
ВСЕ поступили правильно. Тот, кто пошёл влево, попал в самую чащу. Ему пришлось голодать и сражаться с дикими зверями. Но он научился выживать в лесу, стал частью леса и мог научить этому других. Тот, кто пошёл вправо, встретил разбойников. Они отобрали у него всё и заставили грабить вместе с ними. Но через некоторое время он постепенно разбудил в разбойниках то, о чём они забыли, — человечность и сострадание. Раскаяние некоторых из них было столь сильным, что после его смерти они сами стали мудрецами. Тот, кто пошёл назад, проложил через лес тропинку, которая вскоре превратилась в дорогу для всех желающих насладиться лесом, не рискуя заблудиться. Тот, кто пошёл вперёд, стал первооткрывателем. Он побывал в местах, где не бывал никто, и открыл для людей прекрасные новые возможности, удивительные лечебные растения и великолепных животных. Тот, кто влез на дерево, стал специалистом по нахождению коротких путей. К нему обращались все, кто хотел побыстрее решить свои проблемы — даже если это не приведёт к развитию. Так все пятеро мудрецов выполнили своё предназначение.

Умей подняться ВЫШЕ и увидеть короткий путь.
Умей разрешить другим идти собственным путём.
Умей признать Мудрецами всех — каждый путь важен и достоин уважения.
А ещё…
Умей заглянуть за финал — там всегда есть продолжение.
Вот такие они, самые основные «экзамены жизни» — ни чета школьным или институтским — которые ведут нас через «игру» и «лабиринты жизни» ко всем нашим победам.

И здесь мне опять вспоминается образ Сталкера из одноимённого фильма Андрея Тарковского по знаменитой повести Стругацких «Пикник на обочине» — как проводника за пределы «лабиринта», который, может быть, обходным путём, но ведёт к «Комнате желаний». Вот только путь к ней лежит через множество преград и испытаний, таких как «ведьмин студень», «жгучий пух», «мясорубки» — и прочие крайне опасные и неожиданные «ловушки», преграждающие путь к заветной цели главного героя «Сталкера» и его спутников.

Уверен, что в своей жизни и вы можете найти аналоги этих «ловушек-испытаний» из повести гениальных Стругацких, с которыми довелось столкнуться лично вам. Вспомните — были ли у вас моменты, когда казалось, что липкий вязкий страх обволакивает вас, как студень, ощущением смертельной опасности, не давая двигаться вперёд и убеждая, что «всё кончено»? Не чувствовали ли вы тогда, будто сами становитесь этим страхом, пронизывающим всю вашу суть? И не было ли на вашем жизненном пути «за счастьем» ситуаций, когда что-то (например, чьи-то слова) обжигали вас так сильно, словно нечто неудержимо раскалённое расплавляло ваш «защитный костюм», который вы старательно создавали вокруг себя? А может быть, в самый последний момент, когда казалось, что ваше желание или главная мечта вот-вот исполнится, на пути возникал страшный образ «мясорубки», перемалывающей все ваши достижения и надежды? Впрочем, возможно, ваши испытания могли носить более ординарные названия, например, «конфликтные ситуации», «непонимание близких», «потеря работы», «расставания» и т. д., но каждая из подобных ситуаций имела свою историю, свою «логику» развития и, самое главное, свой смысл — если хотите, свой урок, который вы должны были усвоить, для того чтобы вас «перевели» в следующий класс в вашей персональной «школе жизни».

ГЛАВА 6 ✦ СТРАХ ЭКЗАМЕНОВ

Оглядываясь на пройденный мной самим отрезок жизненного пути, я начинаю всё лучше осознавать те вызовы и испытания, с которыми довелось столкнуться мне. Начиная с моего «чернобыльского» призыва, я вижу сейчас достаточно ясно все события и решения (мои собственные), которые привели и к самому «попаданию» в эту грозную и опасную «зону» с её на тот момент не до конца изученной угрозой. И далее преодолеть все последствия этого, когда мне пришлось идти через самые разные «испытания на прочность», частично описанные в этой книге, которые, собственно, и дали мне этот поистине бесценный опыт. Правда, иногда мне кажется, что на своём пути я проживаю не одну жизнь — свою собственную, а значительно больше — с каждым обращающимся ко мне за помощью человеком… При этом, с одной стороны, я испытываю большую ответственность за предлагаемые мною решения в той или иной ситуации, а с другой — огромную благодарность за оказываемое мне доверие! Как я люблю часто говорить, «Реальная жизнь всегда сложнее, многогранней и интересней любой книги или любого сценария…»

Ну что же, теперь вам, мой читатель, предстоит сделать ещё одно очень важное дело. Точнее даже не сделать — а осознать. Осознать, что именно процесс «прохождения» и «преодоления» и является тем самым необходимым «обходным» путём (снова «Сталкер») — часто длиною в целую жизнь, приводящим нас с вами к нашей «Комнате», где есть всё… И лишь благодаря этому пути и этим испытаниям мы становимся достойными Героями собственной жизни и судьбы, которые действительно готовы озвучить в своей личной Комнате желаний самое ДОСТОЙНОЕ из них…

Глава 7

Глава о счастье...

> Счастье — это свойство характера. У одних в характере его всё время ждать, у других — непрерывно искать, у третьих — повсюду находить.
>
> *Эльчин Сафарли, современный писатель, журналист, «Мне тебя обещали»*

> Несчастным или счастливым человека делают только его мысли, а не внешние обстоятельства. Управляя своими мыслями, он управляет своим счастьем.
>
> *Фридрих Вильгельм Ницше, немецкий философ, культурный критик и филолог*

> Когда мы развиваемся духовно, мы учимся принимать то, что с нами происходит, включая негативные эмоции, которые перестают быть для нас источником страданий и становятся просто проходящим опытом. Нашу жизнь определяют не страдания и разочарования, а то, как мы к ним относимся и перерабатываем в опыт.

«Наука о счастье»

В июле 2019-го я прошёл дистанционный курс в Йельском университете под названием «Наука о счастье», который вела профессор Лори Сантос. Курс начинался с рассмотрения расхожих заблуждений о счастье — таких, например, как: «для достижения счастья необходимо много денег!», «обязательно должна быть очень престижная работа!» или «нужен отпуск, достойный фотогалереи в Инстаграмме!».

Не так давно исследователи провели опрос, выясняя главные цели жизни представителей поколения миллениалов — тех, кто родился в период с начала 1980-х до конца 2000-х годов. Более 80 % опрошенных уверенно заявили, что их главная цель — стать богатыми. Кроме того, половина участников назвали также и другое желание — стать знаменитыми. Конечно, каждый из нас стремится к счастливой жизни, безусловно исходя при этом из своих индивидуальных представлений о счастье. Вот только многие не знают, как этого достичь, а порой даже и не могут представить себе, в каком именно случае они были бы счастливы. Так в чём же состоит универсальная формула счастья? Какие факторы могут обеспечить нам счастливую жизнь? Именно на такие глобальные вопросы мы и находили ответы на этом курсе.

В частности, мы разбирали результаты исследования, которое вошло в историю психологии под названием «Великое исследование». Собственно, называть его «историческим» не совсем верно, так как, несмотря на то что всё началось в далёком 1938 году, это исследование продолжается до сих пор, правда, за это время успели смениться четыре его руководителя… Итак, в 1938-м психиатр из Медицинской школы Гарвардского университета Арли Бок и профессор психологии из того же университета Уильям Грант задались вопросом: почему медицинская наука занимается только патологиями и не интересуется правилами здоровой счастливой жизни? Именно этот вопрос лёг в основу исследования Гранта, или так называемого «Гарвардского Исследования развития человека».

Специалисты отобрали две группы мужчин — 724 человека. Участниками первой группы были студенты второго курса Гарвардского колледжа. Участниками второй — юноши из беднейших районов Бостона. За те десятилетия, с начала наблюдения до сегодняшнего дня (а оно, как я уже сказал, до сих пор не завершено), жизнь этих людей сложилась по-разному. Многие из них воевали во Второй мировой. Кто-то стал фабричным рабочим, кто-то врачом, кто-то успешно продвигался по социальной лестнице, кто-то, напротив, превратился в алкоголика. А один из участников исследования даже был избран… президентом США! Им стал Джон Кеннеди… Год за годом психологи встречались с этими людьми очно и посылали анкеты со множеством вопросов о ходе их жизни и ощущении благополучия. Также учёные собирали биомедицинские данные, беседовали с родственниками участников эксперимента. За эти годы было собрано и проанализировано огромное количество информации, в том числе отвечающей на вопрос, что на самом деле делает нас счастливыми? И главный вывод, к которому пришли исследователи, представьте, никак не связан ни с богатством, ни со славой, ни с усердной напряжённой работой! 84 года изучения позволили совершенно определённо сказать: здоровыми и счастливыми нас делают в первую очередь… хорошие отношения!

Если говорить чуть подробнее, то учёные узнали три важных вещи об отношениях. Первая: социальные взаимодействия, отношения с другими людьми действительно полезны и необходимы, а их отсутствие, а особенно одиночество — по-настоящему убивает. Люди с крепкими, многочисленными социальными связями, которые объединяют их с близкими, друзьями, соседями, чувствуют себя более счастливыми, они более здоровы физически и живут дольше. В то же время люди, изолированные от других больше, чем им самим того хотелось, — однозначно менее счастливы. Их здоровье оставляет желать лучшего, а многие функции мозга слабеют и утрачиваются заметно раньше… В результате и жизнь их оказывается более короткой.

> Главный вывод, к которому пришли исследователи, был никак не связан ни с богатством, ни со славой, ни с усердной напряжённой работой! 84 года изучения позволили совершенно определённо сказать: здоровыми и счастливыми нас делают в первую очередь… хорошие отношения!

Второй важный вывод: дело не в количестве друзей и даже не в наличии постоянного партнёра. Самое главное — качество отношений с близкими. Как выяснилось, жизнь в состоянии конфликта совершенно буквально вредит нашему здоровью! И потому семьи, в которых много ссор и мало тепла и заботы, возможно, влияют на нас даже более пагубно, чем разводы.

И наконец, третий урок состоит в том, что хорошие отношения защищают не только наше тело, но и наш мозг. Крепкая, надёжная привязанность стимулирует его функции. Например, люди, удовлетворённые своими отношениями, дольше сохраняют отличную память. Причём это совсем не значит, что отношения должны быть исключительно безоблачными. Многие из пар в проводимом исследовании и после 80 лет были способны бурно ссориться и сутками напролёт выяснять отношения! Дело не в этом, а в том, что даже во время самой горячей перебранки они продолжают прекрасно осознавать — в момент, когда будет ДЕЙСТВИТЕЛЬНО тяжело и плохо, они смогут положиться на своего партнёра! На память и прочие функции мозга такие ссоры никакого влияния не оказывают.

Есть ещё некоторые полезные выводы из этого исследования, которыми хочется поделиться. «Развитие человека длится всю жизнь. Каждый возраст хорош по-своему». «Принять жизнь такой, какова она есть — эта мудрость венчает счастливую жизнь». «Относиться к себе и к прошлому с юмором — непременное условие счастливой жизни». «Хорошие отношения с матерью в детстве обещают высокий доход и крепкие умственные способности в зрелости. Хорошие отношения с отцом — меньшую тревожность и большую удовлетворённость жизнью в старости».

Остановиться я хотел бы здесь на жизненной мудрости, которая заключается в «умении принять жизнь такой, какой она есть». Потери в жизни, конечно, неизбежны. Но если боль и разные страхи — это часть жизни, то страдания — это чаще всего наш неосознанный выбор, который мы в силах изменить!

Представьте, что вы узнали: вам осталось жить только неделю... Как вы проведёте эту неделю? Будете ли вы ныть, беспокоиться, жаловаться, бояться? Продолжите переживать из-за какой-то прошлой ситуации? Выберите ли страдать и мучиться все эти последние дни? Или вы хотели бы провести их с друзьями и семьёй, которых вы любите, общаясь, делясь своими самыми искренними и сокровенными эмоциями? Может быть так, что вы бы попытались получить как можно больше удовольствия за это время? Из каждого мгновения, которое у вас осталось... В любом случае, этот выбор будет зависеть от вас!

В реальности мы не можем предсказать, сколько дней у нас осталось в этой жизни, но мы можем контролировать то, как мы хотим себя чувствовать. Есть такое выражение: «Когда смерть близка, жизни можно не бояться». Я предлагаю начинать пользоваться этим убеждением как можно раньше! Мы уже говорили о том, что именно наши убеждения определяют для нас то, что мы считаем правдой, то, что мы принимаем как возможное или невозможное для нас. И это относится не только к нашим представлениям о мире, но БУКВАЛЬНО и к тому, что наше тело, наша физиология принимает как реальность! Всё это очень наглядно демонстрирует хорошо известный сейчас эффект плацебо.

«Пустышка» со смыслом и «Мистер Смех»

Впервые эффект плацебо был обнаружен в годы Второй мировой войны анестезиологом по имени Генри Бичер, у которого закончился морфин прямо на операции во время немецкой бомбардировки. Бичер прекрасно понимал, что без наркоза операция может закончиться фатально из-за опасности болевого шока. Солдат кричал от боли… Отчаявшись, медсестра ввела ему шприц с физиологическим раствором, сказав раненому, что он получает сильное обезболивающее. И… это сработало! Боль утихла и, к удивлению хирургов, солдат перенёс операцию так, словно действительно был под действием обезболивающего препарата! Этот опыт Бичеру затем пришлось повторять неоднократно, когда запасы морфия кончались, а вернувшись домой после войны, он решил заняться феноменом плацебо самым серьёзным образом. Он провёл длительные исследования в Гарвардской медицинской школе и в 1955 году опубликовал статью о результатах. По итогам 15 клинических испытаний было обнаружено, что примерно трети пациентов «пустышки» приносили заметное улучшение. В своей статье Бичер назвал этот феномен «эффектом плацебо». Таким образом, эффектом плацебо называют феномен улучшения состояния пациента после приёма вещества без лечебных свойств, которое внешне имитирует лекарство. Чаще всего плацебо представлено в виде таблеток или инъекций. Для его изготовления используются безвредные, нейтральные вещества. Например, таблетки могут состоять из глюкозы или крахмала, а инъекции — из физраствора. Термин произошёл от латинского слова *placebo*, что означает «буду угоден, понравлюсь». Изначально в английском языке употребление слова не было связано с медициной и использовалось в значении «льстить». В медицинском же контексте это слово стало использоваться в XVIII веке, когда врачи, не имея действующих лекарств, назначали «пустышки» пациентам, чтобы удовлетворить их желание принимать таблетки. Эффект плацебо прослеживается при ряде психических заболеваний, болевом синдроме, бронхиальной астме, болезни Паркинсона, синдроме раздражённой кишки, ишемической болезни сердца и артериальной гипертензии. Неспроста плацебо используется как контрольный препарат в клинических испытаниях всех новых лекарственных препаратов в процедуре количественной оценки эффективности лекарств. Одной группе испытуемых дают тестируемый препарат, проверенный на животных, а другой — плацебо. Эффект от применения препарата должен достоверно превышать эффект плацебо, чтобы препарат сочли действующим.

> Эффектом плацебо называют феномен улучшения состояния пациента после приема вещества без лечебных свойств, которое внешне имитирует лекарство.

Обобщение данных большого числа исследований с плацебо-контролем показало, что к плацебо чувствительны около 35 % больных с органическими заболеваниями и 40 % — с функциональными расстройствами. Ну а среди больных, которым к моменту назначения препарата не был поставлен точный диагноз, применение плацебо привело к улучшению в 80 % случаев! Причём вероятность и величина эффекта зависят от цвета капсулы: красные, жёлтые или коричневые действуют хорошо, синие или зелёные — хуже, а пилюли фиолетового цвета не действуют вообще!

Но и помимо плацебо у нас есть способы воздействия на нашу психику и физиологию, доступные каждому из нас. И одно из них… смех! Более 50 лет назад Норман Казинс именно смехом победил страшную болезнь и показал, что способности человека практически безграничны!

В 1964 году журналист и главный редактор газеты *Saturday Revue* Норман Казинс почувствовал себя плохо. У него резко повысилась температура, появилась ломота во всём теле. Состояние здоровья ухудшалось, и уже через неделю ему стало трудно двигаться, поворачивать шею, поднимать руки. Ему пришлось лечь в больницу, и вскоре был поставлен фатальный диагноз: коллагеноз — аутоиммунное заболевание, поражающее весь организм, при котором иммунная система проявляет агрессию к собственной соединительной ткани, другое название — болезнь Бехтерева.

День ото дня тело Казинса становилось всё более неподвижным, он с огромным трудом шевелил руками и ногами, переворачивался в постели… Наступил момент, когда он просто не смог разомкнуть челюсти, чтобы хоть немного поесть… Страх, тоска, обида на несправедливость судьбы охватили его. Казинс перестал разговаривать даже с близкими людьми и проводил целые дни, отвернувшись к стене больничной палаты. Лечащий врач, доктор Хитциг, поддерживал Нормана как мог, привлекая для консультаций лучших специалистов, но болезнь прогрессировала. И тогда Норман спросил врача о своих шансах на выздоровление. Ответ его потряс: из пятисот больных коллагенозом выздоравливает только один… Всю ночь Норман не спал и размышлял. «Если я хочу остаться в живых, надо действовать самому. И поскольку врачи и лекарства бессильны перед моей болезнью, я должен найти другой путь исцеления». Он вспомнил слова доктора Хитцига о том, что организм мобилизуется на борьбу с любой болезнью, если его эндокринная система работает на полную мощность. А страх, уныние, длительная депрессия, по наблюдениям учёных, наоборот, угнетают деятельность эндокринной системы... В ответ на эти негативные эмоции надпочечники выделяют гормоны стресса — адреналин и норадреналин, которые попадают в кровь и распространяются по всему телу. Когда их слишком много, они действуют на организм разрушительно. Размышления привели Казинса к очевидной мысли: если отрицательные эмоции, угнетая эндокринную систему, являются «провокаторами» заболеваний, то эмоции положительные, активизируя её деятельность, могут стать «стимуляторами» выздоровления! Причём каждый человек обладает очень простым и доступным средством исцеления — смехом!

Казинс выписался из больницы и переехал в номер гостиницы, где ничто не напоминало ему о болезни. В номер был доставлен кинопроектор, а также лучшие комические фильмы и книги. Казинс смеялся каждый день не менее шести часов. Его глаза опухли от слёз, но это были слёзы выздоровления! Дозы противовоспалительных средств снижались, а со временем он совсем прекратил принимать лекарства, в том числе и снотворные — к нему вернулся сон.

Через месяц Казинс смог впервые без боли пошевелить пальцами рук. Он не верил своим глазам: утолщения и узлы на теле стали уменьшаться! Ещё через месяц он смог активно двигаться в кровати, и это было прекрасное ощущение... Наступил момент, когда больной встал с постели. Правда, ещё много месяцев он не мог поднять руку настолько, чтобы достать книгу с верхней полки. Ещё дрожали колени, а ноги подкашивались при ходьбе. Но он уже настолько оправился от болезни, что мог вернуться к работе. Уже одно это было для Казинса настоящим чудом! Смех стал его основным лекарством, которое он успешно применял несколько лет подряд.

Через десять лет Казинс случайно встретил одного из врачей, приговоривших его к неподвижности и медленной смерти. Тот был совершенно ошарашен, увидев Казинса живым и здоровым... Здороваясь, Норман сжал руку врача с такой силой, что тот сморщился от боли. Сила этого рукопожатия была красноречивее всяких слов.

В 1976 году Норман Казинс издал автобиографическую книгу «Анатомия болезни (с точки зрения пациента)», которая буквально вызвала шок и публики, и у врачей. Опираясь на собственный

опыт, автор показал, что положительное эмоциональное состояние может вылечить даже от тяжелейшей болезни. На сегодняшний день исцеление Нормана Казинса — один из наиболее научно изученных и описанных случаев в медицине такого рода.

В НЛП существует техника, которая так и называется «ПРОГНАТЬ СТРАХИ СМЕХОМ».

Вот она.

Практика «Прогнать страхи смехом»

1. Вспомните момент, когда вы хохотали от души — когда вы смеялись так, что не могли остановиться. Вспомните свои ощущения, воскресите их в душе, испытайте заново!
2. Начните посмеиваться, вспоминая свой опыт. Смейтесь до тех пор, пока смех не перейдёт в естественный.
3. Продолжая смеяться, начните думать о том, чего вы боялись. Обратите внимание на то, как изменяются ваши чувства, когда вы вспоминаете о страхе со смехом. Продолжая смеяться, заметьте, как субмодальности характеристики страха меняются буквально на глазах, одновременно с изменением вашего настроения.

Далай-лама и «Книга радости»

В апреле 2015 года в Дхарамсале (Индия) встретились два самых радостных человека на свете — лауреаты Нобелевской премии Его Святейшество Далай-лама XIV и Архиепископ Десмонд Туту. Встреча была посвящена восьмидесятилетнему юбилею Далай-ламы. Но не только этому. Мировые духовные лидеры обсуждали препятствия, которые мешают нам радоваться жизни, подробно проговаривали негативные эмоции, их воздействие на человека и главное — пытались выяснить «что делать?». Как справиться с гневом, яростью, горем утраты, отчаянием, разочарованием, завистью? Как найти радость в жизни, когда нас обуревают повседневные невзгоды — от недовольства дорожными пробками до страха, что мы не сможем обеспечить семью; от злости на тех, кто несправедливо с нами обошёлся, до горя утраты любимого человека; от опустошённости, которую приносит тяжёлая болезнь, до бездны отчаяния, приходящей со смертью… Диалоги велись в течение недели. В результате родилась книга под названием «Книга радости. Как быть счастливым в меняющемся мире».

В этой книге великие Мастера решили поделиться тем, чему научились за долгие годы, и вместе ответить на вопрос «Как найти радость перед лицом неизбежных страданий нашей жизни?». Он оказался наиболее распространённым среди вопросов, собранных по всему миру специально для этой встречи писателем и просветителем Дугласом Абрамсом, который принимал участие в обсуждении и тоже стал соавтором книги.

С точки зрения обоих духовных лидеров, чтобы стать счастливыми, нам необходимо помнить о нашей ответственности перед всеми людьми и развивать в себе любовь и сострадание. Эти качества ведут к спокойствию ума и обретению истинной радости. По словам Архиепископа Туту, истинная радость наполняет жизнь смыслом и делает нас более духовными. А любые страдания — это возможность развить положительные качества, которые поддержат эту радость. Благодаря сложностям и страданиям, человек способен стать более внимательным к окружающим, более сострадательным и щедрым. Наша реакция на сложности и страдания — отражение уровня нашего духовного развития и пути, которым мы идём. Если каждый человек будет воспринимать сложности как ступеньки роста, то мы вместе избавим планету от истинных страданий — утверждают эти два самых радостных человека на свете!

> Наша реакция на сложности и страдания — отражение уровня нашего духовного развития и пути, которым мы идем. Если каждый человек будет воспринимать сложности как ступеньки роста, то мы вместе избавим планету от истинных страданий!

По словам Далай-ламы, радость — это состояние, которое мы обретаем, достигая самой главной цели нашей жизни: устранения страданий и обретения счастья. И хотя достижение радости не избавит нас от неизбежных трудностей в жизни, оно позволит нам легче с ними справляться. На плохие события мы спонтанно реагируем страхом, гневом или раздражением. Но если фиксироваться только на негативной стороне нашего опыта, развить состояние радости невозможно. Когда мы развиваемся духовно, мы учимся принимать то, что с нами происходит, включая негативные эмоции, которые перестают быть для нас источником страданий, а становятся просто проходящим опытом. Нашу жизнь определяют не страдания и разочарования, а то, КАК МЫ К НИМ ОТНОСИМСЯ и перерабатываем в опыт: только сместив фокус восприятия с самих себя на других, развив эмпатию и сострадание, можно создать основу радостного состояния. Далай-лама также добавляет: страхи — это лишь проекции ума, которым мы уделяем чрезмерное внимание.

Вместе с тем исследования, проведённые психологами Филипом Брикманом, Дэном Коутесом и Ронни Жанофф-Булменом в 1978 году, показали, что существует «заданная величина», определяющая уровень нашего счастья в течение жизни. Попав в новую ситуацию (например выиграв в лотерею), спустя время мы привыкаем к ней и возвращаемся к исходному состоянию. Иными словами, начинается бесконечная и безуспешная «погоня за морковкой счастья», чем столь успешно пользуются маркетологи и рекламисты, когда убедительно рассказывают об острой необходимости срочно приобрести очередной дорогостоящий товар — «символ счастья».

Вопреки этому американский профессор кафедры психологии в Калифорнийском университете Соня Любомирская, написавшая бестселлер «Как прийти к счастью: научный подход к достижению желаемой жизни», в своих исследованиях показывает, что более счастливыми нас делают три фактора: позитивная оценка ситуации, благодарность и проявление доброты и щедрости. Большого количества денег, как видите, в перечне нет.

Это полностью совпадает с утверждениями Далай-ламы, который считает, что для развития состояния внутренней радости, помогающего избежать страданий, в первую очередь нам необходимо укреплять «психологический иммунитет». И сделать это возможно, лишь наполнив ум и сердце положительными мыслями и эмоциями, среди которых можно выделить восемь качеств, являющихся основой радости. Все эти качества пронизаны разными оттенками любви, а три фактора, названные Соней Любомирской, конечно же, можно среди них отнести к базовым.

Страх… счастья! Или — в поисках «фотона темноты…»

Когда человек не может обнаружить в жизни её основу — Любовь и Приятие — то ему иногда начинает казаться, что всё хорошее представляет для него… угрозу. Прежде всего речь идёт, конечно же, о любви к самому себе (не путать с эгоизмом и нарциссизмом!), потому что мы можем дать, поделиться с другими только тем, что у нас есть. Нелюбовь, неуважение к другим начинаются с отсутствия любви и уважения к себе.

Так вот, если всего этого явный недостаток (неважно сейчас, по каким причинам), то человек с «философским складом» заблудившегося в потёмках ума (без света Любви), действительно может начать относиться к хорошим, счастливым событиям в своей жизни подозрительно, как к чему-то случайному или временному. Самое распространённое объяснение — «после хорошего обязательно наступит очень плохое, а я этого не хочу, так пусть лучше не будет и этого сомнительного хорошего». Другой вариант о том же: «жизнь — как зебра, за белой полосой придёт страшная и чёрная, так пусть лучше — всё серое…»

Оказывается, это не просто «такие взгляды», всё далеко не столь безобидно, и некоторые медицинские эксперты относят подобное нарушение нашего «встроенного позитива» к хроническим тревожным расстройствам. Есть даже специальный термин для такого заболевания — хайрофобия, или, как её чаще называют, черофобия, от греческого *chairo* — «быть счастливым».

В целом, черофобия — это боязнь быть счастливым и получать удовольствие от жизни. Как я уже говорил, черофобам кажется, что за счастье всегда приходится платить — поэтому они предпочитают вовсе не веселиться и сторонятся любых радостей, праздничных мероприятий и так далее. А вдруг расплата не заставит себя ждать?!

Вероятно, до какой-то степени все мы в душе немножечко черофобы. Это может быть связано с нашими прошлыми опытами, когда мы проходили через разрушения наших самых светлых ожиданий или когда самое лучшее и счастливое действительно было сметено новыми, уже совсем не радостными обстоятельствами. Так что в определённых случаях инстинкт самосохранения начинает «дуть и на холодное». Однако на такой «волне» недалеко и до уныния, готового перейти в глубокую депрессию. Ведь без радости, без смеха, улыбок и праздников жизнь теряет всякий смысл — не говоря уже об угнетении иммунной системы и прочих вполне физиологических последствиях, которые, как подробно говорилось выше, как раз и можно вылечить радостью!

Но что же делать?

Давайте для простоты обратимся к вполне традиционной физике и вспомним о… свете. Нет, не духовном, а вполне материальном — физическом. Как известно, свет представляет собой поток элементарных частиц (одновременно являющихся волнами, но сейчас это неважно). Эти частицы называются фотонами. Если есть поток фотонов, значит можно наблюдать свет той или иной интенсивности. А что же такое темнота? Может быть, это поток каких-то «частиц темноты»? О, нет, таких «носителей темноты» не существует! Темнота — это всего лишь ОТСУТСТВИЕ фотонов, и ничего более! Стоит появиться этим «переносчикам света» — и полной темноты больше нет, как минимум наступит не мрак, а хотя бы «полумрак». Это значит, что с темнотой не нужно, да и бесполезно как-то бороться, сражаться или обвинять её в чём-то «тёмном». Нужно лишь «зажечь свет» в любой форме — тогда темнота исчезнет сама… Недаром говорят, что самый яркий свет даёт первая свеча, зажжённая в темноте! Заметить разницу от зажжённых следующих свечей гораздо сложнее… При глубоком осознании этого факта болезненная логика черофобии уступает место пониманию того, что свет (радость, счастье), в той или иной форме обязательно присутствует всюду и во всём — без исключения. Нужно лишь уметь разглядеть его там, и тогда все «опасности полосатости» рассыплются, как карточный домик… Осталось лишь выяснить — точнее вспомнить — как именно разглядеть?

Почти в самом начале первой книги, в главе «Три мозга человека и стратегия преодоления страха», мы подробно разбирали с вами стратегию избавления от страха. Давайте я ещё раз назову шаги этой стратегии.

1. Признать наличие страха.
2. Обратиться к той части себя, которая отвечает за эту реакцию, с вопросом: «Что именно этим страхом ты хочешь сообщить мне или сделать для меня?
3. На основе полученной информации составить план действий.
4. Начать реализовывать этот план (позаботиться о себе).
5. Изменить мышление.

Вспомнили? Сейчас я хотел бы уделить внимание двум пунктам этой стратегии — третьему и пятому. Третий пункт — это про наши цели. Я бы сказал даже больше — о наличии или отсутствии целей. И в связи с этим я бы хотел, чтобы вы запомнили: у вас в жизни есть либо ваши цели, либо ваши страхи! Выбор лишь за вами!

В пятом пункте этой стратегии мы говорили о том, что очень важно поменять восприятие себя — от человека, с которым «жизнь сама случается» и от которого ничего не зависит, — на мышление «капитана» или «водителя», ответственного за происходящее. Собственно, во всех последующих главах мы разными способами шли именно к этой цели. Сейчас, подводя итог, я хотел бы ещё раз подчеркнуть: решением проблем страхов и фобий вовсе не является некое волшебное состояние «антистраха». Его просто не существует! По той простой причине, что и самих страхов, как и «фотонов темноты» в природе нет. Есть лишь ОТСУТСТВИЕ света Любви, света Счастья, света Радости — и вот тогда вместо этих ярких проявлений нашего с вами Внутреннего Света мы обнаруживаем темноту «страшных страхов» и «навязчивых фобий»...

Я очень надеюсь, что эта книга поможет вам найти свой внутренний путеводный «яркий огонёк Радости» в, как иногда может показаться, «тёмном» лабиринте жизненных ситуаций и обстоятельств. И вот тогда, НЕЗАВИСИМО ОТ НИХ, вы никогда не будете расставаться с желанным состоянием ВАШЕГО ЛИЧНОГО внутреннего Счастья!

Наш путь. «Путь Героя»

В конце 2021 года я решил, что после двух «сумасшедших» короновирусных лет пришло время позаботиться о себе. Я подумал о том, как много времени прошло с того момента, когда я сам был участником обучающего семинара... Те, кто когда-нибудь участвовал в групповой работе или интенсивных семинарах, знают это чувство, точнее, комбинацию чувств — с одной стороны, глубокое погружение в себя, проработку каких-то своих актуальных проблем, а с другой — чувство единения с людьми, сопровождающими тебя в этом захватывающем «путешествии». Во многом это ведь действительно похоже на путешествие, поход, в котором возможны любые неожиданности! Как и в походе, во время прохождения семинара ты сталкиваешься с определёнными препятствиями, которые нужно преодолеть, и тогда очень быстро становится понятно, «кто есть кто» в группе. А когда семинар заканчивается, ты возвращаешься «к нормальной жизни» несколько другим человеком... Конечно, я говорю о семинарах или группах, которые проводят НАСТОЯЩИЕ мастера...

Одним словом, я начал смотреть, какие программы предлагает кто-то из тех людей, которые могут меня заинтересовать.

Джудит Делозье

И — о чудо! — нашёл просто идеальный для себя вариант! Совпало буквально всё — и ведущий (точнее, в данном случае ведущая), и тема! Практически с самого начала изучения НЛП я мечтал побывать на семинаре легендарной Джудит Делозье, которую иногда называют «мамой НЛП». Она входила в первую группу учеников и последователей, изначально сформировавшуюся вокруг Джона Гриндера и Ричарда Бендлера. Джудит и сама очень много внесла в создание и развитие НЛП. На протяжении более 40 лет она преподаёт НЛП в Европе, Азии, Индонезии, Австралии, Мексике, Центральной Америке, Канаде и США. Джудит изучала антропологию, историю религий, психологию в университете Санта-Круз в Калифорнии, где и познакомилась с Джоном и Ричардом. Она является автором ряда книг и совместно с Робертом Дилтсом организовала Университет НЛП. Раньше я видел записи семинаров, которые вела Джудит, и теперь хотел на себе испытать её методики в качестве участника.

Темой её семинара, на который я попал, был так называемый «Путь Героя». Сам термин и идея Пути пришли в НЛП из работ известного исследователя мифологии, автора трудов по сравнительной мифологии и религиоведению Джозефа Кэмбелла. Изучая и сравнивая истории, а также мифы различных стран и народов, он пришёл к неожиданному выводу: у всех мифов есть единая структура сюжета, которой он дал название Путь Героя. Согласно Кэмбеллу, герой из мифа в миф структурно проходит один и тот же путь, с одними и теми же испытаниями. Он назвал это **мономифом**, или **единым мифом**. Его книги «Сила мифа» и «Тысячеликий герой» стали мировыми бестселлерами. Описанные шаги Пути Героя используются авторами многих книг и создателей голливудских блокбастеров. В частности, Джордж Лукас никогда не скрывал, что сюжет «Звёздных войн» выстраивался с использованием принципов, озвученных Джозефом Кэмбеллом. В «Тысячеликом герое» Кэмбелл описывает 17 шагов этого пути. Я же дам сейчас упрощённую версию, описывающую Цикл Героя, причём все этапы этого пути соотносятся и с обычной жизнью. Кризис среднего возраста, начало нового проекта, поиск призвания, даже обычный день, наполненный различными встречами и испытаниями, — всё это примеры путешествия Героя.

Итак, мы начинаем с пробуждения (буквального или метафорического), проходим через призыв к действию (зову), принятию этого призыва, сбору необходимых помощников и наставников; на пути мы сталкиваемся с трудностями и страхами, затем в процессе превращаем их в Дар — и возвращаемся домой более развитыми и разносторонними людьми. Для иллюстрации я приведу классический пример Одиссея Гомера, который начинается с описания дома Одиссея в Итаке, где он находится со своей женой Пенелопой и новорождённым сыном Телемахом. Путь Одиссея начинается с необходимости отправиться на войну в Трою. Изначально он пытается избежать этого испытания, понимая, что предстоит очень долгое путешествие, поэтому Одиссей не хочет оставлять свою семью. Тем не менее, после долгих раздумий, он принимает вызов… Я не буду здесь пересказывать весь сюжет «одиссеи Одиссея». Все мы знаем, что его путь домой затянулся, и на этом пути Одиссею пришлось столкнуться со множеством испытаний: посещение страны лотофагов, приключения на острове Полифема, прибытие на Эолию, примерка свиной кожи у волшебницы Кирки, сошествие в Аид, встреча с сиренами в море, плавание между Сциллой и Харибдой, пребывание на Тринакии, плен у Калипсо, двор Алкиноя, возвращение на Итаку, расправа с женихами Пенелопы… В самые критические моменты на помощь Одиссею приходили помощники и наставники — от богов и богинь (Афина, Гермес) до любимого барана циклопа Полифема, к брюху которого Одиссей прицепился, чтобы выбраться из пещеры. Само возвращение домой также было связано с испытаниями — сначала Одиссей, переодевшись нищим (ему помогла это сделать всё та же Афина), хочет убедиться в верности своей жены Пенелопы. А затем уже Пенелопа проверяет сильно изменившегося Одиссея, сообщив ему, что она перенесла их кровать. И только услышав его ответ, что это невозможно, принимает его. Путешествие — Испытание — Преображение!

А сейчас я хочу поделиться одним из упражнений, которое мы выполняли для того, чтобы глубже разобраться в себе, понять, на каком этапе «преображения» вы находитесь, и лучше подготовится к новым достижениям на новом витке «спирали жизни» — мифологическим или вполне реальным. И, конечно, предлагаю вам найти свои ответы на следующие вопросы:

Сущность: Кем я являюсь, всегда являлся и хочу оставаться? Если появится символ — запишите или зарисуйте его.

Потенциал: Кем я мог бы и хотел бы стать? (Будущее)

Ограничение: Кем я хотел бы стать — но не верю, что это возможно? Исследуйте свои ограничения, ограничивающие убеждения.

Граница: Кем я не являюсь и не хочу быть? Исследуйте, где проходит «граница» вашего личного пространства, которую вы не готовы переходить.

Слабость: Каковы мои недостатки? Известные мне недостатки, которые я хочу изменить.

Тень: Кем я являюсь, но не хочу быть? «Тёмная» часть меня, которая иногда проявляется.

Говоря же о самом семинаре, могу только сказать — там произошло именно то, что мне было нужно! Что именно? Пожалуй, ответ на это даёт вся книга…

***

На страницах этой книги я постарался честно рассказать о Моём Пути, а также поделится своими знаниями и приобретённым опытом. Хочу поблагодарить всех, кто совершил это путешествие со мной. Мы прошли этот путь вместе. Теперь это Наш Путь. Желаю вам идти по нему. Просто идти с открытым сердцем, прежде всего — перед самим собой. И тогда обязательно найдётся именно ВАША звезда, которая зажжётся в нужный момент лишь для одной цели — чтобы осветить вашу ЖИЗНЬ…

Однажды к Просветлённому Мастеру пришёл человек и спросил:

— Мастер, если я буду ежедневно медитировать по четыре часа, сколько времени займёт, чтобы я избавился от мучающих меня страхов и беспокойств?

— Пять лет, — ответил Мастер.

— А сколько времени это займёт, если я буду медитировать по восемь часов в день? — не унимался человек.

— Десять лет, — сказал Мастер.

— Как же так! — возмутился человек. — Если я буду в два раза дольше и в два раза интенсивнее медитировать, мне потребуется в два раза больше времени?!

Мастер ещё раз взглянул на него и медленно произнёс:

— Главная медитация — это сама Жизнь. Если ты будешь в два раза больше и в два раза интенсивнее медитировать для того, чтобы избавиться от страхов и беспокойств, когда же ты будешь ЖИТЬ?

Приложение
Техники и упражнения из глав книги 1 и книги 2

Техника «Переключение каналов внутреннего телевизора»

1. Представьте свой «внутренний экран» и обратите внимание, какие изображения и фильмы, на которые настроен ваш внутренний экран, не дают вам расслабиться и заснуть?

2. Вообразите пульт, который переключает «каналы» на вашем экране (пусть это будет экран «внутреннего телевизора»).

3. Найдите «ночные каналы» — т. е. более спокойное, расслабляющее изображение, лучше всего виды природы: леса, водной глади, горящего костра. Это может быть канал, на котором «хранятся» записи вашего отдыха, отпуска, походов, путешествий и так далее.

4. Воспользовавшись воображаемым пультом, настройте изображение и звук экрана так, чтобы они производили на вас максимальный убаюкивающий эффект.

На протяжении последующих нескольких недель, находясь в кровати, сознательно вспоминайте про экран и проверяйте, настроен ли он на нужную вам «вечернюю» тематику? Если нет — осознанно «включайте» свой любимый ночной канал.

Практика «5 шагов „преодоления" страха»

Шаг 1. Признать наличие страха! Первый шаг — посмотреть своему страху «в лицо»... Очень часто мы пытаемся не замечать или, если и замечаем, игнорировать наличие страха или беспокойства. Чаще такая «невнимательность» к себе свойственна мужчинам. Даже когда окружающим людям становится очевидным, что с вами что-то происходит, некоторые продолжают утверждать: «всё в порядке» и «всё как всегда». Признать наличие страха требует определённого мужества! Но без этого мы не можем продвинуться дальше, позволяя страху разрушать ваше тело изнутри. И, кстати, встретившись со своим страхом, обычно мы обнаруживаем, что он стал... меньше!

Шаг 2. Разговор... со страхом. Очень важно «выслушать» и понять, что именно страх пытается сообщить вам. Хочу напомнить: у любой эмоции есть своя информационная составляющая, и именно игнорирование её приводит к тому, что эмоция повторяется снова и снова. Поэтому очень важно понять, когда появился страх, каковы причины его возникновения, как он проявляет себя физически, к каким последствиям наличие страха приводит и, наконец, какое сообщение этот страх пытается до нас донести. Пожалуйста, запишите полученные ответы.

Шаг 3. Составить план действий. Используя информацию из предыдущего шага, сформулируйте для себя цель более глобальную, чем просто избавиться от страха. Если страх останавливал вас на пути к достижению какой-то цели, то в чём заключается эта цель? О том, как формулировать цели, мы также говорим в главе «НЛП — наука или искусство?», где идёт речь о постановке целей.

Шаг 4. Начните заботиться о себе! Помните три фактора успеха? По-настоящему хотеть, знать, что нужно делать, и... ДЕЛАТЬ! Эта книга посвящена тому, чтобы вооружить вас эффективными инструментами для преодоления страха. Даже просто внимательное прочтение данной книги уже является активной формой помощи самому себе. Но, конечно же, будет намного лучше, если вы начнёте выполнять предложенные упражнения. Возможно, вы захотите найти партнёра или небольшую группу единомышленников для выполнения этих упражнений, которые помогут вам не только научиться лучше понимать самого себя, но и натренировать ваши «эмоциональные» мышцы — чтобы лучше справляться с жизненными испытаниями.

Шаг 5. Изменить мышление. Также очень важно поменять восприятие себя как человека, с которым «жизнь сама случается» и от которого ничего не зависит, на мышление «капитана» или водителя, ответственного за происходящее. Я иногда использую образ человека, сидящего на заднем сиденье «автобуса жизни». Автобуса, который едет без управления — не выбирая дороги... Неудивительно, что такой пассивный «пассажир» подскакивает на ухабах, по которым мчится автобус. Эта простая аналогия для многих является убедительной иллюстрацией того, что случается в их жизни. И поэтому, когда я спрашиваю: «Не пришло ли время пересесть на место „шофёра" и взять управление в свои руки?» — люди понимают, что речь идёт об их готовности взять ответственность за свою жизнь на себя и начать предпринимать активные шаги по изменению ситуаций, которые их не устраивают. Но вот здесь-то и появляется «тот самый» важный нюанс! Как вы уже прочли выше, вам нужно чётко осознать, что за всё, уже происшедшее с вами, отвечаете в конечном счёте именно ВЫ — как бы ни хотелось переложить ответственность на кого-то ещё. Остальные лишь подыгрывали вам на сцене жизни. И вот тогда, если вы приняли на себя эту ответственность, у вас появляется полное право изменить «линию жизни», взяв штурвал управления в свои руки! Если же «виноват кто-то», а вы ни при чём, то и поменять что-либо вы не в состоянии. Тогда, выходит, это в силах лишь тех, кто управляет вами и вашей жизнью! Но вы же так не хотите, правда?

Принципы хорошо сформулированного результата

1. Цель должна быть сформулирована позитивно.
Следует определить именно то, чего вы хотите достичь — а НЕ то, чего хотите избежать!

Вспомните — в детстве, когда вы писали письмо Деду Морозу, вы не начинали свой список с того, чего вы не хотели! Вы сообщали очень точно о том, что вы действительно хотите. Вы даже знали, что если список будет слишком длинным, вы рискуете не получить ничего... Например, в случае вашего персонального страха, как вы хотите чувствовать себя в ситуациях, в которых раньше вы испытывали страх? У кого-то ответ будет: «Стать спокойнее». У кого-то: «Стать смелее». Для кого-то это будет состояние внимательности или уверенности в себе. Или какое-то другое. Теперь запишите, пожалуйста, свой ответ.

2. Цель должна быть сенсорно проверяемой.
Определите точку результата: как вы поймёте, что результат достигнут? Что вы увидите, услышите, почувствуете при этом? Это очень важный пункт правильной формулировки результата. Ярко представьте, как вы хотите выглядеть при достижении результата? Как вы будете чувствовать себя? Как должен звучать ваш голос? Что окружающие люди станут говорить о вас, когда вы достигните результата? Конечно, каждый человек по-своему справляется с этой задачей. Кому-то не составляет труда создавать в воображении картинки, а кому-то легче замечать новые ощущения в организме, ну а кто-то ещё легче ориентируется по

высказываниям окружающих. Я предлагаю повторять это упражнение неоднократно, дорабатывая и привнося свежие детали в создаваемый образ. Желательно также наполнить вашу персональную картинку звуками и ощущениями.

3. Цель должна находиться под вашим личным контролем.

Необходимо определить, что зависит от вас лично и за что вы можете взять на себя полную ответственность. Этот простой вопрос позволит оценить вашу конкретную ситуацию и понять, что именно в достижении цели зависит только от вас. Кто-то скажет: «Всё!» — и будет неправ! Другой начнёт, как обычно, находить оправдания в сложившейся ситуации или в действиях других людях. Ответьте себе сами — что лично вы можете и должны сделать для достижения результата? С чего, по-вашему, надо начинать? Кто вам может помочь, а кто — поддержать в нужный момент? В чём конкретно? В каком виде, в какой форме вам нужна помощь от этих людей? Кто действительно порадуется вашим достижениям? Запишите, пожалуйста, это всё!

4. Результат должен быть сформулирован конкретно.

В каком конкретно контексте вам нужен этот результат? В какой ситуации? При общении с кем конкретно? Это очень важный пункт в формулировании результата, который касается избавления от страхов. Нельзя абстрактно стать смелым или бесстрашным. Точнее, можно, но это может быть… наказуемо. Можно ведь начать «бесстрашно» ходить по крышам и проезжать на красный свет… Письменные ответы на этот пункт помогут вам намного лучше понять, где именно вы хотите оказаться.

5. Цель должна быть экологичной.

Необходимо осознать, может ли достижение цели иметь негативные последствия для вас или окружающих вас людей? Ещё до того, как вы сделаете первый шаг, до того, как отправитесь «в путь», вы можете и должны ответить себе на очень важный вопрос: достигнув цели, которую вы сформулировали для себя теми методами, которые вы выбрали, не окажется ли так, что вы больше потеряете, чем приобретёте? Не утратите ли вы что-то важное? Что изменится в вашей жизни при достижении цели? Может быть, этот «плохой» и «ненужный» страх — ваш страж и имеет свой смысл, с которым вы ещё просто не разобрались? Представив себе, что ваша цель достигнута, очень важно понять, как это повлияет на окружающих вас людей, на весь мир. Не зря мудрецы утверждают, что настоящие цели должны служить общему благу, даже если они, как иногда кажется, ваши личные…

Объяснение простое — каждый из нас является частью цельной системы мира, а в ней всё взаимосвязано, хотя мы это не всегда осознаём! Можете считать этот пункт своеобразной техникой безопасности перед «выходом». Начиная осознавать на данном этапе возможные последствия, вы ещё раз оцениваете свои цели и при необходимости вносите в них коррективы. Поэтому уделите ему пристальное внимание и обязательно запишите свои рассуждения.

6. Первый шаг и исследование возможных препятствий.
Если на предыдущем этапе вы только укрепились в своих намерениях, то можно продолжать и наметить Первый шаг. С чего именно, вы считаете, следует начать продвижение к цели? И какие трудности могут встретиться на вашем пути? Исследуйте их внутренним взором, а потом запишите их и попробуйте распределить по степени значимости: от самых весомых к менее важным. Как их преодолеть? С каких из них вы хотели бы начать? С самых сложных? Или с относительно простых препятствий, постепенно приближаясь к более сложным? Запишите!

Упражнение «Термометр эмоций»

Сядьте удобно, закройте глаза и представьте перед собой большой градусник. Может быть, проще его представить в виде того градусника, которым мы измеряем себе температуру, когда болеем. А может быть, кому-то легче представить термометр за окном, измеряющий температуру воздуха. Главное — представьте его большим! В 5–10 раз больше, чем в реальности. Предлагаю расположить его вертикально. Теперь мысленно создайте на нём разметку — от 0 до 10. И на этой шкале сделаем несколько градаций:

От 0 до 2–3 — это здоровое беспокойство, здоровая порция страха. И этот отрезок термометра представьте зелёного цвета.

От 3 до 4–5 — это жёлтая зона, здесь ваш страх или беспокойство переходит за грань нормального адекватного чувства, но не достигает ещё интенсивности, которую уже невозможно игнорировать. Это то «подпороговое» разрушающее воздействие стресса или негативных эмоций, которое может длиться достаточно длительное время, особенно у людей, находящихся в постоянной спешке и не привыкших рефлектировать или просто обращать на себя внимание. Тело уже реагирует мышечным напряжением, но вы его не замечаете и не отдаёте себе в этом отчёт…

От 5 до 7–8 — оранжевая зона. Этот уровень эмоции вы уже обычно чувствуете, у многих начинаются физические проявления, которые невозможно не заметить, в виде, например, головной боли, повышенного давления, нарушения дыхания и т. д. Напряжение в мышцах шеи или плечах уже настолько сильное, что это доставляет дискомфорт или физическую боль — как у пациента в главе «Исследования мозга…»!

От 8 до 10 — последний отрезок шкалы, красная зона. Не знаю, доходили ли вы до этих отметок — это ситуации, когда вы попадаете в больницу с паническими атаками или гипертензивными кризами. Это тот отрезок, то «зашкаливание» эмоций, с которым организм уже совсем не справляется. И если у вас в жизни такое было, вы точно знаете, что это такое.

Представьте всю эту шкалу, весь «градусник», потом откройте глаза и запишите (зарисуйте) на бумаге, как выглядит ваш градусник — как в вашем конкретном случае распределились эти зоны, какие цифры вы выбрали для себя на этой шкале. Если кому-то удобнее использовать градацию от 0 до 100, чтобы «шаг» был больше, — сделайте это.

Теперь давайте воспользуемся этим термометром. Ещё раз закройте глаза, обратитесь внутрь себя, почувствуйте своё тело, почувствуйте, насколько ваше тело напряжено. В каких местах в теле вы ощущаете напряжение? Соберите всю эту информацию о том, в каком состоянии находится ваше тело, а потом обратитесь к образу термометра и попробуйте определить, насколько вы напряжены, насколько чувство страха или беспокойства интенсивно — другими словами, где вы находитесь на этой шкале в данную минуту? Сделайте своё первое измерение. Откройте глаза и запишите эту цифру. Например, если мы говорим о страхе, который вы хотите преодолеть, то, думая о нём, на каком отрезке этой шкалы вы находитесь?

В зелёной зоне? Тогда эта эмоция является лишь отражением происходящего, но тело полностью справляется с ситуацией, и вы продолжаете находиться в «зоне комфорта».

Или в жёлтой зоне? В ситуации, когда вы пытаетесь игнорировать сигналы тела, не обращать на них внимания.

Возможно, ваш термометр покажет, что вы уже в оранжевой зоне, и ваши попытки игнорировать происходящее уже привели к определённым последствиям, которые выражаются в физических симптомах.

Упражнение «Телесные изменения»

Встаньте. Немного разомнитесь, потянитесь, подвигайтесь, расправьте плечи, разомните шею, почувствуйте прямую спину, убедитесь, что голова не опущена. Обратите внимание на своё дыхание. Можете поднять руки вверх, формируя букву V (Victory), или примите позицию — руки на бёдрах. Заметьте, как вы себя чувствуете и изменилось ли что-то? Закройте глаза и сделайте ещё один замер на своём термометре эмоций. Сравните полученный результат с предыдущим измерением. Если вы сделали всё правильно, скорее всего, вы заметите снижение интенсивности страха или напряжения.

Дыхательные упражнения

Упражнение «7 на вдохе — 11 на выдохе»

Глубоко вдыхаете, спокойно и медленно считая до семи, затем медленно выдыхаете, считая до одиннадцати. Сделайте несколько таких циклов.

Другой вариант дыхательного упражнения для быстрого входа в спокойное состояние требует большей внимательности и самоконтроля, но при выполнении этих условий для многих он оказывается очень эффективным.

Техника «Квадратное дыхание»

Эта техника позволяет перейти из любого позитивного или негативного состояния в более нейтральное. Помогает успокоиться на важных встречах и перед публичными выступлениями, убирает мандраж и волнение. И тоже не требует никаких особых навыков. «Квадратное дыхание» названо так не зря. Все этапы происходящего в нём процесса равны друг другу — вдох, выдох и паузы между ними составляют равный временной промежуток. Например: вдох длится 5 секунд, далее пауза с удерживаемым объёмом воздуха в лёгких длится столько же, затем следует выдох продолжительностью те же 5 секунд и снова пауза. Это составляет один цикл, и такие циклы повторяются в едином ритме минимум 8 минут кряду.

Диафрагмальное дыхание

Диафрагмальное (брюшное) дыхание (лат. *respiratio diaphragmatica*) — тип дыхания человека, активное участие в котором принимает грудно-брюшная часть диафрагмы. Осуществляется преимущественно за счёт сокращения диафрагмы и брюшных мышц. Характерно для физиологического дыхания мужчин.

Начать можно с позы лёжа, выполняя следующие рекомендации и действия:

— мышцы живота в течение всего процесса должны оставаться расслабленными;

— левую руку положите на грудь, правую — на живот (в районе пупка);

— делайте вдохи средней глубины и выдохи дольше вдохов;

— двигаться при дыхании должна только правая рука (которая на животе);

— важно следить за тем, чтобы движения живота осуществлялись за счёт движения воздуха.

Со временем такое дыхание войдёт в привычку уже в любом положении и без участия рук, а результат не заставит себя ждать.

Упражнение «Якорь»

Шаг 1. Сядьте удобно, закройте глаза и вызовите в памяти какое-то приятное состояние, для которого хотите создать якорь.

Шаг 2. Когда вы действительно почувствуете это состояние и когда ваше тело расслабится, соедините большой и указательный палец левой руки — если вы правша, или правой — если вы левша. Надавите довольно сильно, чтобы почувствовать соединение, а не просто коснитесь.

Шаг 3. Откройте глаза, встряхнитесь, может быть, встаньте, немного походите.

Шаг 4. Через некоторое время опять соедините пальцы (не перепутайте руку и пальцы, которые использовали, когда ставили якорь!). И вы почувствуете, как ваше тело начинает выдавать ту же реакцию. Вы ощутите расслабление и то приятное ощущение, которое было, когда вы ставили якорь. В будущем, когда будет необходимость успокоиться — просто соедините пальцы!

Существуют также определённые требования при «постановке» якоря, выполнение которых обеспечит необходимый результат:

1. **Уникальность.** Якорь должен быть единственным в своём роде, не вызывать у вас личных ассоциаций, не являться общекультурным действием типа пожатия руки или похлопывания по плечу.

2. **Повторяемость.** Важно хорошо запомнить, как поставлен якорь, каким жестом, какой интенсивности прикосновения. Чем точнее воспроизведён якорь, тем эффективнее он сработает.

3. **Своевременность.** Для того чтобы якорь был максимально рабочим, его следует устанавливать в момент наивысшей интенсивности переживания.

Упражнение «Резинка», или «Тактильный якорь»

Шаг 1. Найдите обычную резинку, которой, например, соединяют деньги. Она должна быть достаточно плотной и надёжной.

Шаг 2. Наденьте резинку на запястье любой руки, оттяните её другой рукой и отпустите. Удар должен быть достаточно чувствительным и умеренно (!) болезненным.

Шаг 3. Начинайте вырабатывать привычку — как только к вам приходит любая негативная мысль или эмоция, вовсе не доставляющая вам радость, немедленно оттягивайте резинку и хлопайте себя ею по запястью.

Шаг 4. Следите за собой — через очень небольшое время регулярной практики (обычно от нескольких дней до недели, если вам удалось часто вспоминать о резинке) вы будете сразу же останавливать себя уже без всякого «хлопанья» — как только осознаете лишь начальные отголоски негатива внутри.

Шаг 5. Можете снять резинку — ваш «анти-негативный» условный рефлекс теперь с вами! При необходимости время от времени вновь надевайте и используйте резинку, «освежая» его.

Упражнение «Коллапс якорей»

Для этого нужно сначала установить два разных якоря в двух разных местах — позитивный и негативный. Установка негативного якоря аналогична установке позитивного, только нужно вспомнить какое-то вполне конкретное неприятное для вас событие, связанное с состоянием, от которого вы хотите избавиться. Воспользуемся предложенным выше состоянием излишнего волнения перед публичным выступлением. Вспомните, когда вы испытывали его последний раз. Когда вы его вспомните и почувствуете в теле, сожмите кулак противоположной руки — не той, которую вы использовали в предыдущем упражнении, когда вы создавали позитивный якорь. Теперь отпустите. Отвлекитесь. А теперь вспомните что-то хорошее, приятное, прочувствуйте это — сожмите кулак другой руки. Всё, что вам осталось сделать, — это в какой-то момент сжать оба кулака! При этом активируются оба якоря, которые нейтрализуют друг друга. Отвлекитесь. Затем попробуйте вызвать то же негативное состояние. Если вы выбрали позитивное состояние примерно такого же уровня интенсивности, что и негативное, то, вероятно, почувствуете, как вы или совсем не можете вызвать ту же негативную эмоцию, или она гораздо слабее. А теперь подумайте о беспокоящей вас ранее ситуации. Как вы к ней относитесь сейчас? Если всё сделано правильно, ваше отношение к предстоящему выступлению изменится на более нейтральное.

Упражнение «Субмодальные изменения»

Шаг 1. «Загляните» внутрь себя, чтобы обнаружить картинку, которой вы себя пугаете. Когда вы её обнаружите, замерьте своё состояние на термометре эмоций и запишите цифру — какая в данный момент интенсивность эмоции. Старайтесь не углубляться в содержание этого образа, фокусируясь на характеристиках самого изображения. Используйте для этого Список Субмодальных Характеристик из таблицы.

Шаг 2. Постарайтесь собрать как можно больше технических характеристик. Как минимум ответьте себе на следующие вопросы:
— где эта картинка находится в пространстве?
— эта картинка цветная или чёрно-белая?
— это застывшая картинка или в ней есть движение, и это больше похоже на видео?
— есть ли в картинке звук?

Шаг 3. Меняем картинку:
— отодвиньте картинку от себя;
— заключите её в рамку;
— уменьшите картинку вместе с рамкой;
— если картинка была цветная, то представьте её чёрно-белой;
— сделайте стоп-кадр, если изначально в картинке были движения.

Шаг 4. Ещё раз замерьте своё состояние по термометру эмоций. В норме интенсивность негативных ощущений должна снизиться.

Шаг 5. Представьте, что вы повесили эту маленькую картинку на стену напротив окна, откуда на неё падает солнечный свет, поэтому изображение тускнеет — как это бывает с фотографиями на ярком свету. Далее представьте, что проходит какое-то время, вы занимаетесь своими делами, а картинка продолжает тускнеть. И в какой-то момент вы замечаете, что изображение совсем выцвело и практически не различимо. На стене осталась только рамка и, может быть, смутные воспоминания о начальном изображении…

Шаг 6. Опять замерьте своё состояние по термометру эмоций.

Упражнение «Сравнение субмодальностей различных состояний»

Шаг 1. Выберите два воспоминания, первое — приятное, радостное и второе — пугающее.

Шаг 2. Используя таблицу, запишите характеристики, относящиеся к каждому из этих состояний:

Сравнительные характеристики состояний

Зрительные субмодальности	Состояние 1 (приятное)	Состояние 2 (пугающее)
Размеры (маленькая — большая)		
Нет движения — движение		
Ч/Б — цветная		
Если цветная, какие цвета преобладают		
Яркая — тусклая		
Сфокусированная — расплывчатая		
Без рамки — с рамкой		
Ассоциированная — диссоциированная		
Плоская — объёмная (3D)		
Близко — далеко		
Расположение в пространстве		

Зрительные субмодальности	Состояние 1 (приятное)	Состояние 2 (пугающее)
Аудиальные субмодальности		
Моно — стерео		
Громкость		
Тон (высокий — низкий)		
Темп		
Положение в пространстве		
Ритм		
Длительность		

Шаг 3. Сейчас, когда у вас есть характеристики двух ваших воспоминаний, обратите внимание на все пункты, по которым они отличаются. Обычно если это два интенсивных переживания с противоположным знаком, то таких различий может быть очень много. Например, одно состояние — это фильм большого размера с яркими красками и громким звуком, а другое — застывшая фотография с неясными очертаниями, блеклыми красками и без звука. Комбинаций может быть огромное множество. Отметьте эти субмодальности.

Шаг 4. Теперь берите по одной субмодальности неприятного воспоминания из этого отмеченного списка и начинайте заменять их на субмодальности той же категории приятного воспоминания. Например, если неприятное воспоминание чёрно-белое — сделайте его цветным, если неподвижное — добавьте движения, если маленькое — сделайте большим… Изменяйте по одной субмодальности и наблюдайте, как это меняет ваше отношение к происходящему. После каждого изменения возвращайте первоначальную субмодальность и переходите к следующей. Вы обнаружите, что изменения некоторых субмодальностей не будут влиять на ваши ощущения, в то время как изменения других субмодальностей (именно они называются критическими) будут значительно влиять на них. Часто бывает, что при изменении одной характеристики автоматически изменяются ещё несколько. Например, иногда при приближении картинки она может увеличиться в размерах, и одновременно с этим краски могут стать ярче. В общем, просто поиграйте, заменяя отдельные составляющие неприятного опыта (не изменяя его содержания) на характеристики приятного воспоминания. И в какой-то момент вы обнаружите, что данное негативное воспоминание уже не вызывает прежних чувств. Что-то изменилось... Вы можете начать относиться к нему нейтрально, или более расслабленно, или даже с улыбкой!

Шаг 5. «Сохраните» новые характеристики, выбранные вами, для ранее негативной ситуации. Воспользуйтесь результатом!

Упражнение «Посмотри на себя со стороны»

Сядьте удобно. Закройте глаза. Представьте, что где-то слева или справа расположена видеокамера, которая вас снимает. И представьте, что оператор, который вас снимает, — это... тоже вы! Другими словами, я хочу, чтобы вы переместились в позицию оператора. И вы этот оператор, который смотрит на самого себя в глазок видеокамеры и видит себя сидящего (или стоящего), а также видит всё, что вас окружает. Просто несколько мгновений понаблюдайте за собой со стороны... Для того чтобы потренироваться, повторите это упражнение 2–3 раза, может быть, изменяя точку съёмки — слева, справа, сзади, спереди... Это ваш первый навык посмотреть на себя со стороны — не так уж важно, насколько хорошо вы себя представите, главное ухватить идею.

Давайте обсудим это упражнение. Заметили ли вы, что происходит с эмоциями и чувствами, когда вы на себя смотрите со стороны? Присутствовали ли у оператора, которым вы были в течение нескольких минут, те же эмоции? Были ли они той же интенсивности? Или с ними что-то произошло? Если вы всё сделали правильно, то, обычно, даже после «возвращения» в своё тело прежнего накала эмоций уже нет и в помине! Поэтому это очень хороший первый шаг, чтобы начать что-то менять в себе.

Упражнение «Быстрый взгляд со стороны»

Представьте себя со стороны, с различных точек обзора:
— с потолка;
— со спины;
— снизу;
— справа;
— из дальнего угла комнаты.

Упражнение «Примерка одежды»

Прежде чем надеть что-нибудь, представьте, как вы смотритесь со стороны в этой одежде. Сравните с изображением в зеркале. Помните, что зеркало изображение переворачивает!

Упражнение «Переоценка ситуации»

«Возьмите» ситуацию из вашего прошлого, которую вы оцениваете негативно. Не начинайте с очень интенсивных воспоминаний. ДИССОЦИИРОВАННО пересмотрите её всю несколько раз с разных точек зрения. Если переживания слишком сильные, предварительно поставьте себе сильный ресурсный кинестетический якорь и удерживайте его в процессе перепросмотра. Затем оцените, как меняется ваша эмоциональная оценка ситуации при различных способах восприятия.

Упражнение «Перепроживание приятного события»

Это упражнение поможет вам развить в себе ассоциативные способности. Вспомните приятное событие из прошлого: время, проведённое с друзьями, удачное свидание, вкусную еду… «Перепроживите» эту ситуацию 3–4 раза «изнутри». Ваша задача — всё время быть «внутри» ситуации. И старайтесь с каждым перепросмотром замечать всё больше новых деталей.

Упражнение «Дневник эмоций»

1. Приготовьте ежедневник, тетрадку или блокнот, в котором удобно делать множество коротких ежедневных записей. Важно выбрать приглянувшийся вам «носитель», который вам будет приятно брать в руки изо дня в день.

2. Начиная с завтрашнего дня, ведите самый настоящий дневник, записывая в него следующее:
— дату (один раз сверху для всех записей этого дня);
— примерное время, когда вы испытали ту или иную эмоцию по любому поводу (можете, например, исходить из шести базовых эмоций — радость, печаль, отвращение, страх, гнев и изумление — или описывать также и их оттенки);

— событие, ситуацию или нечто происходящее внутри вас, что вызвало эту эмоцию (коротко).

3. Записывайте столько эмоций, сколько отследите или запомните (если вы заняты и будете делать это в конце дня), однако старайтесь обязательно писать хотя бы примерное время для каждой — это же именно дневник!

4. Полезно в конце каждого дня или хотя бы в конце каждой недели отмечать три своих достижения и как минимум три события или трёх людей, которым вы благодарны.

5. Через 2–3 недели (можно и через месяц) внимательно прочтите подряд все свои записи. Вы будете очень удивлены, когда обнаружите, что, благодаря возможности взглянуть на происходящее в более широкой перспективе, проблемы перестают казаться неприступными, и вы почувствуете, что с ними легче справиться! Уже одно только это, сам процесс (при регулярном внесении, а затем внимательном изучении записей) позволит вам ощутить себя не просто персонажем в действии «на сцене жизни», часто играющем роли по чужим сценариям, а хозяином своих реакций, готовым осознанно управлять ими и, как следствие, всей своей жизнью.

Упражнение «Меняем внутренний голос»

Шаг 1. Для этого сначала обратите внимание на то, как он звучит, насколько громко. Если это негативный голос, который говорит, что всё будет плохо, что ничего не получится, и при шкале громкости от 0 до 10 он звучит на 7–8, то никакие попытки переубедить этот громкий голос не сработают. Если вы тоненьким голоском будете возражать: «Нет, может быть, у меня всё-таки получится…», а «основная тема» звучит громко и уверенно («Заткнись! ты же знаешь, что ничего не получится!)», то уже очевидно, какая сторона победит, и в каком состоянии вы окажетесь потом.

Шаг 2. Также попробуйте определить — это ваш голос или, может быть, чей-то ещё. Часто это голос мамы, папы или бабушки.

Шаг 3. Прислушайтесь — как вы себя чувствуете, когда слышите этот голос?

Шаг 4. Так же как мы делали с картинками, постарайтесь определить, где в пространстве находится этот голос. Понятно, что он звучит внутри вашей черепной коробки, но мы всегда это куда-то проецируем в пространстве — слева, справа, сзади или над головой. Для выявления субмодальных характеристик воспользуйтесь списком из соответствующей главы.

Шаг 5. Теперь постарайтесь отдалить этот голос на несколько метров от себя. Как вы себя чувствуете, получше?

Шаг 6. А теперь отправьте этот голос на 500 метров от себя. Вы его слышите? Скорее всего, нет, ну, или очень-очень тихо. Сейчас прислушайтесь и представьте звук молотка, который забивает гвоздь в этот голос и закрепляет его там, на расстоянии 500 метров от вас.

Шаг 7. Представьте, что между вами и тем далёким источником голоса включилась какая-то приятная для вас музыка, которая окончательно заглушила голос. Настройте громкость этой музыки — она должна звучать фоном, негромко, но приятно.

Шаг 8. Проверка. Представьте какую-нибудь возможную ситуацию, в которой этот ваш внутренний голос может возникнуть, но именно на расстоянии в 500 метров от вас, закреплённый гвоздём, и позитивная фоновая музыка как завеса. Вновь прислушайтесь к себе. Как вы теперь себя чувствуете? Уверен, значительно лучше.

Обратите внимание — это упражнение нужно делать отдельно для каждого внутреннего диалога, от которого вы хотите избавиться. К сожалению, за жизнь мы накапливаем много негативных текстов внутри себя, так что нужно вычищать и вычищать! Но не менее важно на освободившееся место поместить поддерживающий внутренний голос.

Упражнение «Создание поддерживающего внутреннего голоса»

Шаг 1. Напишите на бумаге, какой текст вы бы хотели слышать внутри себя, например: «Я умница!», «У меня всё обязательно получится!», «Я молодец!», «Я справлюсь!». Это могут быть как короткие фразы, так и более развёрнутые.

Шаг 2. Сядьте удобно, закройте глаза. Представьте, что вы находитесь в звукозаписывающей студии, где профессиональное оборудование, множество тумблеров, микрофоны, где вы можете изменять тональность, громкость и другие характеристики звука.

Шаг 3. Создайте звуковую дорожку для себя. Вы можете использовать для этого свой собственный голос, а может быть, голос какого-то своего героя, реального или книжного, или героя из фильма. Это может быть Шварценеггер, или Ален Делон, или Ума Турман, или любой другой человек, которому вы не сможете не поверить. Главное выбрать правильные, убедительные интонации, нужную громкость и т. д.

Шаг 4. Представьте, что вы записываете эту звуковую дорожку, этот текст, который вы хотите слышать звучащим в вашей голове, на какой-то носитель — компакт-диск, флешку и т. п.

Шаг 5. Представьте большую яркую кнопку «Play», на которую нужно нажать, чтобы эта запись зазвучала. В ближайшие дни нажимайте эту кнопку как можно чаще, для того чтобы выработать привычку к звучанию именно этого текста. И тогда в нужный момент этот новый внутренний голос зазвучит!

Алгоритм практической работы с пирамидой логических уровней Дилтса

Шаг 1 — записать проблему максимально подробно. Зачастую уже одного этого достаточно, чтобы приблизиться к её решению. Пока проблема только «крутится в голове», она не может быть чётко сформулирована и структурирована. При работе с формулировками становятся ясны нюансы, на которые вы раньше не обращали внимания.

Шаг 2 — определиться, на каком уровне пирамиды находится проблема. Условно говоря, если вам не нравится работа в склочном коллективе, то эта проблема относится к уровню 1 — «Окружение». Если вы набираете лишний вес из-за собственного неуёмного аппетита, это уже уровень 2 — «Поведение». Если вы хотите научиться танцевать танго, это уровень 3 — «Способности и возможности».

Шаг 3 — определившись с уровнем проблемы, поднимаемся на один уровень выше и ищем решение проблемы там. Если не находим, тогда поднимаемся ещё на уровень выше и двигаемся таким образом, пока решение не станет очевидным.

Освоив работу с пирамидой Дилтса, сделав её повседневной практикой, можно научиться достаточно быстро и очень эффективно решать жизненные проблемы и ситуации, которые раньше казались вам трудно преодолимыми преградами на пути к радости и развитию.

Рефрейминг содержания — придание нового смысла старому содержанию

Спросите себя:
— Есть ли какая-нибудь более широкая рамка, где это поведение имело бы позитивную ценность?
ОТВЕТ: _____
_____
_____

— Какие другие аспекты той же ситуации, не замечаемые мной, могли бы придать такому поведению другую смысловую рамку?
ОТВЕТ: _____
_____
_____

— Что ещё могло бы означать это поведение?
ОТВЕТ: _____
_____
_____

— Как ещё мог бы я описать ту же ситуацию?
ОТВЕТ: _____
_____
_____

Представьте себе различные контексты, пока не найдёте того, где оценка поведения меняется.

Практика «Шестишагового рефрейминга»

Шаг 1. Определите привычку или поведение, которое вы хотели бы изменить.

Шаг 2. Установите способ коммуникации с той своей частью, которая ответственна за данную привычку или поведение. Для этого закройте глаза, ещё более расслабьтесь и задайте себе следующий вопрос: «Будет ли согласна та часть меня, которая ответственна за данное поведение (назовём её Х), коммуницировать со мной на сознательном уровне?

Далее вам необходимо быть очень внимательным к любым изменениям, ощущениям в теле, а также возникшим образам или звукам. Если у вас есть сомнения, является ли возникший образ-ощущение-звук ответом, вы можете попросить усилить ответ «Да». Например: «Если этот сигнал (образ, звук, ощущение) является ответом «Да» — может ли этот сигнал усилиться?» Точно так же попросите эту часть продемонстрировать ответ «Нет». Очень часто усиление яркости, или звука, или ощущения является ответом «Да». Соответственно ослабление — ответом «Нет».

Шаг 3. Отделите намерения от поведения. Поблагодарите часть X за то, что она согласилась общаться с вами. Спросите, что именно она делала для вас, сохраняя данное поведение? Каковы были позитивные намерения этой части? Дождитесь ответа. Если по какой-то причине ответ будет «Нет», это означает, что ваше подсознание не хочет сообщать о своём глубинном намерении. Тем не менее вы можете продолжать делать это упражнение дальше.

Шаг 4. Теперь вы знаете о позитивном намерении части X. На этом шаге нам понадобится помощь других ваших частей. В частности, вашей творческой части — назовём её Y. Попросите вашу творческую часть Y создать как минимум 10 новых вариантов поведения, удовлетворяющих позитивному намерению части X. Когда эти варианты будут созданы, поблагодарите свою творческую часть.

Шаг 5. Сделайте окончательный выбор. Попросите часть X выбрать три наиболее подходящих, по её мнению, линии поведения. Когда она это сделает, предложите ей выбрать одно поведение, с которого она бы хотела начать.

Шаг 6. Экологическая проверка. Ещё раз обратитесь внутрь себя и спросите, нет ли возражений у других ваших частей на то, чтобы попробовать новое поведение. Если появится возражающая часть, необходимо выслушать её аргументы и учесть их. Когда все части согласны, нужно представить себя в будущем с новым поведением и убедиться, что оно удовлетворяет всем критериям. Завершая упражнение, ещё раз поблагодарите своё подсознание…

Техника «Изменение личностной истории»

Перед тем как делать технику, вспомните, что человек обладает всеми необходимыми ему ресурсами — надо только уметь в нужный момент их извлекать и использовать.

1. Итак, решите, какой конкретной проблемой вы сейчас будете заниматься.

2. Встаньте на линию времени в точку настоящего. Подумайте о том, как выбранная вами проблема проявляется для вас в вашей сегодняшней жизни. Что ощущается в теле, пока вы думаете об этих проявлениях? Может быть, напряжение мышц, может быть, какие-то неприятные ощущения, тяжесть, затруднённое дыхание. Просто отметьте для себя эти реакции. Теперь начинайте медленно двигаться назад, спиной в прошлое, останавливаясь и «просматривая» все ситуации в прошлом, связанные с этой проблемой (основываясь на возникающих сходных ощущениях). Дойдите до самого раннего воспоминания. Обычно с ним связаны наиболее сильные эмоциональные проявления. И когда вы доберётесь до них, сойдите с линии времени и выберите для себя «позицию наблюдателя» — место, откуда вы сможете «просмотреть» события как бы со стороны. Далее, находясь в этой позиции наблюдателя, подумайте, какие ресурсы вам были необходимы в тот момент для того, чтобы вы решили проблему наилучшим для вас образом. Чтобы извлечь эти ресурсы, можно снова пройтись по линии времени, как бы собирая их в тех местах, где они были наиболее активны. Всякий раз, «добирая» очередной ресурс, сделайте проверку, обращаясь к своим ощущениям, — насколько хорошо вам в этом состоянии? Если хорошо, комфортно, приятно — значит это то, что вам действительно нужно.

3. Собрав все необходимые ресурсы, войдите с ними в самую первую проблемную ситуацию. Пройдите её заново, помня, что теперь вы уже «вооружены» необходимыми ресурсами. Что изменилось? Как теперь вы оцениваете своё состояние?

4. С этим новым состоянием, со всеми ресурсами медленно идите вперёд до точки настоящего, останавливаясь во всех прежних ситуациях, связанных с проблемой, и замечая, как теперь по-новому могли бы развиваться события.

5. Стоя в настоящем, убедитесь, что вы ничего не упустили. Оглянитесь назад и проверьте, всё ли вам теперь нравится в вашем прошлом, не надо ли поработать над чем-то ещё. Если надо — обязательно закончите всё, что нужно. От того, насколько качественно вы проработаете прошлые проблемы, зависит, каким вы войдёте в своё новое будущее.

6. Начните двигаться по линии времени в будущее, обращая внимание на своё новое поведение в схожих ситуациях. Какова теперь ваша реакция на них?

Основная польза от выполнения этого упражнения заключается в том, что, попадая в похожие ситуации в будущем, вы будете реагировать и решать их иначе. Либо вообще перестанете сталкиваться с такими проблемами — так как ваше подсознание, уже наученное правильно решать именно эти проблемы, просто позволит вам вообще их избегать, то есть вести себя принципиально иным образом!

Упражнение «Кинотеатр»

Шаг 1. Представьте, что вы сидите в кинотеатре в удобном кресле и на экране видите то событие, которое в дальнейшем привело к фобии. Например, если вы боитесь собак — постарайтесь вспомнить о самой первой встрече с той собакой, которая вас напугала, что в дальнейшем и привело к боязни собак. Представьте это событие в чёрно-белом варианте. Если вы тщательно делали все предыдущие упражнения, то уже знаете, что если вы смотрите на себя со стороны, да ещё и в чёрно-белом изображении, то таких уж сильных эмоций такая картинка не вызывает.

Шаг 2. Теперь представьте себя в будке киномеханика, из которой вы видите себя, сидящего в зале и смотрящего на экран, где разворачивается этот эпизод с той самой собакой из детства. Согласитесь, со стороны это всё выглядит несколько по-другому? Фильм заканчивается, когда ситуация разрешилась, например, когда пришёл папа, прогнал собаку, взял вас на руки и унёс домой — и вы, ребёнок, почувствовали себя спокойно.

Шаг 3. Очень важный! Прокручиваем этот эпизод в обратную сторону — от конца к началу. Сделайте его цветным, можете прокрутить в ускоренном режиме. Можно добавить какую-нибудь бодрую музыку — например, цирковой марш.

В этот момент происходит разрушение паттерна, потому что для того, чтобы нам испугаться и повторять это ощущение снова и снова, нейроны нашего мозга соединяются определённым образом, и информация передаётся только в одном направлении — от первого ко второму, от второго к третьему, от третьего к четвёртому и так далее. Когда мы прокручиваем наш фильм наоборот, мы как бы «взрываем мосты», и после этого вернуться к тем ощущениям, которые были, практически невозможно!

Шаг 4. Внесение ресурсов. Сейчас на экране вновь начало того эпизода в цветном изображении. Глядя на экран, вы решаете, какие внутренние ресурсы — внимательность, спокойствие, уверенность в себе — могли бы помочь «более молодому вам» справиться с той ситуацией. Определив и «обнаружив» эти состояния в себе сегодняшнем, вы «входите» в экран, внося необходимые ресурсы, и затем представляете, как эти ресурсы могли бы изменить ход событий.

Шаг 5. Проверка. Представляем ситуацию в будущем. Воображаем, что встречаемся с собакой, и замечаем, что привычных эмоций у нас не возникает. Того страха, который был раньше, просто не воспроизводится.

Принципы самогипноза

1. Для начала вы должны дать себе «установку» на погружение в транс. Другими словами, просто проговорить про себя, что вы собираетесь погрузиться в транс, или в приятное расслабленное состояние, или в состояние внутреннего покоя, или в привычное медитативное состояние. Любая понравившаяся вам формулировка подойдёт для обозначения вашему бортовому автопилоту направления движения на ближайшее время. Желательно придерживаться одной и той же выбранной формулировки при дальнейших погружениях. Также я рекомендую погружаться в транс сидя и с закрытыми глазами, хотя это и не обязательно. Но обычно это облегчает процесс вхождения в транс, уменьшая влияние отвлекающих факторов.

2. Перед тем как войти в это состояние, следует установить для себя временную рамку — другими словами, решить, на какое время вы собираетесь погрузиться. Из моего опыта оптимальное время составляет 20 минут. Кому-то нравится оставаться в приятном расслабленном состоянии дольше, 30–40 минут, кто-то предпочитает сделать это за 10–15. Это выбор каждого человека. Ещё раз, моя рекомендация — минимум 20 минут! В любом случае вы должны наметить, через какое время вашему подсознанию следует завершить отсчёт и вернуть вас в привычное сознательное состояние. Многие, наверно, слышали о наличии внутренних биологических часов, так вот они действительно существуют и очень точно отсчитывают наше внутреннее время. Простой пример работы наших собственных биологических часов — это возможность проснуться утром без будильника точно в то время, которое вы «загадали» накануне.

3. Выбрать способ погружения. Ниже я дам несколько простых техник погружения себя в транс. Вы можете попробовать каждую из них. Когда вы выберете наиболее подходящую именно для вас, вы сможете в дальнейшем использовать именно её.

4. Выберите ситуацию или проблему, в решении которой вы хотите продвинуться, используя самогипноз.

5. Выберите для себя приятный «сюжет» — что будет происходить с вами в вашем внутреннем пространстве на протяжении того времени, когда вы будете в трансе? Например, прогулка по парку или лесу. Или можно мысленно отправиться в ваше любимое место отдыха, например, на берег моря.

6. Перед началом погружения в транс вы можете решить и проговорить про себя, какое состояние вы хотите ощутить при выходе из транса. Например, состояние лёгкости, свежести, покоя, прилива энергии или наоборот — состояние сонливости. Это должно зависеть от того, что вы планируете делать дальше и какое состояние было бы наиболее подходящим для этих планов.

Погружение себя в транс с использованием большого и указательного пальцев

Устройтесь удобнее. Я предлагаю делать упражнения по расслаблению сидя в комфортном кресле. Закройте глаза, сделайте глубокий вдох и, выдыхая, соедините большой и указательный пальцы выбранной вами руки (можно обеих). Сделайте ещё один глубокий вдох. Задержите дыхание, считая от одного до пяти: 1, 2, 3, 4, 5. Медленно выдохните. Сделайте ещё три глубоких вдоха с задержкой и, выдыхая, полностью сконцентрируйтесь на ощущениях своего тела. Заметьте нарастающий комфорт и расслабление. Это похоже на то состояние, которое бывает, когда мы засыпаем. Но сейчас это ещё не сам сон, а промежуточное состояние погружения. Достигнув этого состояния, вы можете сказать себе: «По мере моего расслабления и концентрации моего внимания я буду очень внимателен к тому, что я скажу себе сейчас». И далее начинайте формулировать свои цели (см. главу «Постановка цели»). Представляйте, как это будет выглядеть, как вы будете чувствовать себя при этом. Ваша первая установка — это установка о том, что в следующий раз, когда вы так же уютно устроитесь в безопасном месте, чтобы расслабиться, вы сможете сделать глубокий вдох, соединить большой и указательный пальцы той же руки и на выдохе погрузиться в расслабленное состояние ещё быстрее и ещё глубже. Когда же вы решите полностью вернуться из транса, то сможете начать считать в обратном порядке от пяти до одного: 5, 4, 3, 2, 1. И при счёте «один» откроете глаза.

Погружение с «каталепсией» руки

Сядьте удобно. Поставьте стопы на пол, положите руки на подлокотники. Сделайте глубокий вдох, закройте глаза и, выдыхая, приподнимите одну из ваших рук так, чтобы кисть оказалась на уровне плеча. Локоть должен быть приподнят над подлокотником. Сделайте ещё один глубокий вдох, задержите дыхание и, выдыхая, полностью сконцентрируйтесь на ощущениях своего тела. Проверьте, насколько ваше тело расслабленно. Мысленно обратитесь к своей руке, предложив ей начать опускаться со скоростью, с которой вы будете погружаться в приятное расслабленное состояние. Начните наслаждаться ощущением расслабления. С каждым движением руки вниз вы можете погрузиться глубже и глубже. И в тот момент, когда ваша рука полностью опустится, вы сделаете ещё один глубокий вдох. Выдыхая, расслабьтесь ещё больше. После нескольких повторов этого комплекса вы заметите, насколько легко будет вашему телу воспринимать поднятие руки как сигнал к погружению в расслабленное состояние.

Фиксация взгляда

Сядьте удобно. Приготовьтесь к приятному расслаблению. Поднимите свой взгляд и выберите точку на линии соединения стены с потолком. Зафиксируйте свой взгляд в этой точке, стараясь не моргать. Сфокусируйтесь и начните изучать детали выбранного вами участка. Почувствуйте, как ваши глаза становятся усталыми, и вам всё сложнее удерживать их открытыми. Ваши веки становятся тяжелее и тяжелее. Вам захочется моргнуть… С каждым мгновением будет всё сложнее открывать глаза… Постарайтесь продержаться с открытыми глазами подольше. Когда вы почувствуете, что ваши глаза закрываются, сделайте глубокий вдох и, выдыхая, позвольте им крепко закрыться. Начинайте погружаться в приятное, расслабленное состояние глубже и глубже.

Пошаговое описание техники самогипноза и использование этой техники на примере острой реакции на критику

Шаг 1. Сформулируйте проблему или задачу, с которой вы будете работать в трансе.

«Я испытываю сильное напряжение, когда переживаю стресс. Особенно, когда кто-то критикует меня».

Шаг 2. Устраивайтесь удобнее. Я предлагаю делать эти упражнения, уютно устроившись в кресле или сидя на комфортном стуле. Ваша одежда не должна сдавливать и затруднять дыхание. Лучше всего, если вы поставите ваши стопы плотно на пол. По возможности освободитесь от давящей обуви и туфель на высоких каблуках. Руки свободно положите на колени. Ещё раз проверьте, удобно ли вашей спине, вашим ногам, рукам. Прислушайтесь к звукам, которые, возможно, до вас доносятся. Сделайте глубокий вдох и, выдыхая, почувствуйте себя ещё спокойнее. Решите, на какое время вы собираетесь погрузиться в расслабленное состояние. Я рекомендую, чтобы оно длилось не менее 20 минут. Выберите способ вхождения в транс из вариантов, предложенных выше.

Шаг 3. Решите, какого результата вы хотите достичь? (Для этого воспользуйтесь главой «Формулирование результата»). Представьте, как вы теперь будете думать, чувствовать и действовать иначе, чем прежде?

Новое мышление: *«Критика — это только мнение другого человека. Это не обязательно правда. Я могу научиться относиться к этому, как к любой другой полезной для меня информации».*

Новые чувства: *«Я учусь эмоционально не вовлекаться, когда меня критикуют. Это помогает мне более объективно реагировать на критику».*

Новые действия: *«Я реагирую более спокойно».*

Шаг 4. Начните представлять себя думающим, чувствующим и действующим по-новому в тех ситуациях, в которых раньше у вас возникали проблемы. Обратите внимание на то, к каким достижениям это будет приводить. После того как вы сделаете это упражнение, запишите полученный результат.

«Я представляю себе, как кто-то критикует меня, говоря вещи, которые я считаю несправедливыми. Я делаю глубокий вдох, выдыхаю, начинаю расслабляться. Я говорю себе, что это только его мнение, это только информация, которую я сам должен оценить. Я чувствую себя расслабленно и спокойно. Я спрашиваю, есть ли у критикующего конкретные рекомендации для того, чтобы сделать лучше то, что подвергается критике».

Шаг 5. Сформулируйте постгипнотическую установку. Например:

«Я буду более спокойно реагировать на различные высказывания обо мне. Я знаю, что я сам отвечаю за свои чувства. Я напомню

себе, что критика — это только информация, иногда полезная. Я буду реагировать спокойно и взвешенно».

Шаг 6. После того как установленное время закончится, полностью вернитесь из транса и откройте глаза.

Техника эмоциональной свободы

Первый этап. Установка.

Это важная часть всего процесса, так как она подготавливает энергетическую систему к тому, чтобы работа всех остальных систем могла быть успешно выполнена. Другими словами, цель «Установки» заключается в необходимости убедиться, что ваша энергетическая система должным образом ориентирована перед тем, как пытаться устранить в ней неполадки.

Установка состоит из троекратного повторения фразы:

«Хоть у меня и _____, я глубоко и полностью принимаю себя».

Вместо пропуска ставится краткое описание проблемы, над которой вы собираетесь работать.

Например:

«Хоть при мысли о предстоящем полёте у меня возникает сильное волнение, я глубоко и полностью принимаю себя».

Или:

«Хоть у меня есть страх закрытых пространств, я глубоко и полностью принимаю себя».

Этап второй. Последовательность.

По сути, последовательность очень проста. Она заключается в постукивании по конечным точкам основных энергетических меридианов. В результате её осуществления устраняются «помехи» в вашей энергетической системе. Перед тем как узнать, где находятся эти точки, вам понадобятся несколько полезных советов относительно того, как на них воздействовать.

Вот эти советы:

Вы можете стимулировать точки любой рукой, но обычно это более удобно делать доминирующей рукой (правой, если вы правша). Постукивайте по каждой точке подушечками указательного и среднего пальцев. Это позволяет охватить большую поверхность, чем если бы вы это делали одним пальцем, и таким образом вам будет легче попасть в точку. Постукивайте достаточно сильно, но не до боли и синяков.

Воздействуйте примерно по семь раз на каждую точку. Если у вас насчитается немного менее или немного более семи постукиваний (допустим, от пяти до девяти), то этого будет достаточно.

Большинство точек расположено на теле симметрично с двух сторон. С какой именно стороны вы стимулируете точку — неважно. Точно так же не имеет значения, меняете ли вы стороны в процессе выполнения правил. Пример, — вы можете постукивать по точке под правым глазом, а затем в последовательности стимулировать точку под левой рукой.

В дальнейшем, делая успехи, вы можете формулировать для себя установку следующим образом: «*Хоть у меня всё ещё немного _____ (краткое описание проблемы), я глубоко и полностью принимаю себя*».

Вот расположение необходимых вам точек:

1. Верхушка головы (ВГ) — точка, расположенная на макушке головы на пересечении средней линии головы и соединения двух верхушек ушей.

2. В начале каждой из бровей — с одной из сторон над переносицей. Это точка называется «над бровью», сокращённо — НБ.

3. Наружная сторона глаза (НГ) — на кости, граничащей с внешним углом глаза.

4. На кости под глазом, примерно в 2 см под зрачком. Это точка — «под глазом», сокращено — ПГ.

5. Под носом (ПН) — на небольшом участке между нижней частью носа и верхней частью верхней губы.

6. Подбородок (По) — на полпути между точкой подбородка и нижней частью нижней губы. Несмотря на то что По не находится непосредственно на точке подбородка, мы называем её точкой подбородка, потому что она достаточно описательная, чтобы люди могли её легко понять.

7. Ключица (КЛ). Точка — на соединении грудины (грудной кости), ключицы и первого ребра. Чтобы найти эту точку, поместите указательный палец в U-образную выемку вверху грудины (там, где обычно находится узел галстука у мужчин), сместитесь на 2 см от нижнего края этой выемки вниз, а затем на 2 см влево (или вправо). Это и есть точка КЛ — несмотря на то что она не расположена на самой ключице. Точка находится в начале ключицы, и мы будем называть её «ключица», потому что это удобней, чем говорить «соединение грудины (грудной кости), ключицы и первого ребра».

8. Сбоку, в точке на уровне соска (у мужчин) или в середине полоски бюстгальтера (у женщин). Примерно в 9 см вниз от подмышечной впадины. Это точка «под рукой», сокращённо — ПР.

9. Запястье (За) — это последняя точка, она находится на ребре ладони.

Технику ТЭС вы можете использовать и как средство «скорой помощи» — чтобы быстро справляться с нежелательной эмоцией, и на более регулярной основе — для проработки устойчивых негативных состояний.

Упражнение «Ре-паттеринг, или Техника изменения состояния при беспокойстве или страхе»

Шаг 1. Обратите внимание на то, где в теле вы ощущаете напряжение, которое вызывает беспокойство или страх. Это важно, потому что любая эмоция ощущается в одном из участков тела. И если мы говорим не об одномоментной эмоции, как, например, испуг, то такие состояния, как страх и беспокойство, как бы «живут в нас», циркулируют внутри нашего тела. Заметив эту «эмоцию», закройте глаза и дотроньтесь рукой до того места, где вы сейчас это ощущаете. У кого-то это будет под ложечкой, у кого-то — в груди. Понаблюдайте, куда это напряжение распространяется. Для этого хорошо взглянуть на себя со стороны, как мы уже делали раньше.

Шаг 2. Заметьте (или представьте), какого цвета это ощущение.

Шаг 3. Продолжайте наблюдать за направлением движения. Поднимается это напряжение вверх, опускается ли вниз, движется ли оно слева направо или наоборот? Очень важно заметить, что это движение делает полный цикл, ведь чтобы эмоция сохранялась, она должна как бы крутиться внутри тела — по проторённому маршруту. Заметьте, какой конкретно маршрут выбирает данный страх или беспокойство в вашем теле.

Шаг 4. Когда вы определите это, начните глубоко дышать. Представьте, что это напряжение, это ощущение страха или беспокойства вы начинаете выдыхать из себя, и оно собирается перед вами в виде тумана или облака. С каждым выдохом ваш страх, ваше внутреннее беспокойство выходит из вашего тела и концентрируется перед вами, продолжая вращаться в том же направлении, в котором оно вращалось внутри вашего тела.

Шаг 5. Когда вы почувствуете, что вы выдохнули всё до конца, заметьте (представьте), как изменился цвет.

Шаг 6. Поднимите руки и «крутаните» это облако, этот туман, вращающийся перед вами, в противоположную сторону. И начинайте раскручивать всё быстрее и быстрее до тех пор, пока не убедитесь, что это облако, этот туман будет вращаться в противоположном направлении самостоятельно.

Шаг 7. Теперь впустите это новое ощущение внутрь себя, и пусть оно продолжает вращаться в этом противоположном направлении внутри вас быстрее и быстрее. Во время вращения обратите внимание на то, как по-новому это ощущается в теле. Очень часто к этому новому ощущению присоединяется чувство заинтересованности, любопытства, которое уже точно не похоже на ощущения страха и беспокойства, мучившие вас раньше! Продолжайте вращать.

Шаг 8. Сделайте глубокий вдох, выдох, откройте глаза.

В завершение всего вы можете описать результаты, полученные по ходу выполнения шагов выше, в дневнике эмоций, о котором мы говорили раньше.

Практика выхода из отношений созависимости

Шаг 1. Признать наличие проблемы.

Человеку, страдающему эмоциональной зависимостью от другого (то есть созависимому), необходимо признать происходящее. Чаще прислушивайтесь к своим ощущениям. Если вы расстроены, значит так оно и есть. Никто не должен убеждать вас в обратном. Помните, что вы знаете себя гораздо лучше других, а ваши суждения о себе намного точнее, чем мнение газлайтера. Зачастую созависимые люди игнорируют проблемы, притворяются, будто их нет. Встречаться с реальностью страшно, и они делают вид, будто обстоятельства не так плохи, как они есть.

Шаг 2. Разговор со страхом.

Неумение справляться со своими сложными чувствами (такими как гнев, ненависть, злость, вина, стыд и прочие) зачастую становится толчком к тому, чтобы убежать из реальности в употребление алкоголя и наркотиков или игр. Тогда зависимость — следствие неумения распознавать, проживать и выражать свои эмоции. Человек, который зависим от другого человека, вообще своей жизнью не живёт и своих чувств не знает. Он или она живут в постоянном страхе и волнении. Поэтому «встреча» и «разговор» со своим страхом — это важный шаг на пути к свободе. Очень важно понять и связать свои чувства с действиями другого человека. Признать, что это не с вами «что-то не так», а ваше состояние — это реакция на происходящее.

Шаг 3. Составить план действий.

Постановка своих собственных целей поддерживает созависимого человека в выздоровлении, поскольку смещает фокус с жизни другого на свою собственную. Цель рождает интерес к жизни, повышает уровень психической энергии и даже улучшает здоровье. Когда у нас есть желанная цель — растёт и множится энергия. О том, как формулировать цели, мы говорили в главе «НЛП — наука или искусство».

Шаг 4. Начните заботиться о себе.

Первым шагом к этому может быть установление собственных границ. Нормальные границы полупроницаемы. Люди делятся друг с другом содержимым своего внутреннего мира, это процесс обоюдный и комфортный для всех. Но у созависимых границы нарушены. Они могут обвинять других за свои мысли, чувства и действия, а могут брать на себя вину за мысли, чувства и действия другого человека. Выздоравливающий после употребления химических веществ учится говорить «нет» алкоголю или наркотикам, распознавать манипуляции бывших собутыльников, сохранять самоуважение вне зависимости от мнения окружающих. А зависимый от другого человека учится говорить «нет» тому, что ему не подходит, не соответствует его ценностям и интересам!

Шаг 5. Изменить мышление.

Очень важно восстановить ценность своего Я. Целостное, гармоничное восприятие собственного Я, уверенно уважительное отношение к себе — это факторы, которые укрепляют человека в позиции жить своей жизнью, своими интересами и желаниями, не зацикливаясь на другом. И созависимые, и зависимые воспринимают себя как объект воздействия неодолимых внешних сил. Они не осознают в себе причины происходящего с ними. Избавление от таких нездоровых отношений начинается в тот момент, когда человек принимает на себя ответственность, осознаёт себя как автора жизни. Необходимо уходить от реагирования (на действия другого человека) к инициированию, то есть к действиям, идущим от себя. Жить от своего собственного имени, в соответствии со своими собственными интересами и, в конце концов, в своих же собственных интересах, без привязки к поведению другого человека!

Краткое руководство по борьбе с детскими страхами (работает и для взрослых тоже)

1. Будьте наблюдательны. Чем раньше вы заметите зарождающийся страх, тем легче его устранить.

2. Относитесь с пониманием и уважением к даже, на ваш взгляд, несерьёзным страхам.

3. Избегайте уговоров, что это пустяки, ты уже большой и т. д.

4. Постарайтесь в доверительной беседе расспросить поподробнее, когда и как это началось, как страх выглядит, как он звучит, какие чувства это вызывает (иначе говоря, соберите побольше информации о травмирующем опыте, только очень осторожно).

5. Помощь надо начинать, когда ребёнок в хорошем настроении, постепенно продвигаясь к болезненной теме.

6. Выберите один из предложенных выше способов:
— рассказать сказку;
— изменить картинку, звуки, ощущения (подробнее — в главе о субмодальностях);
— предложить нарисовать картинку, изображающую проблему, придумать продолжение, раскрасить смешными цветами;
— применить средство, которое помогает Гарри Поттеру, — «Смехотворно!»;
— подарить «волшебную» палочку/фонарь.

Каждое из перечисленных средств в отдельности вполне достаточно для того, чтобы эффективно справиться с любой проблемой. Если же вы столкнулись с экстраординарной ситуацией, вы можете пробовать все перечисленные методы по очереди в любой последовательности.

Упражнение «С меня достаточно!»

1. Вспомните пять моментов, когда страх ставил вас в неловкое положение.

2. На воображаемом большом экране представьте себе первый подобный эпизод. Затем второй, третий, четвёртый и пятый.

3. Соберите эпизоды друг за другом, сформируйте непрерывный «фильм». Вы должны постоянно чувствовать неловкость из-за испытываемого вами страха.

4. Сделайте образы крупнее и ярче, смотрите их непрерывной чередой. Вы должны увидеть себя в неловком положении. Про-

кручивайте «фильм» снова и снова, пока вам не станет по-настоящему стыдно за себя.

5. Повторяйте весь процесс до тех пор, пока не сможете сказать себе: «Это просто ужасно. С меня достаточно!»

Упражнение «Сортировка своего прошлого»

1. Вспомните все негативные ситуации из вашего прошлого, мысли о которых вызывают у вас дискомфорт. Соберите их вместе и создайте из них некий воображаемый архив, эдакое чёрно-белое кино, как, например, старая кинохроника. Просмотрите эту киноленту на расстоянии, диссоциировано (как будто вы сидите в кинозале), и спросите себя: чему я могу научиться из всего этого? Обязательно извлеките всё полезное, что только можно, из этого опыта. Вы возьмёте эту информацию с собой. Ленту же с чёрно-белой старой хроникой мысленно спрячьте в какое-то далёкое, но доступное место. Например, в воображаемый массивный сейф, который надёжно закрывается и требует ключа или комбинации цифр для обеспечения доступа. Доступность закрытой информации важна на случай, если вдруг, когда-нибудь в будущем, вы решите снова обратиться к ней за чем-то полезным, что забыли извлечь раньше.

2. Ненадолго переключите внимание и затем соберите из своего прошлого все самые лучшие, самые дорогие и приятные (ресурсные) воспоминания. Создайте из них другое кино — яркое, красочное, звучное, сочное. Войдите в него, просмотрите его ассоциировано (изнутри). Прочувствуйте всё это ещё раз. Проверьте сами себя — каковы ваши ощущения? Вам нравится то, что вы сейчас чувствуете? Если да, ленту с этим замечательным кино мысленно положите куда-то близко — так, чтобы она всегда была под рукой, чтобы её можно было достать в любой момент. Эта цветная, красочная лента и будет тем якорем, который вы всегда сможете использовать в дальнейшем. Достаточно только «пойти в кино» и посмотреть его ассоциировано ещё раз, чтобы почувствовать себя хорошо.

Смысл этой простой техники заключается в том, что вы как бы сортируете свои прошлые воспоминания — в то время, как раньше всё это (и хорошее, и плохое) было перемешано. В результате, начиная погружаться в любые из своих воспоминаний, даже на первый взгляд совершенно «невинные», вы подвергали себя опасности «перепрыгивания» к проживанию болезненных событий.

Теперь же все дискомфортные ситуации вы отобрали и «отодвинули» на задний план, предварительно выбрав из них всё полезное! С этими «усвоенными на будущее уроками» и с новым мощным ресурсным якорем вы войдёте в своё будущее. Небольшое напоминание: ленту со старым чёрно-белым архивом без особой необходимости не доставать! Возвращаться к ней стоит лишь в том случае, если у вас есть какая-то конкретная цель и вы к этому готовы. Например, извлечь что-то важное, что вы упустили или забыли раньше. Да, и обязательно вновь «положите» её потом в надёжное место!

Упражнение «Круг совершенства»

Я предлагаю вам сейчас встать, закрыть глаза (прочитав перед этим упражнение до конца) и подумать о самом значимом для вас позитивном опыте, который у вас был.

Для кого-то это, возможно, связано с состоянием уверенности в себе, для кого-то с решимостью, для кого-то с ощущением любви и заботы. Когда вы начнёте всматриваться в этот опыт, обратите внимание на то, какой цвет преобладает в этом воспоминании. Сделав это, представьте перед собой на полу очерченный круг того же самого цвета. Теперь ещё раз обратитесь к этому воспоминанию, как бы «войдя» в него. Как можно лучше ощутите те чувства, которые были у вас в то время — как если бы это было прямо сейчас. И на пике этих ощущений войдите в круг. Ещё некоторое время побудьте в этих ощущениях и, выходя из круга, «оставьте» ощущения вашего совершенства в кругу. Затем войдите в круг ещё раз и почувствуйте, как изменяется ваша физиология и ваши ощущения. Вы можете даже усилить это чувство, чтобы оно стало более интенсивным. В дальнейшем вы можете продолжать пользоваться вашим «кругом совершенства», мысленно представляя его перед собой и входя в него в любой жизненной ситуации, чтобы привнести в неё ваше лучшее состояние.

Очень важная вещь, необходимая для того, чтобы якорь (а это именно он) работал долго и безотказно, — обязательно время от времени обновляйте ваш якорь тем самым ощущением, которое вы за ним когда-то закрепили. Ведь если регулярно активировать якорь спокойствия в состоянии стресса, то этот якорь постепенно «затупится». Поэтому, когда вы находитесь в приятном состоянии спокойствия, помните, что полезно в очередной раз «обновить» этот якорь.

И, самое главное — перед любым обучением воспользуйтесь вначале своим «кругом совершенства».

Стратегия грамотного письма (Spelling)

1. Подумайте о чём-нибудь, что вы ощущаете как знакомое и приятное. Когда у вас возникнет это ощущение, в течение нескольких секунд посмотрите на слово в книге или в словаре, которое вы собираетесь написать. Ещё лучше вначале выписывать слова на карточки. Закройте глаза и создайте картинку этого слова в левом верхнем квадрате на своём внутреннем экране.

2. Откройте глаза и сравните слово на бумаге с вашей внутренней картинкой. Повторяйте процесс до тех пор, пока вы не сможете увидеть внутренним зрением слово целиком.

3. Посмотрите вверх на ваш внутренний образ этого слова и затем напишите то, что вы видите. Проверьте правильность. Если заметите ошибку, вернитесь к шагу 1, снова рассмотрите слово и сделайте образ чётким в своей голове.

4. Сделайте проверку. «Спишите» ещё раз слово со своего внутреннего экрана на бумагу и посмотрите на него. Если у вас появляется похожее комфортное ощущение чего-то узнаваемого и приятного (как в пункте 1) — вы успешно справились!

Обратите внимание на то, что в этой стратегии отсутствует проговаривание слова (исключая тем самым ошибочную стратегию «как слышим, так и пишем») — вы только создаёте картинку и проверяете правильность чувством, ощущением.

Схематически эту стратегию можно записать как:

Ve (вижу слово на бумаге) →

→ Vi (создаю картинку со словом на внутреннем «экране») →

→ Ve/Vi (сравниваю внутреннюю картинку с внешней) →

→ Ki (+) (получаю ощущение схожести)

Обозначения в этой «формуле»:

Ve (Visual external) — внешняя картинка слова.

Vi (Visual internal) — созданная на «внутреннем экране» внутренняя картинка того же слова.

Ve/Vi — сравнение внутреннего образа с написанным на бумаге или карточке словом.

Ki (+) (Kinesthetic) — положительная кинестетика — чувство совпадения двух изображений.

Существует ещё несколько дополнений, которые могут вам помочь при работе с этой стратегией.

а) Используйте субмодальности (см. главу о субмодальностях), чтобы сделать образ слова наиболее отчётливым и запоминающимся. Подумайте о какой-нибудь ситуации, которая действительно вам хорошо запомнилась. Где вы видите её внутренний образ? Каковы его субмодальности? Поместите слово, с которым вы работаете, в то же самое место и придайте ему те же самые субмодальности.

б) Может оказаться полезным раскрасить слово в ваш любимый цвет.

в) Может также быть полезным поместить его на знакомом фоне.

г) Сделайте слово больше по размеру.

д) Если слово оказалось слишком длинным, разбейте его на части по три или четыре буквы в каждой.

Пошаговая инструкция для подготовки к экзаменам

Шаг 1. Перед началом подготовки постарайтесь приблизить своё окружение к тому, с которым вы столкнётесь на экзамене.

Шаг 2. Вспомните время, когда вы чувствовали себя уверенно, спокойно и были сфокусированы на чём-то одном. Вспомните то, что вы видели тогда, как будто вы находитесь там, услышьте то, что вы слышали в той ситуации. И почувствуйте себя так, как вы чувствовали в то время.

Шаг 3. Во время подготовки время от времени начинайте представлять, что ваши записи, которые содержат необходимую информацию, «развешаны» в пространстве комнаты в разных местах. Представьте их большого размера, чтобы вы могли «прочитать» содержимое не только с того места, где вы сейчас находитесь.

Шаг 4. Во время экзамена вернитесь мысленно в привычное окружение и воспроизведите то же состояние — уверенности, спокойствия и сфокусированности на предмете.

Шаг 5. Отвечая на вопросы, вернитесь в комнату с «развешанными» на стенах записями. Найдите необходимые записи, отвечающие на поставленные вопросы.

Шаг 6. Поддерживайте своё внутреннее состояние, пока не ответите на все вопросы экзамена. Обращайте внимание на своё дыхание. При необходимости воспользуйтесь дыхательными упражнениями.

Техника «Линия времени»

Шаг 1. В своём воображении на полу перед собой представьте свою «линию времени».

Шаг 2. Мысленно на этой линии времени отметьте точку, которая соответствует данному моменту. Обычно это точка, которая находится на представленной вами линии непосредственно под вами.

Шаг 3. Затем представьте другую точку, соответствующую времени, когда это событие (экзамен, интервью, презентация и т. д.) будет проходить. Чаще всего будущее «разворачивается» для нас вправо от точки, где мы находимся прямо сейчас.

Шаг 4. Мысленно поднимитесь над своей линией времени и окажитесь в 15 минутах после того, как событие, по поводу которого вы беспокоились, удачно завершилось.

Шаг 5. Повернитесь и посмотрите из этой точки будущего на настоящее над линией времени. Присутствует ли ещё беспокойство в точке, когда событие уже произошло?

Шаг 6. Вернитесь в настоящее. Подумайте о том, что прежде вызывало беспокойство, и убедитесь, что теперь чувства уравновешены или нейтральны.

Шаг 7. Воспользуйтесь результатом!

Практика «Прогнать страхи смехом»

1. Вспомните момент, когда вы хохотали от души — когда вы смеялись так, что не могли остановиться. Вспомните свои ощущения, воскресите их в душе, испытайте заново!

2. Начните посмеиваться, вспоминая свой опыт. Смейтесь до тех пор, пока смех не перейдёт в естественный.

3. Продолжая смеяться, начните думать о том, чего вы боялись. Обратите внимание на то, как изменяются ваши чувства, когда вы вспоминаете о страхе со смехом. Продолжая смеяться, заметьте, как субмодальности характеристики страха меняются буквально на глазах, одновременно с изменением вашего настроения.

Литература

Andreas Steve and Connirae. Change Your Mind and Keep the Change. — Moab, Utah: Real People Press, 1987.

Andreas, C., and Andreas S. Heart of the Mind. — Moab, UT: Real People Press, 1989.

Bandler, R. Using Your Brain for a Change. — Moab, UT: Real People Press, 1985.

Bandler, R. Time for A Change. — Cupertino, CA: Meta Publicatios, 1993.

Bandler, R., and J. Grinder. Frogs into Princes. — Moab, UT: Real People Press, 1979.

Bandler, R., and J. Grinder. Reframing: Neuro-Linguistic Programming and the Transforming of Meaning. — Moab, UT: Real People Press, 1982.

Bandler, R. Guide to TRANCE-formation. — Health Communications Inc., 2008.

Bandler, R. Get the Life You Want. — Health Communications Inc., 2008.

Craig, G. The EFT Manual (EFT: Emotional Freedom Techniques). — 2008.

Csikszentmihalyi, Mihaly. Finding flow: The psychology of engagement with everyday life. — Hachette UK, 2020.

De Becker, Galvin. The Gift of Fear. — Back Bay Books, 2021.

Dilts, R. Changes Belief Systems with NLP. — Cupertino, CA: Meta Publications, 1990.

Doidge, Norman. 2007. The brain that changes itself: Stories of personal triumph from the frontiers of brain science. Penguin.

Gordon, D. 1978. Therapeutic Metaphors. Cupertino, CA: Meta Publications.

Goleman, D. Emotional intelligence: Why it can matter more than IQ. — Bloomsbury Publishing, 1996.

Goleman, B. and Robinson, D. The ABC … Dark Psychology 2.0. — USA, 2020.

Kastner Joerg. Chinese Nutrition Therapy. Dietetics in Traditional Chinese Medicine (TCM). — New York: Thieme, 2004.

ЛИТЕРАТУРА

Kahneman, D. Thinking, fast and slow. — Macmillan, 2011.

Lama, D., Tutu, D., & Abrams, D. C. The book of joy: Lasting happiness in a changing world. — Penguin, 2016.

Lu, Henry C. Chinese System of Food Cures. — New York: Sterling Publishing, 1986.

Peters, Steve. The Chimp Paradox: The Mind Management Program to Help You Achieve Success, Confidence, and Happine Ss. — Tarcher Perigee, 2013.

Robbins, T., & Diamandis, P. H. Life Force: How New Breakthroughs in Precision Medicine Can Transform the Quality of Your Life & Those You Love. — Simon and Schuster, 2022.

Seung, Sebastian. Connectome: How the brain's wiring makes us who we are. — HMH, 2012.

Van der Kolk, Bessel, M. D. The Body Keeps the Score. New York: Penguin Books, 2014.

Дехтярь В., Гилман С. Время изменяться: Диалоги об НЛП. — Профит Стайл, 2008.

Диденко Борис. Цивилизация каннибалов. Человечество, как оно есть. — Москва: ТОО «Поматур», 1999.

Дымов М. Г. Дети пишут Богу. — ЭКС-Пресс, 2013.

www.ingramcontent.com/pod-product-compliance
Lightning Source LLC
Chambersburg PA
CBHW071710160426
43195CB00012B/1640